华夏众智

高潜质人才的选拔与评价技术

HR专业能力建设工程丛书

副主编 张小峰
总主编 彭剑锋 杨伟国

邢雷 —— 编著

Selection and
Evaluation of
High Potential Talents

复旦大学出版社

总　序

提升 HR 专业能力，确立 HR 专业自信

中国正进入创新驱动与品质发展时代，而创新与品质发展的本质是人的创新能力与人的品质发展，它取决于对企业家创新精神的呵护与对创新投入的激励与保护，取决于对人才创新价值的认可与回报，取决于对创新人才个性的尊重与包容；更取决于对创新人才的选、用、育、留、出等人力资源专业职能的转型升级，取决于管人的人才（人力资源管理专业人才）的创新意识与职业能力的优先发展。

人力资源管理是一门以人的有效管理为研究和实践对象的专业性、技术性很强的综合学科。在数字化、智能化时代，随着技术变革的加速，组织与人的关系的重构，人力资源管理面临前所未有的挑战。人力资源管理理念的更新、技能的提升、职能的转型、机制与制度的创新比以往任何时候都变得更为迫切、更为快速。人力资源管理要为企业战略的转型升级、为业务的持续增长、为人的发展贡献新价值，这就对人力资源管理从业者的观念、个人的素质与专业技能提出了全新要求，人力资源管理部门和人力资源管理从业者必须适应时代需求，加速开展最新专业知识的学习与专业能力的提升。

为提升企业人力资源部及人力资源从业者的专业技术能力，确立 HR 从业者的专业自信，中国人力资源开发研究会企业人才分会、中国人民大学劳动人事学院、华夏基石管理咨询集团自 2017 年起联合推出 "HR 专业能力建设工程"，帮助企业人力资源部和人力资源从业者提升专业技能。该工程以最新、最实用的人力资源技能为核心内容，教授人力资源管理的最新理论、方法，为全国企业的人力资源部和广大人力资源从业者提供及时、快速的专业能力提升培训，帮助企业迅速培养出一支优秀的人力资源从业队伍。

我们的初衷，就是强调学以致用，以实用型的人力资源新技术、新工具、新方法为主要内容，学完即可实际操作应用。内容主要是人力资源管理实务性课程，既包括任职资格标准体系建设与应用、绩效激励与薪酬设计实务、培训设计与培训管理、招聘管理实务、员工关系管理与劳动争议处理技巧等即学即用的专业内容，也包括基于共享时代的组织与人力资源变革、人才供应链管理、人力资源业务伙伴管理、组织知识与知识创新、人力资本合伙人制度等全新的趋势。同时，项目根据企业对人力资源工作者的能力要求不断优化课程模块和教学方式，以帮助企业 HR 专业人才加速成长步伐。

"HR 专业能力建设工程"开展以来，得到了企业界的广泛认可。为了更有效地开展该工程，实现"提升 HR 专业能力，建立 HR 专业自信"这个初衷，我们决定组织编写这套"HR 专业能力建设工程丛书"。我们选取了当前人力资源管理中的近二十个重点、热点、难点问题，组织了几十位在人力资源研究和实践领域有着深厚功底和丰富经验的中青年专家学者和咨询师共同编写。

具体说来，这套丛书有以下几个显著的特点：

突出实用性和可操作性。丛书编写以突出实用性为主，理论和概念讲述简洁、精练，方法和工具清晰、细致，图书的整体风格突出实用性和可操作性。

内容新颖。本套丛书的内容不仅结合实际，并且能反映人力资源领域最新技术和最优实践成果。

形式活泼，可读性强。文中广泛运用案例、插图和表格，使得丛书文字变得直观与鲜活,增加阅读时的感性认识。

我们相信,通过众多专家和专业机构的努力研究、广大人力资源从业者的不断学习,中国人力资源从业者的专业能力一定会不断提升并与企业需求相匹配,中国人力资源管理水平一定会蒸蒸日上。

丛书编委会

2018 年 11 月 16 日

自　序

自我的上一本《人才测评(漫画版)》出版以来，收获了很多读者的欢迎和厚爱，他们中有管理咨询和人才测评领域的专业同行，有广大人才测评技术研究者和从业者，更多的，则是企业中组织管理和人力资源管理的实践者。据他们反馈，《人才测评(漫画版)》易读、易学、易懂、易用，为组织的人才测评实操提供了良好的参考和借鉴，具有较高的实用价值。这些肯定和赞赏，对我们来说是极大的支持和鼓励，同时，也鞭策着我们在人才测评研究和实践的道路上摆脱惰性，不断探索和创新。

从事人才测评研究与实践十余年来，我常常自问：于我而言，从事人才测评研究的初心是什么？对于人才测评，我一直心存敬畏，不仅因为"居敬者所以成始成终也"，更是因为，"人"是如此之复杂，以至于在现实的管理世界中，"人"的问题越来越成为最具挑战性而又洋溢着谜之魅力的不二主题。每个人的血液里流淌着"江山易改，禀性难移"的自我基因。同时，人又会因应时代与环境的变迁而不断进行自我"迭代"，从不同的剖面折射出扑朔迷离的熠熠光辉。理有未穷，知有未尽。近几年来，随着人才测评理论和实践的发展，人才测评领域出现了很多新需求、新问题、新情况，我们在实践中探索、积累、沉淀，也在人才测评领域产生了新的困惑和思考。这些都在敦促我们，有必要对原书做一些新的修订。

在实践中，我们越来越意识到，人才测评不能孤立地作为一种工具或技术存在，而应当置于组织整体战略的价值链条中，从人才供应链的视角去看待人才选拔和配置。恰逢华夏基石出版组织管理系列丛书，人才测评作为组织管理版图中一片"拼图",是不可或缺的部分。我和我的团队这几年来一直深耕人才测评领域,积累了一些心得和收获,希望能借此机会跟大家分享。

首先,从企业生存的外部环境来看,移动互联网、大数据和人工智能带来了各种颠覆跨界,让成功的经验迅速失效,未来变得不可预测、猝不及防。其次,随着"人才地图""继任计划"等概念及工具在组织人才发展中渐渐被熟知并运用,组织对员工的能力识别、开发、激活提出了更高的要求。如果说,以往的人才选拔重实绩、重过去和现实能力的有效发挥,那么未来组织则更强调潜能因素,简单讲就是员工个体的学习潜力、情绪动机、成果意识和跨领域思维及自我颠覆能力。由此,组织对人才的预测性和人才选拔的未来向度有了更高的期待。我一向强调,人才测评不是帮助管理人员科学算命,验证管理者对其下属的揣摩;不是简单地抓住员工的弱点和短板,供其在制度设计中加以考量利用;不是对员工进行冷冰冰的计算分析,让管理失去人性温度。人才测评,旨在提供一个手段和途径,让管理者去了解自己的员工,有的放矢并真心实意地去帮助自己的员工,去创造适宜的工作环境帮助其成功,实现个体和组织的双赢。

五年前我们写作《人才测评(漫画版)》时,带着对人才测评理论与实践的几分自信。矛盾的是,随着实践的不断积累,随着我们对人才测评的深入探求,我们却越发觉得,这个领域中,我们未知的部分在不断扩大。这让我们感到困惑的同时,也使我们兴奋,给予我们更大的动力和兴趣去探求那广大的未知领域。首先,伴随着大数据、人工智能、互联网+等新技术的发展,技术也在赋能人才测评,使得测评维度、测评方式、行为样本数据收集和分析具有更多的可能性、便捷性、精准性和丰富性;其次,新生代员工逐渐成为企业人力资源的主力军,这也对人才测评提出了更高的人性化诉求,例如近几年来游戏化的测评工具被越来越多的企业所采用,应该说很大程度上就是因应这些人群的需求而行。

这版新修订的《人才测评》与上一版相比有一些增删。上一版采用漫画形式,让枯燥、晦涩的人才测评技术更加生动、形象,易于理解,目的是便于忙碌的人力资源管理人员和企业管理者阅读和接受。实践证明,这种尝试得到读者积极的反馈,给予我们很多肯定和好评,人才测评技术也在很多组织管理人员中得到了普及,这契合了我们的初衷。但受限于漫画形式,一些更深入的理论和研究成果,因为难以构思出适合的脚本,而为保持全书版式上的一致性,所以在上一版书稿中不得不将其忍痛舍去。在此次修订中,我们对书稿的内容呈现形式做了调整,一方面,保留了能助益读者理解内容的漫画部分;另一方面,又加入了更多的文字内容,最大程度实现内容与形式的调和与均衡。相信读过我们漫画版的读者,再读这本修订版时,会既有"似是故人来"的熟悉感,又有"新人胜旧人"的新鲜度。本书作为人才测评领域的工具书和参考书,适合于企业 HR 们和组织发展人员了解和使用,也可供广大人才测评技术的爱好者、专业实操人员阅读和参考。

全书所有章节由我本人统稿完成。在此要特别感谢中国人民大学心理系的周海明博士和张付海博士,他们分别撰写了第二章(人才供应链的概念与内容)和第十二章(评价中心技术的新趋势和新发展)这两章,很好地扩充和丰富了本书的内容体系。对于曾经参与过此书主体部分创作的同事朱军梅、郑雪琴、张小斐女士和我的师妹刘烨博士,也一并再次致谢。

感谢我的团队,我身为管理咨询顾问和华夏基石管理咨询集团合伙人,本书是在一个又一个繁重的管理咨询项目压力的同时艰难完成的,感谢团队成员对我的无条件支持,感谢大家与我一起承担,毫无怨言。感谢我的团队成员段姣女士和汤银珍女士,她们为书稿的修订编辑花费了大量的时间和精力。感谢我团队的合伙人黎志锋先生,在他的支持下,我才有可能在繁忙的咨询工作之余,得以有时间和精力完成本书的修订工作。这本书是我交出的一份答卷,更是凝聚着我们整个团队共同心血的成果。

感谢我的家人,在本书修订写作过程中,给予我的理解、支持和鼓励,还有督促。

同时,要将我本人特别的谢意,致以本书的责任编辑、复旦大学出版社的姜作达女士,她对本书的文字、版式和内容审校一丝不苟、精益求精,体现出极高的专业精神和职业水准,本书的如期出版离不开她周密的时间把控和悉心推动。

这本书的修订完成,我还应该感谢华夏基石这个平台,感谢我们合作过的客户,以及前部《人才测评(漫画版)》一书的读者们。

另外,我们为了更好地与读者互动,汲取人才测评技术发展和应用实践的营养,读者朋友们可以关注 QQ 群(健康型组织研究):218914335。

本书参考了国内外评价中心技术理论和实践研究的大量书籍和文献,因版式问题,无法一一注明出处,在此也要向广大人才测评界同仁的努力与心血表示赞赏与感谢。

最后,由于我们水平有限,加之时间仓促,书中内容难免有值得推敲和商榷之处,欢迎广大读者和同行提出宝贵意见,共同推进我国人才测评事业的发展。

邢 雷

2018 年 10 月 15 日

目 录

第一部分　高潜质人才与人才供应链的概念与内容 | 1

第一章　高潜质人才的概念与标准 | 3
　第一节　高潜质人才的概念 | 3
　第二节　高潜质人才的识别 | 10
第二章　人才供应链的概念与内容 | 17
　第一节　人才供应链的概念 | 18
　第二节　人才供应链管理模型 | 26
　第三节　人才供应链与组织绩效 | 27
　第四节　人才供应链的关键来源：高潜质人才 | 31

第二部分 高潜质人才选拔与方法——评价中心技术 | 35

第三章 评价中心的概述与历史 | 37
第一节 评价中心概述 | 38
第二节 评价中心发展历史 | 49

第四章 评价中心的测评原理 | 57
第一节 理论依据 | 58
第二节 基本假设 | 61
第三节 信效度 | 62

第五章 评价中心的测评指标体系 | 77
第一节 胜任力的概念内涵及分类 | 78
第二节 测评要素的提取与建构 | 89
第三节 测评指标体系的建构 | 100

第六章 无领导小组讨论 | 108
第一节 无领导小组讨论的概念 | 109
第二节 无领导小组讨论的组织实施 | 113
第三节 无领导小组讨论题目设计 | 120
第四节 无领导小组讨论的观察与评估 | 123

第七章 公文筐测验 | 134
第一节 公文筐测验的概念 | 134
第二节 公文筐测验题目编制 | 137
第三节 公文筐测验的组织实施 | 143

第八章 结构化面试 | 147
第一节 结构化面试的概念 | 148
第二节 行为性面试 | 152

目录

    第三节   情景性面试 | 163

    第四节   基于预期绩效的面试和特质面试 | 167

    第五节   结构化面试的实施 | 173

第九章 评价中心的其他技术 | 180

    第一节   角色扮演法 | 181

    第二节   案例分析法 | 192

    第三节   即席演讲法 | 194

    第四节   事实搜寻法 | 197

    第五节   管理游戏 | 202

    第六节   360度评估法 | 206

    第七节   情境判断测验 | 222

第十章 心理测验 | 228

    第一节   心理测验的概念 | 228

    第二节   人才测评中常用的心理测验 | 234

第十一章 评价中心技术组合、结果整合与使用误区 | 249

    第一节   评价中心技术的组合 | 250

    第二节   评价中心的结果整合 | 255

    第三节   评价中心的误区争议 | 259

第十二章 评价中心技术的新趋势和新发展 | 265

    第一节   人才选拔的新方法概述 | 266

    第二节   人才选拔与认知神经科学 | 268

    第三节   人才选拔与人工智能 | 271

    第四节   人才选拔与大数据 | 276

    第五节   评价中心的新趋势 | 279

第三部分 高潜质人才选拔评价与人才供应链应用案例 | 293

第十三章　以人才供应链管理模式为框架的高潜质人才选拔评价应用案例 | 295
　第一节　外部人才补给与招聘案例 | 295
　第二节　内部人才竞聘案例 | 305
　第三节　后备干部选拔案例 | 310
　第四节　组织人才盘点案例 | 317

参考文献 | 327

第一部分

高潜质人才与人才供应链的概念与内容

第一章 高潜质人才的概念与标准

本章导读

高潜质人才成为当下人才管理领域最令人兴奋的概念之一,他们会在领导力通道上快速发展,并且能在未来承担管理角色的高绩效人才,能够带领组织赢在未来。甄选高潜人才、培育下一代领导者,应当成为一个组织人才战略的重中之重。现实中,很多企业耗费大量资源实施的高潜人才项目,却未能取得预期的效果,很大程度上与高潜人才的识别标准和判断失误有关。本章将详细界定高潜质人才的概念,高潜质人才与组织发展的关系,高潜质人才的识别方法等,为读者提供了解高潜质人才全貌的基本框架。

知识重点

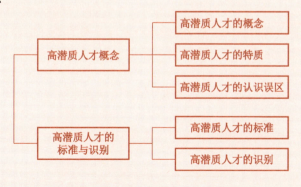

第一节 高潜质人才的概念

优秀人才衡量标准经历了四个时代,从最开始多与体能相关,发展到智力、经验和业绩成为标准。20世纪70年代至今,以胜任力作为人才评价的标准独领风骚。然而,随着市场竞争环境的动荡逐步加剧和环境变化速度越来越快,企业总是处于复杂、多变、模糊且充满不确定性的非均衡状态中,公司战略、组织架构、合作对象和团队成员都会发生变化,人才当下的职业胜任并不意味着其在变化的组织环境中仍然能够取得成功,因此,潜质越来越成为衡量优秀人才的重中之重,它告诉我们人才具备当下恰当的能力远远不够,还需要具备学习未来需要的新能力的可能性。

因此,识别和开发出高潜质人才就成为组织发展的重要战略部署。

一、高潜质人才的定义

1. 什么是潜质

潜质是指潜在的能力和素质。它更多地强调内在没有发挥出来的力量或能力。潜能意味着能量已存在,但尚未发展壮大。它不同于胜任能力,也不同于绩效。潜能通常与智力、个性、动机有关联。个人潜质是指个人的可开发但还未进行发掘的优秀素质,包括生物学潜质、智力性潜质、意识性潜质和发掘性潜质。生物学潜质主要是指人的身体条件的未来发展走向,一般不会因环境而出现发展方向性的过大改变。智力性潜质指人的天生智力发展走向,表现为个人天赋极高,有很好的智商,在一定领域可以很快发展并迅速取得领先。意识性潜质是人的一种特有潜质,一般表现为灵感,创造性思维等。而发掘性潜质主要是指当前的状态下没有表现出来的潜质,但是可以进行不断的教育培养,使其获得个别方面的长足发展。这种潜质一般决定于个人的意志力和拼搏、进取之心。

在实践领域,主流的管理咨询公司以及学者在潜能的定义上也存在一些差异,例如:

(1) 潜能是可以预测个体的成长性及发展前景的领导者的个性特质(DDI)。

(2) 潜力是指一个人是否具有成长性,应对更大挑战的能力(亿康先达)。

(3) 某人目前的能力与未来岗位的职责要求的匹配度,同时考虑到个人潜在的成长因素及可能出现的阻碍因素(合益)。

(4) 潜质的重要衡量指标是学习敏锐度,即从经验中正确地学习,并将所学运用到新的或第一次遇见的情境中的能力和意愿(光辉国际)。

（5）潜能是指个体对于某个岗位的准备程度，也就是一个人能否从现在的职位转移到另一个具有不同挑战、规模或责任更大的职位，包括调动的意愿、下一层级所需的专业/管理/领导技能、思维方式(拉姆·查兰)。

综合起来，我们认为：潜质就是指一个人的成长性，它能预测个体应对更大的职业挑战的能力。判断一个人是否具有潜质，就是看其是否具备从现在的岗位转移到另一个具有不同挑战、规模或更大责任的岗位所需要的全面素质，即是否能驾驭更高的平台、承担更大的责任、应对更高的挑战。

2. 高潜力人才的界定

从词义上看，"潜"是与"显"相对而言的，因此，"潜人才"也是相对于"显人才"而言。从孕育、显露到被认识、被任用，是绝大部分人才成长的必经过程，也即由"潜"到"显"的过程。人才"潜"与"显"的区分，是以社会承认作为价值的界点。潜人才只有经过社会承认才能转化为显人才，正如马克思指出："既然人天生就是社会的生物，那他就只有在社会中才能发展自己的真正的天性，而对于他的天性的力量的判断，也不应当以单个个人的力量为准绳，而应当以整个社会的力量为准绳。"

在杨敬东[①]所著《潜人才学》一书中，将潜人才定义为"是以其创造性劳动已成才或正在成才并取得初步成果而尚未被社会承认的人才"，并进一步把潜人才分为遮蔽型潜人才、未果型潜人才和芽苗型潜人才。遮蔽型潜人才，是指人才个体已经取得了创造性的劳动成果，但没有被社会承认，或没有得到正确评价，而被社会埋没。未果型潜人才，指人才个体初见成效，尚未取得最终成果，而没有得到社会承认。芽苗型潜人才是指人才个体刚刚崭露头角，但尚未得到社会承认或初步得到社会承认。按照潜人才的创造力大小、在社会发展和人类进步中所起的作用分类，潜人才可以分为高级潜人才、中级潜人才和初级潜人才。另外，还可以依照社会分工分为各种类型的潜人才，如文艺潜人才、领导潜人才、管理潜人才、军事潜人才、体育潜人才等。还可以根据潜人才对知识掌握的深度和广度分为专才型潜人才和通才型潜人才等等。

[①] 杨敬东.潜人才学.山西教育出版社，2008.

在国外,高潜人才的概念最早见于一些欧洲公司,大多数欧洲公司[①]将其定义为:追求高层管理职位的具有潜力的高水平管理者。高潜人才是从一个候选名单中按照严格程序选出的人,他将来可能成为公司的领导人,公司将对他进行细察详审,使他获得发展的机会。许多欧洲公司都把管理高潜力人才看作一项重要的战略。美国管理学大师拉姆·查兰[②]将组织里的高潜人才分为高潜个人贡献者和高潜领导者。高潜个人贡献者是某个领域的专家,他们才华过人、经验丰富,喜欢独处、用心思考、专心工作、不受打扰。领导岗位并不是他们的兴趣和强项,而且会影响他们发挥自己的专长。高潜领导者则不仅看重个人成就,还特别注重带团队,通过激发他人、培养他人来做出比自己单打独斗更为丰硕的集体成果。他们特别愿意倾听源自不同角度的不同意见,特别善于整合来自各个领域的专家建议,集思广益、博采众长,找到更好的解决方案,快速决策,迅速落实。

对于组织而言,两种高潜人才都是需要的,但也能看到,高潜领导者对于组织的发展更为关键。同时由于高潜个人贡献者涉及较多的专业性和特异性,本书所指的高潜人才主要是指组织里的高潜领导者和高潜管理者。按照我们对于潜质的定义,本书将高潜人才定义为:具有高度的个人成长性,能够带领组织,帮助企业赢在未来的人。

高潜人才未必当下在组织中掌握核心业务,控制企业关键资源,但在个人优秀潜质的基础上,在组织强大的人力资源系统支持下,能够快速成长,并且逐渐承担起组织中的重要职责,占据关键岗位,创造卓越绩效,并带领组织走向未来的成功。不同的组织对自己的高潜人才有不同的定义,但本质上都是组织重点发展和培养的未来领导者。

二、高潜人才的特征

高潜人才首先是人才,并且是已经取得一定的成果,正在向更高的目标和阶段发展的人才。高潜人才具有两个重要的特征:不确定性和成长性。

不确定性是指高潜人才可能被发现也可能被埋没,受外部开发与自

---

① 李波.瑞士高潜质人才发展与管理对我国组织人事工作的启示.交通部管理干部学院学报,2009,4(19):31-33.
② 拉姆·查兰.高潜:个人加速成长与组织人才培养的大师智慧.机械工业出版社,2018.

身内部因素的影响作用,高潜人才可能脱颖而出变成真正的高绩效人才,也可能被埋没而成为长期怀才不遇的潜人才,还可能退化为非潜力人才。

成长性是指高潜人才具备一些特别的能力和素质,随着环境条件的变化和工作的需要,可以不断提高和完善自身的素质和能力,实现持续的成长与提升,追求并取得更高的职位,成为更重要的价值贡献者。

要实现成长与提升,高潜人才必须具备七项重要特质。

(1) 对成功的强烈动机。高潜人才对成功具有强烈的渴望,追求卓越,自我定位高,敢于构想大格局。

(2) 敏锐的感知力和学习力。高潜人才能够迅速看清形势,敏锐地发现机遇,随时对新鲜事物表现出高度的好奇心和学习力,愿意尝试有待检验的、有风险和挑战的事情,并善于将学到的新知识变现为高效的行动。

(3) 模糊耐受性强。高潜人才对于确定的结构和控制的程度要求较低,对带有不确定、不熟悉、复杂的和冲突特征的情境具有较高的接受度和耐受力,快速适应变化,有能力在不确定的环境中工作和决策。

(4) 创新思考与创新能力。高潜人才能突破传统的束缚,具有高度的跨领域思考能力,能够大胆地思考并实践前人建立起来的所谓不可能,在问题解决过程中能够引入新的观点,不断找寻开辟新途径的好方法。

(5) 心理成熟度和韧性。高潜人才心理承受力、耐受力和适应性强,善于控制情绪,行为理智,对压力积极适应、有效应对,遭受挫折或打击后自我复原力强。

(6) 善于构建人际生态圈。高潜人才善于自我管理与关系管理,为开展工作打造良好的内外部人际生态环境,形成自身的影响力,在合作的基础上实现共赢的局面。

(7) 敬业度。高潜人才认同并维护组织的价值观,对组织投入智慧、感情和承诺的程度高,愿意与企业共同成长,在组织实现自己的职业生涯。

三、组织为什么需要高潜人才项目

在当前的商业环境中,前瞻性的人才战略是组织人力资源管理的重要议题。组织的管理人才储备构成一个组织的"领导力补给梯队"。高潜人才一般可以认为是有很大可能会在领导力通道上快速发展,并且能在未来管理角色上表现出高绩效的人才。从这个意义上说,高潜人才就是一个组织未来领导人才的储备库,这类人才宝贵而稀缺。"千军易得、一将难求",甄选高潜人才、培育下一代领导者,应当成为一个组织人才战略的重中之重。

研究发现,拥有卓越领导力的企业实现盈利的能力比普通企业高出两倍,世界上许多企业将高潜人才项目作为企业未来领导者的有效培养和输送机制。顶尖企业更倾向于在个人职业发展的初期发掘高潜人才。60%的顶尖企业更倾向于在员工入职初期对其进行正式的评估,相比之下其他企业只有37%这么做。

在判断组织是否需要一个正式的高潜人才项目时,可以尝试回答以下几个问题:

(1) 正式的高潜人才项目对公司业务发展有一定的战略意义吗?
(2) 如果不实施高潜人才项目,公司会在未来落后于其他竞争对手吗?
(3) 高潜人才项目是否以及如何影响业务发展和其他员工?
(4) 如何衡量高潜人才项目是否成功?
(5) 公司需要投入以及愿意多少时间、财力和资源?

在明确了上述问题的答案后,组织对于高潜人才项目的必要性会认识得更加清晰。

四、高潜质人才的认识误区

对于哪些人是高潜质人才,不同的企业有不同的理解,因此得出不同的结论。一项调查①显示,21.1%的企业认为高绩效者即高潜质人才,27.3%的企业认为高潜质人才就是那些将要得到提升的人才,51.3%的企业认为高潜质者就是那些未来能承担综合管理职责的人才。从上述调查结果可以看到,不同的企业对高潜质人才的理解存在较大的分歧,以此作为人才确认标准的高潜项目在不同企业取得的效果也参差不齐。因此,在高潜人才开发与培养实施前,有必要对高潜质人才认识上的一些误区或偏见进行探讨与澄清。

误区一:高绩效者等同于高潜质者吗?

很多企业都会把高绩效者认作高潜质人才,认为只要取得了高绩效,就具有高潜质。这种以过去预测未来的高潜人才圈定方法,判断简

---

① 陈玮,岑颖寅.发现高潜质人才.清华管理评论,2013(5).

单容易,也看似科学客观。然而,按照彼得原理,在各种组织中,由于习惯于对在某个等级上称职的人员进行晋升提拔,员工由于胜任原来的职位,工作业绩好,就将被提升到更高一级职位,直至到达他所不能胜任的职位,因而员工总是趋向于被晋升到其不称职的地位。

以高绩效作为高潜人才的单一选择标准,存在一定风险。发展潜力不强或者无志于发展的高绩效人才在企业中并不少见。因为绩效这个标准是以"过去"为向度,而高潜人才将来需要承担更高层次、更大范围的岗位职责,处理复杂度更高、性质不同的任务,高潜人才的确认需要的是面向未来的标准。实践研究也发现,71%的高绩效者并不是高潜质人才,也就是说,高绩效者大部分不是高潜质者。而相反,高潜质者同时是高绩效的比例达到了93%。这说明业绩只能证明过去,但不能确保未来,或者说,高绩效可以是高潜质的重要预测源,但并非单一预测源。高潜人才项目关注的焦点,应该是立足于探讨:究竟是什么样的核心能力能使个体在未来继续胜任?

误区二:高情商者等同于高潜质者吗?

被称为"情商之父"的哈佛大学心理学博士丹尼尔·戈尔曼(Daniel Goleman)[①]在《是什么造就了领导者》中提出最高效的领导者都有一个重要的共性,即他们的情商都很高。高情商者善于控制自己的情绪,行为理智,能够始终保持良好的心境,善于处理生活中遇到的各方面问题,承压能力较强。

那么,高情商的人是否高潜质人才呢?显然不能如此片面地认为。情商,即情绪智力,包括一系列相关的心理过程,可以概括为三个方面:一是准确识别、评价和表达自己和他人的情绪;二是适应性地调节和控制自己和他人的情绪;三是适应性地利用情绪信息,以有计划地、创造性地激励行为。情绪智力高的个体能更敏锐地意识到自己和他人的情绪和情感,使他们能对自己和他人的情绪做出积极的调控,从而维持自己良好的身心状态,与他人保持和谐的人际关系,有较强的社会适应能力,在学习、工作和生活中取得更大的成功。情商反映的是个体内部的自我和谐以及与周围环境的人际和谐。在现代的领导力研究中,情商逐渐占有一席之地,研究者们越来越发现,情绪智力跟领导力正相关,情绪智力高的领导者更能够激发员工的兴奋感、热情、自信心、忠诚度以及乐观

---

① 丹尼尔·戈尔曼.是什么造就了领导者.哈佛经典,2010(2).

等,从而促进组织绩效的整体提升。

尽管情商是现代管理中炙手可热的课题,但不可否认,它只是有效领导的要素之一,而非全部。德鲁克曾说过:"领导力的关键在于,能够做其他人根本无法做到或难以做到的事情。"在战争中,与只懂得关心体贴下属但无法击沉敌舰的指挥官相比,士兵们总是更喜欢成功的指挥官,尽管他可能是个傻瓜;同样,在组织中,与只懂得对下属呵护备至的领导相比,员工们总是更愿意跟随能带着他们走向事业成功的领导者,尽管他可能不那么有人际技巧。因此,高情商可能会是高潜质人才的重要特质,但绝不意味着高潜质等同于高情商。

误区三:符合当前能力素质要求的人是高潜质者吗?

很多的企业管理者认为,既然员工在目前的岗位上业绩高、能力好,那么将他们提到更高的岗位上,仍然会继续发挥同样的作用,做出同样的业绩和贡献。这种观点与以绩效论潜质的观点本质上是一致的,都是没有考虑到"未来"这个时间向度上的差异以及工作环境和条件的变化对个体的新要求。当前的素质能力很可能是在工作当中由于不断的实践业已形成的,很多工作要求的能力素质通过训练以及企业不断提供的培训得到了很好的强化和发展,但是这些素质能力有很大的岗位和职业的依赖性,当环境和岗位变化以后,所形成的能力素质不一定能进一步迁移到新的环境和岗位中去。而高潜质者的能力素质具有跨情境的可迁移性,可以经历职业和环境的变化后,能够得到有效的延续,因此,在实际的工作中我们不能仅仅从当前的表现中去得出是否具有潜质的主观判断,而是应当通过更加科学合理的手段去挖掘高潜质人才。

综上所述,高潜质人才是一个综合的系统化概念,它不是人力资源管理领域其他概念的简单升级或组合。对高潜质人才的理解,只有抓住"未来"和"领导"两大关键点,才能准确把握高潜质人才的特征。

第二节 高潜质人才的识别

一、高潜质人才识别的传统方法

1. 传统高潜质人才的识别方法

传统高潜质人才的识别主要采取"自上而下、逐级指定目标岗位候选人"的方式(见图1-1)。因其采用填表格的方式进行,故而被称为"填格子"模式①。在该模式中,组织内高潜质人才的确立大都是由其所在的上级提名,并且对下级的能力和绩效表现等情况进行评价。这样通过层层顺延下去,建立起组织内部的整个高潜质人才的队伍。

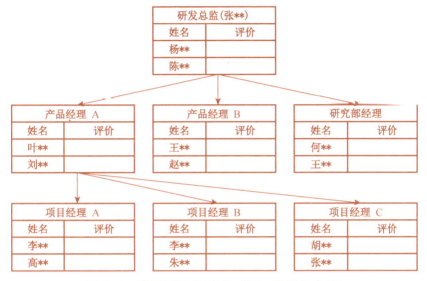

图1-1 填格子模式(来自:范金,微信公众号)

通过这种方式所建立的高潜质人才队伍最大的特点就是领导的意志占据重要的地位,在选拔高潜质人才时,领导是接触他们最多的群体,也在日常的工作中不断地给予观察和评判,因此通过这种自上而下的方式在传统的社会当中也确实发挥了重要的作用。然而,这种模式难以适应当今组织的变化,根据统计,该种模式培养出来的后备人才队伍,最终被组织选用的人员不足三分之一。

2. 传统高潜质人才选拔方法的缺陷

"填格子"的效果不尽如人意,主要存在以下几个方面的缺陷。

第一,结构调整的问题。传统的高潜质人才的培养模式需要组织架构相对稳定,因此,在传统社会中,由于组织面对的内外部的环境变化比较平稳,组织架构一直能够得以比较平稳的延续,因此在该模式下,填格子式的人才培养得以相应的延续下来,并没有显现出其太多的劣势。然

---

① 范金.选对人,再培养——高潜质人才甄别与梯队建设.微信公众号,2016.

而当今社会,组织的变化成为常态,随之而来的组织架构调整也成为必然的趋势,组织架构变动频繁,组织架构一旦发生变化,继任关系就需要重新梳理。在此种情况下,不利于高潜质人才的延续和发展,对组织造成重要的资源浪费和人才的缺失。

第二,能力单一的问题。传统的高潜质人才往往是从同一业务领域内选拔后备人员进行培养,这种选拔出来的后备人才在同一业务领域的历练本身,锻造了较为专注和单一的能力素质。而这种能力素质对于中层和基层管理者的后备梯队培养勉强使用,但是由于其专业限制,等上升到高管人才这个领域就显现出视野狭窄、综合能力不足等问题。这正与当今高潜质人才的宽广的视野以及需要综合能力等要求不相符。

第三,传统的高潜质人才的选拔和培养最大的问题也在于"站队"文化。由于后备人才由上一层级的领导所指定,极其容易出现"选边站队"文化。而由此导致的组织内政治会对组织的发展带来毁灭性的打击。

二、高潜质人才识别方法的发展

1. 九宫格评估

人才九宫格是指以人才潜力和业绩为坐标将人才分布到九个区域中,从而发现优质的人才。通过使用九宫格评估,可以使企业更好地辨识人才,全方位评价各级人才,让高潜人才浮出水面;通过九宫图评估,对企业来讲可以实现实战练兵,展示并提升管理者的识人用人水平;另外可以统一语言,让不同管理者用同一把尺子评价人;最后,实现战略链接,真正将人力资源与战略链接在一起。

九宫格模型由综合能力和业绩两个维度构成,每个维度都被划分成高中低三个等级,这样形成3×3=9个格子的九个区域,通过九宫格对人才进行区分,识别出高潜人才和具有发展潜力的人才(见图1-2)。九宫格需要先对企业人才进行测评得出最终能力和绩效的成绩后,然后根据资料进行讨论处于界线位置的人员应该放置的位置。具体的九宫格操作方法有数据导出法和讨论共识法等。

通过九宫格进行人才盘点所形成的人才地图,能够比较显性地展现"谁是你最重要的,最值得发展和关注,最值得资源投入的人才",而对于不同的人群,要采取不同的对策。在九宫格里面在右上角的格子,是绩效和能力双高的超级明星,也是我们重点发展的高潜人才,这些人才是下一步考虑晋升,重用的关键人才,给他们更好的平台和机会,促进他们的发展。

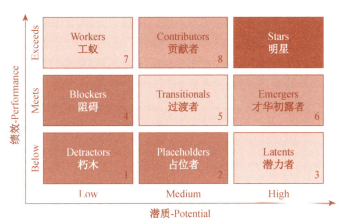

图1-2 九宫格评估模型(来自公众号:香港第一胜任力)

2. 利用雷达图识别高潜质人才

加里·德斯勒①提出高潜质人才所具备的五大特质,也即团队精神、学习能力、拥有战略眼光、业绩和自我成长动力五个方面。鉴于所要识别的五个指标,在识别高潜质人才时可以使用雷达图来对指标进行评价(见图1-3)。

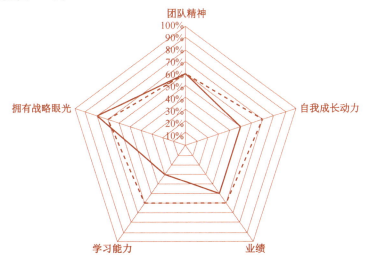

图1-3 人才评价雷达图(来自周佳佳②,2016)

---

① 加里·德斯勒.人力资源管理.中国人民大学出版社,2012.
② 周佳佳,陈同杨.家族企业高潜质人才的管理研究.中国科技论文在线,2016.

在雷达图中我们可以看到：第一，它是由多个网状五边形组成的，从内圈到外圈共有 10 个圈。从内圈开始依次往外每增加 10%，也代表符合素质要求的比例在增加。第二，各圈分为若干个区域，每个区域代表分析者要考察的一个方面，并且把选择的指标分布在圆周的等分点上。第三，根据各个指标设计成相应的测评表或者是调查表，然后将评价结果标在相应的位置上。第四，各个岗位所需的各项素质具有设定标准。最终每个指标获得的值点与标准值点会有差距空间，把各个差距空间加和，该差距空间之和越小，则认为人才整体素质越好，并且越低越好。因此这个多边形差距空间之和大小就可以作为评价该员工是否为高潜质人才的依据。

三、高潜质人才的自我测评

拉姆·查兰针对高潜人才的自我培养，提出当今时代的高潜人才需要具备五项关键能力，分别是提高时间回报，激发他人及培养他人，成为创意及执行大师，研究客户、对手及环境，提高思考及判断能力。针对这五项关键能力，拉姆·查兰给出了测评的方法，用以判断自身的优势能力和不足的能力，进而做出自己的改进计划。

为了测量五项关键能力，拉姆·查兰给出了包含 35 个题目的测量量表，量表采用 5 级评分。从"1 = 从不这样，完全不符合"到"5 = 总是这样，完全符合"。该量表包含五个能力子维度和一个总体潜力维度，其中总体潜力维度包含 10 个题项，而其他五个能力分别包含了 5 个题项。在总体潜力维度中，41—50 分属于高潜质，10—25 属于低潜质。具体的题目如表 1-1 所示。在表格中，总体潜力所包含的选项有 6,7,13,14,20,21,27,28,34,35。提高自己的时间回报的选项有 1,8,15,22,29。激发他人及培养他人的选项有 2,9,16,23,30。成为创意及执行大师的选项有 3,10,17,24,31。研究客户、对手及环境的选项有 4,11,18,25 和 32。提高思考及判断能力的选项有 5,12,19,26,33。

表 1-1　五项关键能力测量表（来自：拉姆·查兰）

序号	描述	描述评分
1	我有非常清晰明确的目标	
2	我很享受指导培养他人	
3	关于公司业务管理如何提升，我有很好的想法，而一旦实施，作用巨大	

续表

序号	描述	描述评分
4	对于公司端到客户体验的全过程,我会定期思考如何变化	
5	我求知若渴,非常喜欢学习新东西	
6	我会密切关注新的技术发展,始终跟进,走在前沿	
7	我坚信,或者就是要改变世界	
8	对于分工授权,我很愿意,也很擅长,不会因此而焦虑担忧	
9	对人,我会着重看人所长,而且能帮助对方发扬光大	
10	我有一套行之有效的办法来评估检验自己的新想法	
11	我对重点竞争对手非常了解,对其发展战略、领导团队及客户感受都有深入研究	
12	我很喜欢与人打交道,建立广泛人脉是我的强项	
13	我能从多种渠道获得信息	
14	我很敢想,敢于突破现实的局限	
15	我带队伍时,会重视过程,会确保大家工作起来效率高且效果好	
16	如果我的队伍中某人不能完成既定目标,我不会听之任之,而是会直接面对快速解决	
17	在负责项目时,我很善于将复杂项目进行分解,分阶段制定目标,进行管理	
18	对于公司外部的合作伙伴、供应商以及技术平台(如有),我都非常了解	
19	我有很好的阅读习惯和规律,能及时了解掌握很多新事物、新动向	
20	面对复杂情况,我能很快理出头绪,理清思路	
21	为了达成目标,我会全力以赴,寻求帮助,坚持到底直至成功	
22	我在把握分析重要信息、跟进管理关键信息方面和有一套	
23	在沟通过程中,我倾向于聚焦共同目标及有建设性的解决方案,不做无意争论	
24	大家都知道,我很善于提问,我的问题简明扼要	
25	在阅读新闻及媒体文章时,我会发掘潜在的趋势,搜寻具有颠覆性的人与事件	

续表

序号	描　述	描述评分
26	我经常与不同背景的高人深入沟通	
27	我能很快适应融入新的环境	
28	我有大局观,能从更高的视角、更多的维度进行全面思考	
29	我会定期梳理自己管理的工作和队伍,确保人岗匹配,好钢用在刀刃上	
30	我能有效促进跨业务、跨职能的沟通协同,有力推动组织整体目标的达成	
31	大家都知道,我是个言必行、行必果的领导	
32	我深刻理解技术革新会对市场行业、竞争格局产生的重大影响	
33	我喜欢参加集体学习、比如研讨、论坛以及培训课程	
34	我的社交圈子非常多元化	
35	我喜欢帮助身边的人提升状态、提高能力	

在通过前期的能力测试之后,自己会非常明确自身的优势能力,以及在哪些能力上存在不足。针对自身的优势进一步发扬之外,要重点培养自身的不足,通过一定的培养方式和方法,提高自身的能力,不断发挥自己的潜质。

第二章 人才供应链的概念与内容

本章导读

人才供应链是一种新的管理理念和模式,是适应社会经济快速发展、转型升级的动态管理。本章从人才供应链的概念、人才供应链管理模型、人才供应链与组织绩效以及人才供应链的关键来源四个方面进行介绍与分析,在人才供应链的提出、概念、组成要素、特征等基础知识的认识基础上,来进一步学习:供应链管理模型构建需要注意的事项、如何构建;人才供应链与组织绩效之间的相互关系,重点分析了人才供应链是如何影响组织绩效的;从供应链质量管理视角来学习人才供应链质量管理,从高潜人员的特质及其在人才供应链、企业发展中的积极作用等,来认识高潜人才作为人才供应链关键来源这一问题。

知识重点

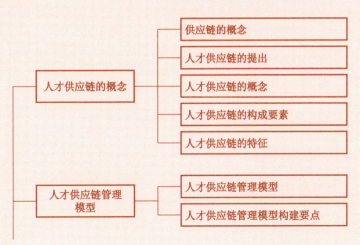

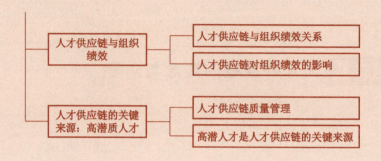

第一节　人才供应链的概念

为保证组织的高效运转,企业的人才管理要在两个环节上做好支撑:一是实现人与岗位的匹配,包括当下的匹配和未来的匹配;二是当岗位出现空缺时,实现最快速的人才补给。简言之,人才管理本质上就是预测企业对人力资源的需求,然后制订计划来满足这一需求。然而,这两个环节却常常成为组织人力资源管理的两大难题。即使人岗匹配能够让组织实现当下的正常运转,也未必能确保组织在未来继续保持这种优势。而当岗位出现空缺时,难以能找到合适的填补者并快速到岗,已成为 HR 们的巨大工作压力源。特别是当前商业大环境的不稳定性越来越高,人才流动的便利性大大增加,更是加大了这种难度。为寻求破解之法,人力资源管理领域做过很多尝试都宣告无效,人才供应链为解决这一问题提供了新的思路。本章从供应链的概念、人才供应链的概念、人才供应链与组织绩效、人才供应链关键来源四个基本问题的认识开始,带领大家明白供应链是什么、为什么?以及怎么样?系列问题。

一、供应链的概念

随着扩大生产概念的发展,企业的生产活动向前、向后都进行了拓展和延伸,与企业的相关的元素更多,企业的活动及关系范围也随之扩大,相应产生了供应链技术。美国著名经济学家 Christopher 指出"市场上只有供应链而没有企业,真正的竞争不是企业与企业之间的竞争,而是供应链与供应链之间的竞争",将供应链管理提到了更高的战略地位。

一般认为,对供应链问题的正式研究开始于20世纪60年代,现代许多有关供应链的设计原则都可以追溯到Jay Forrester的生产分配系统,Jay Forrester被认为是供应链设计之父。供应链①(supply chain)概念始于20世纪80年代,最先被广泛应用到制造业和运输业,作为一种新的管理方式,更作为一种思想迅速传播,在相关领域得到了借鉴及应用,并在管理、经济、运输等领域起着重要的影响。美国的Donald Water在《物流管理概论》一书中表述了供应链观点:供应链就是从供应商中把原材料送出,经过加工到消费者手中,它包含了一系列企业活动。英国物流著名专家Martinc Msther教授在《物流与供应链管理》一书中表明了如下观念:供应链是指涉及将产品或服务提供给最终消费者的过程和活动的上游及下游企业组织所构成的网络。美国供应链协会关于供应链的观念定位如下:作为当前国际上广泛使用的供应链,它涉及一系列从供应商的供应商一直到客户的最终产品的生产和交付过程。2001年,中国颁布的《物流术语》的国家标准将供应链定义为:是在生产和流通的过程中,包括上游和下游企业的网络链结构,目的是将最终产品或者服务送到最终用户的活动。

对于供应链的定位一直以来没有形成统一的说法,有的是从供应链的流程上进行描述,有的是对涉及多种环节之间交互关系的概括,有的从功能上的概括,等等,在对供应链的内涵界定中经常看到的"活动""网络""过程""网链""系统工程"等词汇,然而,尽管每位学者、管理者对供应链的定义仁者见仁智者见智,但是,供应链的内涵中主要包含着原料—生产—销售—服务及各元素之间的相互关系,更隐含着信息流、价值、协作关系等。

从供应链的诸多界定中,我们可以看出供应链的内涵在不断丰富,关注到的关键、核心或隐性的元素越来越明显。早期对供应链的研究呈现出的特点是:(1)仅局限在企业内部,是以企业内部过程为研究对象,注重企业内部资源利用;(2)关注"物"的因素更加突出,更多注重的原料、产品;(3)是单向性、直线式的,注重的从原料到生产到销售的流程。随着供应链研究的更多深入,其内涵呈现出的特点是:(1)拓展了企业生产的外延,将企业的生产活动进行了前伸和后延,注重与企业相关的外部因素,注重内外部资源的整合;(2)从关注"物"转为关注"物""信息"

---

① 孙荣芸.产业生态链视角下的人才供应链建设研究.劳动保障世界,2016(32).

"交互"等方面,使供应链的概念更丰富、饱满、充满活力;(3)从直线式的描述变得更加关注其"网络"的特性、功能的多元化,供应链更加立体化、复杂化、系统化,是前向性和循环性并存的;(4)随着"互联网+"技术的快速发展,供应链已经进入了移动时代,实现了O2O模式,将不受时空的局限,网链更加便捷。最为重要的是供应链作为一种思想在快速地扩展和应用,在以"供应链+"的模式与各种领域融合,成为一种新的指导理念。

根据大量文献的查阅和丰富的管理实践经验,本书将供应链定义为:以市场需求为导向,以精准管理为理念,以高质、高效为目标,以整合企业内外资源为手段,以信息、技术为关键,实现从原料采购—设计研发—产品生产—销售服务等过程高效协同的功能网链结构,从而实现整体最优化、供需无缝对接。为了更形象、更直观地了解供应链的含义,我们可以将供应链比作一棵枝繁叶茂的大树,原材料供应商构成树根;生产企业是主杆;分销商是树枝和树梢;满树的绿叶红花是最终用户;在根与主杆、枝与杆的一个个结点,蕴藏着一次次的流通,遍体相通的脉络便是信息管理系统(见图2-1、图2-2)。

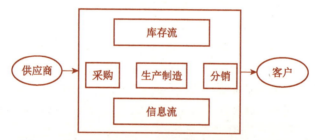

图2-1　链状供应链结构图(来自:张亚庆[1],2016)

二、人才供应链的提出

(一)人才供应链提出的背景

1. 需求导向人才供应链的出现

有研究者[2]提出"人才竞争从原来企业级上升到整个人才供应链之

---

[1]　张亚庆.人才供应链管理对企业绩效影响研究.湖北大学硕士学位论文,2016.
[2]　王世英、胡家勇.建立动态的企业人才链管理系统.现代管理科学,2006(12).

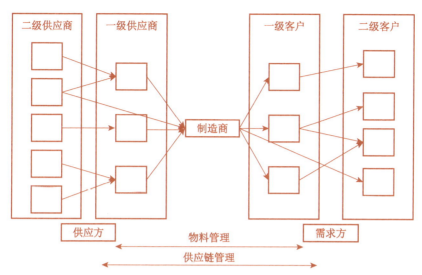

图 2-2 网状供应链结构图(来自:张亚庆,2016)

间的竞争"。这种竞争不是一时一地的存在,是一个长期较量的过程,能否拥有一支对环境变化产生快速反应的人才队伍变得更加关键。是否拥有高素质的员工、是否拥有充分发挥其能力的平台、员工是否愿意发挥其内在潜能等问题正成为一个企业核心竞争力维持的首要问题。人才供应链打造得如何,长期能否释放出它的优势,能否达到预期的成效等,这些都关系到企业的竞争实力和可持续发展。因此,人才供应链管理理念起源并发展于实践界,供应链思想运用于管理界是从现实需要作为起始的,企业需要构建从人才挑选到使用考核,到培养开发,到退出晋升等整个完整链条;需要定期盘点自己的人才状况,包括人才的数量、结构、能力水平等,缺口有多大,还需要多少,人才梯队结构存在什么优势与劣势,人才培养与使用应该怎么做,长期人才规划如何做,短期动态快速高效无时差人才补给应该怎样配置,这些时刻影响着企业的发展;企业需要全面、科学地评估人才投入回报,根据回报率确定下一步如何投入,进一步提高回报率,追求 RIO 最大化。

2. 问题导向人才供应链的出现

尽管各企业都比较重视人力资源管理,重视人才的培育与管理,但是,从现实企业的发展过程来看,仍然存在着各种各样的人才问题,如更好地进行员工技能的条式管理、应急情境下的人才资源供应以及人才岗位匹配问题、长期的人才需求规划与预测、人才梯队的构建与发展提升等一系列问题。同时,很多企业存在"人才怪圈"难题,即结构性缺失与失衡问题,一方面企业经常招不到合适的人才,面临人才"供不应求"的困境;另一方面,企业也存在某种程度的人才积压,产生了"供过于求"的人才浪费现象。以上各种问题,有企业长期人才规划、优化的问题,有具体细节人才管理问题,对企业的当下发展和长远壮大有着至关重要的影响,传统的、慢节奏、流程导向、局部调配为导向的人力资源管理模式已经越来越体现出其局限性与不适性。

(二) 人才供应链的提出追溯

2008年,沃顿商学院管理学教授彼得·卡佩利[①](Peter Cappelli)在"21世纪的人才管理"(Talent management for the twenty-first century)一文中首次提出将供应链管理模式应用于人力资源管理,这种模式就是建立一个基于企业需求的人才管理模型——在保证成本的前提下,让雇员的能力与职位迅速匹配,降低人力资源开发的盲目性,提升人才的效用,形成企业的核心竞争力。费洛等(2010)从企业角度出发,将人才管理流程拓展到企业外部,从企业微观视角探讨了人才管理整个流程的所有环节。Peter Schnorbach(2013)在相关研究中,以"人才流"这一特殊资源代替"物流"的供应链思想成为人力资源供应链理论的雏形[②]。

国内管理人才供应链的研究,仍然处于起步阶段,对人才供应链的研究仍然不够系统、不够深入,对企业个案、人才具体问题研究的较多,从宏观角度、通用模型构建不够,这种新的管理理念仍需要进一步扎根中国大地,进一步本土化、实践化、推广化。

三、人才供应链的概念

人才供应链是以企业的劳动力资源(包括体力劳动和脑力劳动)作为主要对象,通过增值过程、信息管理和控制而形成的复杂网链结构。人才供应链管理是基于刚性数据的供应链思想与基于柔性管理的人力资源思想相结合的新型管理模式,它既保留人力资源的管理职能,又吸

[①] Peter Cappelli. Talent Management for the Twenty-First Century. Harvard Business Review, 2009(7).
[②] 石思玲.数据化管理与企业人力资源供应链构建.现代企业,2016(8).

收了供应链管理反应迅速、优化配置、联盟集成等优势。

对于人才供应链的定义,不同学者从不同角度、不同侧面进行界定,人才供应链从构成元素、组建形式、属性功能、内外关联、技术手段等方面越来越丰富、复杂。例如:

Peter Cappelli(2009)从企业供需的角度进行定义,认为人才供应链是实现员工、能力、职位迅速匹配的人才管理模型。

Elaine Farndale(2010)等从供应链要素的角度进行定义,认为是一种集人力资源功能结构、交付与流动渠道以及高效管理技术为一体的结构[①]。

有研究基于链条属性,认为人力资源供应链即是一条人才链,更是一条增值链;有研究从供应链节点出发,认为人力资源供应链是在节点要素的作用下,伴随人才流、资金流、信息流产生的网链结构;有研究从人力资源流动的角度,认为是从人才采购、人才再生产到人才供应的整体功能网链结构模式;还有研究从人力资源供应链是以人力资源部门为核心,以快速、高效满足企业用人需求为导向,通过无时差的信息共享和控制,联结供应商、人力资源部门和用人部门,最终实现人力资源采购(招聘)—生产(培训)—销售(配置)集成化、系统化的功能网链结构。

基于大量理论学习和实践总结的基础上,本书将人才供应链界定为:在借鉴供应链思想的基础上,以企业人力资源管理部门为中心,以企业外部与内部两个范围为联动,以人才的科学管理与持续增值为导向,以人力人才大数据为基础,以外部人才引进、内部人才管理为两大模块,以企业的发展,与个人自我实现同向为一致愿景,以实现企业效益最大化、可持续性发展壮大为目标,是基于以上"七个以"为基础的人才选、育、留、用的整个人才优化配置过程和体制机制(见图2-3)。

四、人才供应链的构成要素

人才供应链主要包括以下五种要素。

(1) 人才需求者。需要人才供给的企业、事业等单位;企业内部有人才需求的部门或岗位。

[①] 李永华、滕春贤、陈可义.人力资源部为核心的企业人才供应链模型构建.科技与管理,2016,18(05).

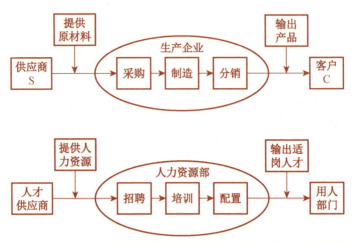

图 2-3　人才管理与供应链管理结构对比示意图(来自：仝汶灵[①])

（2）人才生产者。以高等学校、培训机构等为主要构成的人才培养机构或组织。

（3）供给者或与销售者。人力资源部、人才招聘网络平台、各类人才供应商等为主要组成的人才招聘与供给部门或平台，提供人力资源服务和人才供给。

（4）信息。人才生产者、人才供给者或销售者和人才需求者三者之间的信息交互。第一，高校、人培训机构等根据社会经济发展培养人才，并将人才信息公布于社会，供选择招聘；第二，人才需求者将需要的人才数量、标准等信息公布传递给整个人才市场和人才供给者或销售者、人才生产者；第三，是基于大数据时代的人才管理，人才的数量、质量、能力结构、发展路径、个人志向等环节的数据，作为人才供应链管理的大数据基础，是提供决策依据的重要信息。

（5）运转机制体制。人才需求者、人才生产者、供给者或与销售者和信息四种要素之间相互关系、相互制约，在市场环境下，通过业务往来，建立合作与共赢机制，如规章制度、工作机制、运营制度、合作条款、资金交付规则等。

---

① 仝汶灵.基于供应链理论的高新技术企业人才管理研究.太原理工大学硕士学位论文，2012.

五、人才供应链的特征

1. 集成化、系统化

人才供应链既体现了集成化、系统化的供应链思想,同时又是基于"人才"的管理配置提出的理论,是从人才选、育、用、评、留全过程的人才管理方法。实现对人才招揽、人才培训、人才安置、人才薪酬与绩效、人才继任计划五大核心业务的集成。

2. 精准化、精细化

人才供应链是一种管理思维的转变,管理更加精准化,针对性更强,在整个人才供应链上,可以及时、准确地监控到人才现状,有效地避免人才只注重长远规划、宏观规划带来的偏差,避免了市场实时变化与人才管理决策的滞后性,为人力管理工作提供决策依据。基本能力分析基础上的人才管理,分析人才队伍的多个维度,有利于实现团队能力的最优化组合,促进团队性能的最优化和效益最大化。

3. 深入化、本质化

人才供应链在管理的对象上更加深入,更加凸显人才核心竞争力的本质所在。从人事管理演变的过程来看,呈现这样一种转向的变化:即传统的人事管理是基于事物进行的,现代的人力资源管理是基于岗位进行的,人才供应链等为代表的现在人才管理思想是基于能力进行管理的,是基于岗位能力、业务能力进行细致分析,更加注重体现能力要素,努力达到"让合适的人才有机会在合适的地方做合适的工作"的预期。

4. 增值性、提升性

人才供应链是一个动态的过程,是各环节在相互作用的过程中不断攀升的过程。整个链条或网络关系到人才的招聘、使用、培训、考核等环节,涉及新入职人才的岗位适应、原有人才的调配调度、人才缺口的及时补充、全员的职业生涯发展、整体能力的提升、综合素质的锻造、高潜人才或团队的培育等多方面,在这个过程中,是员工充电升值、增长知识、提升业务水平和综合能力的过程,是实现优化、创新、增值的过程。

5. 大数据、信息化

随着社会经济的飞速发展,大数据、"互联网+"、智能文明时代的到来,企业内外环境的不断变化,人才流动的频次、速度和规模的空前,人才供应链包含着很多环节,各环节也是动态变化的,只有全面、准确、及

时地掌握链条上的信息,才能清楚地掌握人才调配动向,才能做到人才供给充足、管理科学和提高效益。

第二节 人才供应链管理模型

一、人才供应链管理模型

彼得·卡佩利[①]首先提出将供应链管理模式应用于人力资源管理,人才管理模型的建立要以企业需求为依据,力求企业所需的人才和岗位得到快速匹配,达到类似于供应链管理中快速反应、灵活变通、效率高效的效果。这一理念被引入国内,众多学者对此进行了研究,提出适用于我国企业的人才供应链管理模式。完整的人才供应链管理模式应包含四大方面,即:动态短期的人才规划、灵活标准的人才盘点、RIO 最大化的人才培养、无时差的人才补给。

(1)动态短期的人才规划:这是人才供应链的前提和基础,企业进行动态短期预测,建立人才管理及时更新机制,目的是建立一种快速响应变化、紧密连接业务战略要求,适应人才市场和用人需求的快速变化,规避长远预测偏差和人才配置滞后性。

(2)灵活标准的人才盘点:利用技能矩阵从数量和能力两个维度进行人才盘点,使人才盘点成为日常管理手段,并基于盘点的结果来进行人才配置管理。

(3)ROI 最大化的人才培养:关注人才培养投入的回报率,通过人才能力的不断提升带动组织效能和业绩的不断提升。通过改变学习模式、控制培养时效、改变培训方式、准确预测需求、打通"培训—业绩"循环等,实现人才培养投入的投资高回报率目标。

(4)无时差的人才补给:提前预测转为及时补缺,通过内外部结合的方式,实现人才供给"零时差",来缩小、填补人才规划和人才盘点之间的差距,整合资源建立外部人才库,创建基于业务牵引的内部流动机制。

---

① Peter Cappelli. Talent on Demand. Harvard Business Press,2008.

二、人才供应链管理模型构建注意要点

人才供应链管理模式可以根据企业实际来构建,但在构建过程中应该注意以下几点。

(1) 要在充分理解供应链思想、人才管理理论、知识链等理论的基础上,立足于对宏观人才管理工作或某一领域或某一单位进行细致分析。在充分分析现有人才管理的优势与不足的基础上,先进的理念理论与现实的需要实现紧密对接,来构建人才供应链模型。

(2) 人才供应链模型的构建,不能脱离企业的具体业务,不能忽略人才的能力分析,要充分考虑到岗位业务能力要求,基于人才能力状况分析,抓住企业发展和竞争的核心之核心,以此为基础,来构建以能力导向、业务导向、效益导向的模型,促进员工综合素质提升,促进企业更好更快的发展。

(3) 人才供应链管理模型应是一个动态持续提升的闭环。供应链构建过程中,企业战略、组织基础、人才规划、人才盘点、人才补给、人才培养、人才投资回报评估等核心环节或要素是无法规避的,人才供应链既有方向指向,也有阶段性、全局性或局部性的迂回,是一个实施、评价、反馈、整改、提升的闭环,促进整个企业方向明确、过程优化、效益最大化。

(4) 人才供应链管理模式应该具有较强的可操作性。模型的构建是在立足实际业务工作基础上进行的,构建出来的模型应该是经过实践检验的,可推广、可应用的,一旦模型确定下来,将作为人才管理的一种得力工具进行使用,在人才管理中将按照这样一种思路、模式和路线进行人才管理,因此,模型框架之下应该有更加具体的可操作性指令,实践中的人才相关工作能够直接进入模型相应模块,进行分析、操作,为决策和行动提供依据。

第三节 人才供应链与组织绩效

人才供应链与组织绩效有什么样的关系,对于组织绩效有何影响,这种新的人才管理模式的各个环节是如何作用于组织绩效的,组织绩效对人才供应链管理又有什么样的作用,等等。对这一系列相关问题的认

识是打造人才供应链的前提。

学者、专家以及企业管理者等对人才管理、人才供应链以及组织绩效之间的关系这一课题进行了相关研究，他们从不同的角度、不同的立场、不同的环节进行了分析。

一、人才供应链与组织绩效的关系

余玲艳[①]（2012）对中国企业绩效影响因素进行了实证研究，采用频次分析法，认为人际沟通、制度执行、激励机制、效率与合作、人才问题、统筹计划、进取和创新、战略目标是影响企业绩效的八大因素。

杨军节[②]（2011）从知识资本的角度研究了知识资本对企业绩效的影响，他回顾并研究了大量关于知识资本对企业绩效影响的相关研究后，提出企业应该通过建立规范的流程与管理体系来提高知识资本的价值，增强企业的竞争优势。

有研究者基于战略柔性的角度研究了企业绩效问题，通过实证分析，检验了不同类型的战略柔性对企业绩效的影响，最终得出结论：能力柔性对其有显著影响，而资源柔性的影响不明显。有研究者从人力资源视角，研究了企业绩效，认为企业绩效与人力资源管理之间存在着一种相互依赖、相互并存的关系，企业绩效的提升始于对人的有效激励和管理，良好的人力资源管理实践才能推动价值链内部各个职能环节的改善，最终导致组织绩效的提升。

有研究者经过总结人力资源管理对企业绩效影响的大量研究后发现，总体可划分为单个的人力资源管理实践对企业绩效影响研究和整个人力资源管理系统对企业绩效影响两大类。还有研究者进行了供应链权力对创新绩效的影响研究，证明协调性权力对供应链关系质量和创新绩效均具有显著的负向影响，非协调性权力则对供应链关系质量和创新绩效具有正向影响，供应链关系质量在供应链权力与创新绩效的关系中起到部分中介作用。

石红梅[③]（2006）认为企业绩效之间不是直接的线形关系，需要借助被投资者（员工）人力资本的付出才能实现人力资本投资对组织绩效的

---

① 余玲艳、田湘文.中国企业绩效影响因素的实证研究.企业家天地，2012.
② 杨军节.知识资本对企业经营绩效的贡献——基于国有上市汽车企业的实证研究.吉林工商学院学报，2011(1).
③ 石红梅.组织绩效与人力资本投资的分析模型.统计与决策，2006(6).

影响。构建了人力资本投资对提高员工人力资本付出和提升企业绩效的传导机制模型。

张亚庆(2016)将人才供应链管理和企业绩效作为研究对象,采用实证研究的方法分析了人才供应链管理对企业绩效的影响。构建了人才供应链管理对企业绩效影响的基本模型,分别对人才规划、人才盘点、人才培养和人才供给对组织绩效影响的实证研究,分析验证了人才供应链管理的四个环节分别与企业绩效有着正相关关系,通过搜集相关数据样本进行实证检验,得到的结论是人才供应链管理与企业绩效有显著的正相关性。

在对诸多学者的研究进行分类后,可把人力资源管理与组织绩效的关系归结为两种模式,即普遍模式和权变模式。普遍模式最早出现于1989年,由盖斯特提出。这种理论模式认为存在某种人力资源管理的最佳方法,这种方法能够带来更高的组织绩效,且无需考虑组织的战略目标和外部环境。权变模式的观点是:组织的不同发展阶段及其他一些权变因素会影响到人力资源管理和组织绩效的关系,组织的人力资源管理应随着组织的发展进行调整,要与组织的发展需求保持一致,人力资源的活动要结合组织面临的外部因素才能实现组织目标。

总体而言,目前国内外有关人才供应链管理与企业绩效方面的研究还较为有限,更多的研究集中在企业绩效的影响因素、企业绩效的评价、某个方面或具体细节对企业绩效的影响,较少有对人才供应链对企业绩效的影响进行系统深入研究,这也是人才供应链课题应该进一步深入研究的重要方面。

人才供应链与组织绩效之间是相互依存、相互制约、相互作用的关系,两者之间关系融洽、有机连接,能够促进个人和企业的同向同行共发展,否则,则适得其反。

二、人才供应链对组织绩效的影响

人才供应链对组织绩效的影响主要表现在以下几个方面。

1. 理念转变带来活力

在组织战略中,"人"既可以是成本,也可以是资产,还可以变成资本,这也正是人力资源供应链管理应该解决的问题。因此,对"人"的定位牵引着人才供应链的搭建、关系着组织发展决策,人才供应链管理导

向将员工定位为"资本",作为"人才",树立"人力资源就是生产力"理念,盘活人力资源,激活人才潜力,给个人和组织发展带来活力,创造更多的价值和绩效。

2. 愿景整合形成合力

人才供应链连接着企业的战略规划,关乎人才个人的职业发展,人才规划、人才盘点、人才投入、人才调配、绩效考核等,是建立在全面了解组织发展愿景和个体生涯规划的基础上的,只有两个方面趋于一致,才能符合组织的长远发展,调动个体的积极性和潜力,形成发展合力,优化组织生产、销售等各个环节,提升组织绩效。

3. 结构优化带来活力

人才供应链是组织整个人才管理的机制,关系到"选育留用评"等各个人力资源管理环节。从企业宏观的人才梯队建设、人才结构优化、人才针对投入、人才考评筛选等,是整个人才队伍结构动态建设的过程,如供不应求、供大于求、结构性缺员等问题都会直接影响企业绩效,科学、合理的人才结构会推动企业发展,促进企业进入良性循环、节节攀升的良好发展形势。

4. 精准施策供给巧力

网络技术飞速发展的今天,大数据已经成为各个领域进行决策、开展工作的重要基础,人才供应链管理也不例外。人才规划、人才盘点、人才投入、调度配置、考评遴选等各个环节必须是在大量的数据和实况分析基础上的,这样有利于做到人才供应链管理所追求的精准选人、无时差人才补给、多元化培训开发、实力化育人留人,有利于帮助企业进行精准施策,能有效降低企业人才管理过程中的成本浪费,提升人才管理整体效率,促进组织绩效提升。

5. RIO 评估导向实力

这一管理模式注重人才培养的效果,是一种成果导向的培养,也就是所说的人才培养投入的投资回报率(RIO),有利于避免有学无果、有培无应的现象,有利于提高组织员工的绩效、开发团队和个体的潜能,有利于构建人才供应链管理的持续改进与提升的闭环。

另外,企业绩效也对人才供应链有着重要影响:一方面,企业绩效目标和现状都会对人才管理传递重要信号,提出相应要求;另一方面,企业绩效如何会影响人才供应链管理,如对人才管理的投入、员工生涯发展、人才管理决策等。

第四节 人才供应链的关键来源:高潜质人才

人才供应链作为新的管理理念和模式,有利于解决传统人才管理中存在的诸多弊端,然而,人才供应链是否是万能的,其对企业发展的推动力到底有多大?给企业带来的效益如何?供应链中的关键因素有哪些?构建供应链时应该抓住哪些核心要素、关键来源?这些核心、关键元素在供应链中占据着何等重要的地位?起着什么关键作用?这一系列问题的回答,对人才供应链建设重点和努力方向有着重要指导作用,这也是本节要分析的重要内容,即人才供应链质量及关键来源等相关内容。

一、人才供应链质量管理

人才供应链是借鉴了质量链相关思想和理念的基础上提出的,在人才管理中应用的,在其构建和运行过程中有着相似性,如流程、内容、目标等多方面都有着相通之处,因此,在人才供应链的管理中,也存在着整个"链"的质量和层次课题。

"质量链"的概念是由加拿大哥伦比亚大学(UBC)的学者首先提出的,他们综合了质量功能展开(QFD)、质量管理与控制(SPC)、SPI、供应链及工序性能、产品特性值、工序能力等重要的质量概念,系统全面地表示了它们之间的有机联系(见图2-4)。

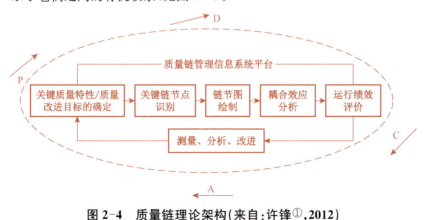

图 2-4　质量链理论架构(来自:许锋[①],2012)

---

① 许锋.破局:打造人才供应链.北京联合出版公司,2012.

"质量环"(quality loop)则指产品质量是在市场调查、开发、设计、计划、采购、生产、控制、检验、销售、服务、反馈等全过程中形成的,同时又在这个全过程的不断循环中螺旋式提高。"质量环"与"质量链"在本质上是一样的,都强调质量控制过程中的系统性和协作性。

供应链质量管理(supply chain quality management,SCQM)研究开始于20世纪90年代,21世纪后逐步进入快速发展时期并成为研究热点。

供应链质量管理是对整个链条或链网上各个环节、节点的管理,包括产品质量的产生、形成和实现过程进行管理,从而为产品质量的控制和保证提供强有力的保障。这也关系到能否对客户和市场的需求做出无时差反应,能否提供优质产品或服务,供应链是否具有持续、稳定、有力的动力作用,是否适应社会经济、市场的动态变化。

对人才供应链质量管理,我们可以作以下界定:是一种跨组织、跨部门、跨业界的管理模式,是对整个人才供应链从宏观、中观、微观三个层面进行全方位的管理。对整个人才供应链条或链网上所涉及的人才需求者、人才生产者、供给者或与销售者、信息、运转机制体制等进行的动态的把控、引领与管理,达到既能保障人才需求的基础保障,又能确保高层次人才的挖掘与留用,是动态攀升的过程,为企业发展提供持续有力的动能。

从人才供应链质量管理的界定,我们可以看出,基础需求的保障是底线,是整个企业能够正常运行的基础,然而,企业的发展需求远不止此,人才需求也有高低层次之分,真正能够为企业的竞争,甚至已经超越竞争层面取得发展动力的,还是高层次人才。进一步分析,我们可以得出,从企业长远可持续发展的角度来分析,仅仅限于当下高层次、高能力、高素质人才的满足,也是缺乏战略目光的,而是需要更多的具有高潜能的人才,能够不断显性化,为企业发展注入活力,保持人才供应链的持续动力,保持企业发展的持续实力。

Colings和Sculion(2008)提出:全球性人才管理是全球层面上储备人才和发展人才的战略综合,它包括积极主动地认同和发展高绩效和高潜力的职员。不仅如此,更要保留这些价值极高的雇员。世界权威的《财富》杂志(FORTUNE)早在2001年已将供应链管理列为本世纪最重要的四大战略资源之一,掌握供应链管理都将帮助管理者或企业掌控所在领域的制高点。同理,掌握人才供应链管理也将能够掌握人才管理的制高点和主动权。

二、高潜人才是人才供应链的关键来源

1. 高潜人才的特质有利于企业发展

高潜质人才具有高度的好奇心和学习能力、跨领域思考能力、高度的社会洞察力、善于协调合作的"同理心"、高度的韧劲、执行力强、效率高等珍贵的特质,这些都使高潜人才在工作过程中能够更好地吸纳新知、掌握新技、团队作战,能够突破难关,构建"共赢生态",为企业的发展起到引领和示范作用。德国 SAP 在招聘员工时并不在乎对方现有的学位和文凭,而更在乎他还能吸收多少新知识,还能提高多少,注重提升的空间和可能。

2. 高潜人才能够带动人才供应链的提升

人力资源管理有着深刻和丰富的内涵,其最终要实现梯队优良、结构优化、功能最优、效益最大的目标,实现组织绩效最大与可持续发展。高潜人才是高效人才供应链的重要环节和关键产出。

高潜人才的好奇心、执行力、洞察力、同理心、抗逆力等珍贵品质,在团队建设、团队合作和日常工作中都有着积极作用。正像"成才效应""共生效应"所呈现出来的,群体中的人们受到其他成员的智慧、能力及劳动成果的影响,在相互的潜移默化之间,会出现启发思维、提升能力、提高绩效的现象。

3. 高潜人才有利于企业战略落地

Anthony(2010)[①]认为"好的人才管理具有重要的战略意义"。许锋(2012)认为在公司转型阶段,主要人员补给应该是所需的核心能力建设,用以支撑公司的业务战略发展。员工是公司最重要的资产,而"高潜力人才"更是公司未来发展的关键所在。潜力的发挥需要有一定的有利环境,因此,高潜力人才的管理计划应与企业发展战略协调一致。企业在战略规划、组织的基础上,制定相应的人才供应链构建指导思想及原则,进一步细化人才梯队数量、规模、结构,制定具体的招聘、培训计划,通过外部引进或内部提升来选拔高潜人才,引领和推动企业发展。

高潜人才在企业战略发展中,能够充分发挥其特长,能够深刻地领

---

① Anthony McDonnell,Ryan Lamare,Patrick Gunnigle et al. Developing tomorrow's leaders-Evidence of global talent management in multinational enterprises. Journal of World Business,2010,(45):150-160.

会到企业发展战略的丰富内涵,尽快厘清思路,找准切入点,把准着力点,对企业发展过程中岗位职责的履行、团队建设与带动、跨部门、跨组织之间的协调推进等,有利于企业战略的落小落细落实。

4. 高潜人才有利于保持组织的竞争优势

David Colings 和 Kamel Mellahi(2009)认为,可以提升组织持续的竞争优势,将素质较高和绩效优秀的在职者储备起来以填补职位空缺,发展人力资源结构以方便潜力显著的员工上任新职位,确保他们继续为组织做出贡献。

徐颀[①](2013)认为抓住关键人才,重点就是要培养"潜力股"。高潜力人才计划是在继任者计划(HR review)的基础上,进一步贯彻 80—20 原则,聚焦在继任者计划所列的关键岗位中更为核心的岗位和人才储备计划。

人才代表着企业发展的实力和耐心,企业要想获得长远发展,必须重视和加强人才队伍建设,高潜人才是队伍中的关键环节和核心力量,识别和选拔出各个层级的高潜人才,实现培训资源、激励资源、发展机会等与高潜人才的精准匹配,实现高潜力人才的持续提升和稳定发力,能够带动整个企业人才梯队的生机和活力,能为企业带来更多的财富和企业价值,提升企业的绩效,保持持久的竞争力和实力。

---

① 徐颀.基于人才供应链理论的人力资源管理系统设计——以 A 公司为例.上海交通大学硕士学位论文,2013.

第二部分

高潜质人才选拔与方法——评价中心技术

第三章 评价中心的概述与历史

本章导读

人的行为和工作绩效都是在一定的环境中产生和形成的。对人的行为、能力、绩效等素质特征的观察与评价,不能脱离一定的环境。所以,要想准确地测评一个人的素质,应将其纳入一定的环境系统中,观察、分析、评定被试的行为表现以及工作绩效,从而考察其全面素质。基于这种理论,人们逐步形成和发展了评价中心这种现代人才测评的新方法。评价中心将各种不同的素质测评方法相互结合,通过创设一种逼真的模拟工作场景,将被试纳入该环境系统中,使其完成该系统环境下对应的各种工作。在这个过程中,主试采用多种测评技术和方法,观察和分析被试在模拟的各种情景压力下的心理、行为、表现以及工作绩效,以测量评价被试的管理能力和潜能等素质。

本章介绍评价中心的概念、用途、价值和效用,以及评价中心的起源和发展历史,为读者提供了解评价中心的基本框架。

知识重点

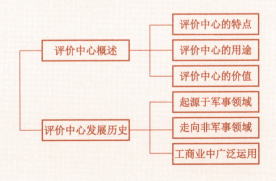

第一节 评价中心概述

一、评价中心的定义

评价中心技术是现代人事心理学最近 40 多年来的主要发展领域之一。随着人力资源管理需求的增加,评价中心在企业、政府、军队、教育等各类组织发展中日益受到重视,也越来越多地在人才选拔、评价、培训、职业生涯发展等人力资源管理领域得到广泛应用。

评价中心(assessment center,简称 AC)是一种综合的人员测评技术,它是在工作情景模拟测评的基础上逐步发展起来的,以测量评价受测者的能力或素质为核心的一系列标准化、程序化的评价活动。评价中心不是从字面上理解的机构、场所或地点。

评价中心最初是作为与"心理测验"相对的"行为观察法"出现的。它的首次提出可追溯到第一次世界大战中,德军使用此法选拔军官。20 世纪 50 年代美国电报电话公司(AT & T)首先将评价中心的模式用于选拔管理人员。之后评价中心广泛应用于各国的管理评价工作中,有效运用于人力资源管理的各方面。

关于评价中心的概念,不同的研究者从不同角度提出各自的定义。比较有代表性的有以下几位的理论。

Coleman(1987)博士认为评价中心可以定义为,允许候选人在标准化的情景下展示其与成功工作绩效相关的技能与能力的系列测验技术的总称[1]。

Dunbar 等(1991)认为,评价中心是以超越传统测评方式,为了解被试工作熟练程度而搜集数据的一种测评方式,它通过可观察的、具有普遍意义的管理行为和关键行为,检视测评对象的管理能力和发展潜力。[2]

Robert 等(2001)认为,评价中心是测定个体在多种情景任务

---

[1] 彭平根.评价中心的测评有效性及其影响因素的实证研究.上海:华东师范大学博士学位论文,2003.

[2] Dunbar, S. B., Koretz, D. M., Hoover, H. D. Quality control in the development and use of performance assessments. Applied Measurement in Education, 1991,4(4):289-303.

(exercises)中表现出的能力特征的一套操作程序,即评价中心使用多种情景任务来测定对象是个体的能力特征[1]。

学者 Byham W.C 对评价中心的发展作出过重要贡献,他将评价中心描述为包括多种与工作相关的情境模拟技术,有时也包括面试和心理测验,是一种综合评价技术。这里强调指出评价中心不是某一种单一的测评技术,而是多种相关的测评技术的集合[2]。

我国台湾学者陈英豪、吴裕益(1992)指出,所谓评价中心是模拟一些标准情境(亦即在自然情境下的实际操作)的测验,其模拟程度高于一般纸笔测验[3]。

由于不同研究者的研究角度和视野不同,因此评价中心的理解各有差异。为统一规范,自第三届"评价中心技术国际学术大会"(International Congress on the Assessment Center Method)起,每隔几年通过的《关于评价中心的实施标准和道德规范》(Guidelines and Ethical Considerations for Assessment Center Operations)都会对评价中心的定义进行重新界定与修订,这个实施标准和道德规范可以视作评价中心领域内的公认权威性指导,迄今已修订至第 7 版。在最新的《关于评价中心的实施标准和道德规范》(2015)中[4],评价中心技术被定义为:

评价中心由多种标准化的行为评估技术组成,包含多种成分,其中包括行为模拟练习。由多名受过训练的评价者观察和记录行为,根据相关的构念对行为进行分类,以及对行为进行评分。采用评分者小组会议或统计合成方法产生的评价分数,表示受测者在行为构念上的相对位置和/或合成的总体评价。

《关于评价中心的实施标准和道德规范》指出,所有的评价中心程序都必须包括 10 个基本元素。

(1) 系统的分析,确定工作相关行为的构念。评价中心要评价的核心构念,传统上也称为"测评维度",维度要求是具体的、可观察的、可验

---

[1] Robert D. G, Hubert S. F. Human Resource Selection. Harcourt College Publishers,2001:648-666.
[2] Willam C. Byham, What is an Assessment center? The Assessment center:Method, Applieations, and Technologies. http://www.ddiworld.com
[3] 陈英豪,吴裕益.测验与评量(二版).高雄:复文图书出版社.
[4] Guidelines and Ethical Considerations for Assessment Center Operations. Journal of Management,2015,41(4):1244-1273.

证的。

（2）行为分类。评价中心所涉及的行为必须根据行为构念进行分类。

（3）多种评估成分。任何一个评价中心必须包括多个成分,如行为模拟练习。评价中心可以由行为模拟练习组成,也可以跟其他一些非行为模拟的测评方式联合使用（如心理测验、结构化面试、情境判断测验、问卷、360°评价等）。这些行为模拟必须经过严格的试测,以确保测评的信度、客观性和与组织的相关性等。

（4）行为构念要与评价中心成分相互联系。可列出"测评维度×行为练习"的矩阵。

（5）模拟练习。评价中心必须通过模拟练习,为观察到待评价的行为构念提供机会。

（6）评价者。必须使用多名评价者观察和评价每一位受测者。

（7）评价者培训。评价者必须接受完整的培训,达到专业化的标准。培训包括了解AC测评目的和目标、测评要素、测评工具、测评材料以及相关背景资料等。

（8）记录行为和对行为进行评分。在观察过程中,评分者必须采用系统的流程,准确记录特定的行为,可以采用记笔记、行为观察量表、行为检核表,或行为锚定评估量表等形式。也可以对模拟练习的视频或音频材料进行事后观察。

（9）数据整合。对所有受测者行为的观察和评分,必须通过讨论或统计进行整合。

（10）标准化。AC测评流程的所有方面都要保证标准化,以确保所有受测者都有同样的机会展示出相关行为。

为了对评价中心技术作出更清晰的界定,《关于评价中心的实施标准和道德规范》还进一步对"非评价中心活动"进行了描述。以下活动类型不能称为评价中心。

（1）不能引发受测者"开放式行为反应"的人才评价方法,不能称为行为模拟,相应的测评程序也不能称为评价中心。例如：计算机模拟的公文筐测验、情境判断测验这些冠以"模拟"字样却只要求受测者做出封闭式反应（即评定行为选项的有效性,对行为选项做排序、多选题）,情景面试（只要求受测者假想他"会/想"如何做）,书面胜任力测验等。一个真正的AC程序,可以加入上述这些测评方式,但一定要有需要做出开放式行为反应的模拟练习。

(2) 只采用了小组面试或系列面试这样单一的测评技术。

(3) 只依赖于一种行为模拟技术作为评价的依据,即使这个行为模拟技术涉及多个复杂的问题或在多个情境下进行。

(4) 一组纸笔测验,不论测验分数是通过何种方式合成,都不能称为评价中心。

(5) 只采用了一名评价者,所有评价都由这一名评价者作出。或者,即使采用了多名评价者来评价多名受测者,但如果在评价过程中,每名受测者只受到一位评价者的评估,就不能称为评价中心。

(6) 采用了多项行为模拟练习,但却没有将测评结果进行整合。

(7) 一个叫做"评价中心"的地方,不是评价中心技术。

(8) 提供多种测评工具的网站,不是评价中心技术。

(9) 完全自动化的、计算机化的测评,既不引发受测者的开放式行为反应,也不要求评价者观察或评估开放式行为反应,不是评价中心。

综合起来,我们认为,评价中心是一个以实际的行为模拟练习为基本要求的测评技术综合体,其特点是多维度、多方法、多评价者。

二、评价中心的特点

1. 多维度

测评维度(或称测评要素、行为构念)是评价中心的评分对象。测评维度的选择基于真实的工作活动特征,应是特定的、可观察的、并能从逻辑上相关的工作任务中表现出来。

评价中心的测评维度主要包括两类:心理特质和行为能力。心理特质是指对个人的表现具有持久调节作用的、稳定的、内隐的个体特征,包括智力、人格、兴趣、态度等。行为能力是指个体在解决问题过程中表现出来的个体特征,具有任务导向性和针对性,它表现在所从事的各种活动中,并在活动中得到发展,如计划能力、团队建设能力、组织协调能力等。心理特质与行为能力之间的区别,可以类比为一般性与具体性、内隐性与外显性的关系。

心理特质是各类人才评价方法的典型测评维度,从纸笔测验、心理测验、面试到评价中心,都涉及对个体心理特质的评价。而对行为能力进行评价,则更多来自组织管理实践的需要。特别是随着员工胜任力模型的发展和完善,许多组织把对员工角色行为的要求与期待纳入胜任力模型中，人力资源管理实践要求人才测评结果能更加简单直接、直观易懂、具有实用性，使得评价中心的测评维度越来越呈现出典型的行为能力导向的特点。

2. 多方法

采用多种方法是评价中心技术的要求之一。评价中心的模拟练习要求受测者对模拟的情境条件做出行为反应。常用的评价中心技术包括(但不限于)无领导小组讨论、公文筐测验、案例分析、角色扮演、事实搜寻等(见图3-1)。情境模拟的信息呈现形式，可以采取面对面交互、纸介、视音频、计算机、电话或网络等，主要取决于现实工作中这些信息的实际呈现方式。

图3-1　评价中心技术方法

3. 多评价者

评价中心要求多位受过训练的评价者对受测者进行系统性的评估。评价者可以来自企业内部的HR部门或业务部门，也可以是企业外部的面试专家。这里所指的"多"有两层含义：第一，在整个AC过程中，不能只有一名评价者；第二，即使采用了多名评价者，对每位受测者，不能只有一名评价者对其进行评价。

至于一套 AC 应该选用多少评价者合适,或者称为受测者与评价者的最佳人数比,需要考虑一些因素。例如,采用何种情景模拟方法,测评维度是什么,评价者的作用和角色、数据整合的形式、受过训练的评价者有多少、评价者的评分经验、AC 的目的。为了减少评价者的认知负担,在团体性的情境模拟练习中,每位评价者需要同时评价的受测者数量应该尽量减少。

二、评价中心的用途

评价中心在人力资源管理中的应用主要集中在以下三个方面:一是选拔或晋升;二是诊断与盘点;三是员工发展(见表 3-1)。通常将用于选拔或晋升的评价中心称为选拔性评价中心,用于诊断和发展的评价中心称为发展性评价中心。1997、2003、2008 和 2009 年有学者对评价中心在欧美国家的应用做了调查研究(Annette C. Spychalski, Miguel A. Quinones, Barbara B. Gaugler et al., 1997[1]; Diana E. Krause, Diether Gebert, 2003[2]; Diana E. Krause,乔治·C·桑顿三世,2008[3]; Eurich, Krause, Cigularov,乔治·C·桑顿三世,2009[4]),详细统计组织是否遵循了评价中心的操作原则和伦理规范,包含工作分析、发展评价中心、测评指标、演练项目、评估师的特点和培训、行为记录、数据整合、组织战略、受测者的权利、对评价中心的评价和评价中心技术等方面。调查显示,评价中心技术最主要的用途是组织中人才的晋升与选拔。

---

[1] Spychalski, Annette C.; Quinones, Miguel A.; Gaugler, Barbara B. et al. A survey of assessment center practices in organizations in the United States. Personnel Psychology. 1997,50(1):20.

[2] Krause, Diana E., Gebert Diether, A comparison of assessment center practices in organizations in German-speaking regions and the United States. International Journal of Selection & Assessment.,2003,11(4):297-312.

[3] Krause, Diana E THORNTON, George C, A Cross-Cultural Look at Assessment Center Practices: Survey Results from Western Europe and North America. Applied psychology (Print). 2008, 58(4):557-585.

[4] Tasha L. Eurich, Diana E. Krause, Konstantin Cigularov et al.. Assessment centers: Current practices in the United States. Journal of Business and Psychology, 2009, 24(4): 387-407.

表 3-1　评价中心基于不同用途设计的比较

项　目	晋升选拔	培训诊断	技能发展
测评对象	具有高潜质的员工或应聘者	所有有兴趣的员工	所有有兴趣的员工
分析的职位	目前或将来补缺的职位	最近或者以后的工作	最近或者今后的工作
指标数目	较少(5—7个)	很多(8—10个),更为具体	较少(5—7个)
指标特性	潜力特征	发展,概念区分	培训技能
活动数量	较少(3—5个)	很多(6—8个)	每一个类型超过一个
活动类型	一般的	和工作相近的	工作案例
评价所需时间	相对较短(半天到一天)	相对较长(一天半到两天)	相对较长(一天半到两天)
报告类型	短,具有描述性	长,具有诊断性	最短,口头报告
反馈对象	测评对象,上两级的管理者	测评对象和直接管理者	测评对象,有可能的话直接管理者
反馈者	HRM团队	HRM团队或测评师	HRM团队,培训师或者助手
重要结果	所有的评价等级	指标等级	行为建议

(一) 用于晋升选拔

辅助人事决策是评价中心最主要的用途。评价中心可用于选拔管理和非管理职位人员,包括:外部选拔、内部晋升、高潜能员工识别、胜任特征的鉴别,以及人员裁减和重组时员工的留用等。用于选拔时,目的是提供候选人未来在新职位上成功的能力的总评价,为便于决策,评定通常合并为总体评估等级,预测候选人在一些职位或职位簇上的未来表现。

研究表明,评价中心评定结果对人员晋升、绩效评价、薪酬增长具有强大的预测关系(Adler,1987[①];Thornton and Byham,1982[②])。Bray

---

[①] Adler, Seymour, Toward the More Efficient Use of Assessment Center Technology In Personnel Selection. Journal of Business & Psychology, 1987, 2(1): 74-93.

[②] Thornton, George C., Byham, Assessment centers for spotting future managers. Harvard Business Review, 1982, 48(4): 150-168.

等人（1976）发现评价中心的总体评估等级和受测者的工作表现评定之间具有比较高的相关性（相关系数 0.51）[1]。Gaugler 等人（1987）的元分析发现，总体评估等级和各种工作结果指标之间的平均相关为 0.37。

（二）用于培训诊断和员工发展

发展性评价中心是对一系列工作情境模拟练习和其他能为个体提供可发展的行为维度上的练习、反馈和开发性指导的评定。这些行为维度对于个体的职业成功很重要。

与选拔性评价中心侧重预测准确性相比，当评价中心用于发展目的时，其他方面的要求则更加重要。例如，为了选拔，评价中心提供了不同的用于评定个体相应的优势和劣势的方法；而为了个体真正的发展，它还应提供大量的可导致个体在态度、理解和行为上真正改变的练习和反馈的机会。因此，发展性评价中心同时具备了评定和发展的功能。在实际操作过程中，发展性评价中心为参与者提供了学习的环境，并且参与者的行为是可以发展也可以迁移的。

用于发展的评价中心更多的是着眼于组织未来的长期战略，侧重发展个体的潜能。在发展项目中，首先对个体的优劣势进行评定和诊断，然后针对个体的优势和劣势进行不同的培训和开发。它强调找出个体现有的优劣势，并发展个体的短板和长板。通过评价中心中的模仿与练习，帮助发展新的行为模式。整个过程关注的是个体的需求，以满足个体需求为前提，进而满足组织的需求。因此，发展性评价中心同时满足了个体和组织的需求（见图 3-2）。

三、评价中心的价值

评价中心的价值在于它比其他人才测评方法有更高的校标关联效度或实证效度，更能准确预测员工未来的工作绩效。正如 Howard 等人在其论文《对评价中心的评估：21 世纪的挑战》中所做的总结："通过学者的研究，已经让使用者现在知道评价中心是什么，知道它能很好地预测行为、潜能、进步，并且喜欢它所制定的标准。不同地区不同领域的组

---

[1] Huck, James R., Bray, Douglas W, Management Assessment Center Evaluations and Subsequent Job Performance of White and Black Females. Personnel Psychology, 1976, 29(1):13-30.

图 3-2　评价中心用于员工发展

织都在使用它,使用者和被评价者发现它比其他方法更为有效和公平……评价中心还有一个非常明显的优势就是,它有一个非常详尽的诊断报告,可以为进一步的发展提供指导。表面效度高,不利影响少于认知测验。"[1]

评价中心预测效度研究最早是在第二次世界大战期间,英国心理学家通过十几年的实证研究对评价中心的评选方法与传统方法的有效性做了对比研究。此后人们对评价中心的预测效度进行了长期的研究,不同的研究都表明,相对于其他人才测评方法,评价中心具有较高的实证效度。

里弗在战后对英国陆军部评选委员会的评分进行了研究,发现委员会的评价分数与候选人在后来军官培训学校的成绩相关系数在0.20—0.39。佛农和帕里则对1946—1953年的数据进行了分析,他们把陆军部评选委员会的AC测评方法与以面谈为代表的传统方法的有效性做了对比研究,结果表明用委员会挑选的军官候补生比传统方法挑选的候补生更有可能在军官学校的训练中取得好成绩(见表3-2)。

表3-2 用传统方法和评价中心方法挑选的军官候补生的训练成绩

方法	数量	军官候补生获得训练成绩的百分比(%)		
		优于一般	一般	低于一般和不及格
面谈	491	22.1	41.3	36.6
评价中心	721	34.5	40.3	25.2

资料来源:鲁龚、高欣、马永生,评价中心——人才测评的组织与方法,百家出版社,1991:10-17。

在纵向研究方面,英国文职人员评选委员会的研究人员安斯特等曾对评价中心的预测效度做了一项长达30年的追踪研究,选取了301名候选人,报告指出在1945—1948年接受评价的文职人员所获的评价等级,与1975年对他们的重新打分排序等级之间的相关系数为0.354[2]。

早期对评价中心进行实证研究最有说服力的应是美国电报电话公司(AT&T)的管理发展研究(MPS)项目组。由布雷、格兰特和霍华德等人参与的MPS项目研究组在其研究报告《评价中心在商业管理潜力

---

[1] Howard, Ann, A reassessment of assessment centers: challenges for the 21st century, Journal of Social Behavior & Personality, 1997, 12(5): 3-4.
[2] Bycio, P., Alvares K.M., Hahn, J. Situational specificity in assessment center ratings: A confirmatory factor analysis. Journal of Applied Psychology, 1987, 72: 463-474.

的测评》中发表了其研究成果,其中包括两项有价值的追踪研究结果。第一项是为期8年(1956—1963)的追踪研究,在269名候选人中,103名被预测能够晋升到中级管理层的员工,有42%的的人在第8年就达到了目标,而在166名被认为不具备中级管理素质或有某些疑问的人当中,只有7%的人晋升到了中级管理层。第二项追踪研究跨度长达16年,布雷等人的报告指出,在125名大学生受测者中,那些预测能在10年内达到中级管理层的人,有64%的人在8年以后就达到了目的,而那些被评价为潜力很低的人中,只有32%的人达到了这个层次。第16年时,这两个百分比则分别为89%和66%。另外,布雷和格兰特也做了一项对比研究,把评价中心的评价结果与能力测验的结果进行比较,发现在预测员工的工资增长方面,评价中心程序比能力测验的贡献更大[①]。

研究者克兰特和斯科特以受测者在日后的工作中"被降职的次数"作为效标研究评价中心的效度,报告指出在评价中心中评分最高的小组在日后的工作中没有人被降职,得分次之的只有6%的人被降职。相比之下,得分最低的小组有大约20%的人被降职。在G.E.(通用电气公司)迈耶等人的研究报告指出,使用评价中心减少了降职现象。沃洛维克和麦克纳马拉在IBM研究了各种评价练习程序的贡献,研究发现情景模拟练习有助于管理进步(如管理职责增加),多项评价练习程序的多元综合评分结果更能提高评价中心的预测效度[②]。

在评价中心的经济效用方面,研究结果表明,评价中心能给企业带来很高的回报,采用这种方法找到的管理人员平均每人每年能给企业带来约2 500—21 000美元的利润(见表3-3)[③]。

表3-3 评价中心回报率

关键变量	Casio 和 Ramos		Burke 和 Frederick	
	面试	评价中心	面试	评价中心
效度	0.13	0.388	0.16	0.59
测评对象人均成本	300美元	688美元	383美元	2 000美元

---

① 鲁龚、高欣、马永生,评价中心——人才测评的组织与方法,百家出版社,1991.
② 同上。
③ 乔治.C.桑顿三世,上海人才有限公司评鉴中心研发专家组译,评鉴中心在人力资源管理中的应用,复旦大学出版社,2004.

续表

关键变量	Casio 和 Ramos		Burke 和 Frederick	
	面试	评价中心	面试	评价中心
工作业绩的标准差	10 081 美元		12 789—38 333 美元	
效用（每选中 1 人每年）	2 676 美元		2 538—21 222 美元	

第二节　评价中心发展历史

评价中心的发展轨迹如图 3-3 所示。

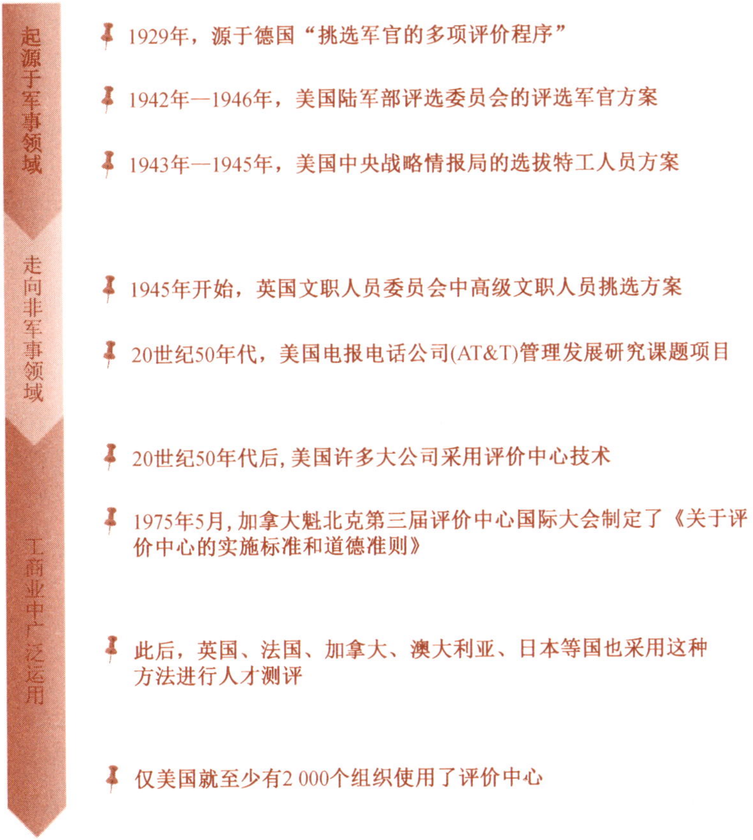

起源于军事领域
- 1929年，源于德国"挑选军官的多项评价程序"
- 1942年—1946年，美国陆军部评选委员会的评选军官方案
- 1943年—1945年，美国中央战略情报局的选拔特工人员方案

走向非军事领域
- 1945年开始，英国文职人员委员会中高级文职人员挑选方案
- 20世纪50年代，美国电报电话公司(AT&T)管理发展研究课题项目

工商业中广泛运用
- 20世纪50年代后，美国许多大公司采用评价中心技术
- 1975年5月，加拿大魁北克第三届评价中心国际大会制定了《关于评价中心的实施标准和道德准则》
- 此后，英国、法国、加拿大、澳大利亚、日本等国也采用这种方法进行人才测评
- 仅美国就至少有2 000个组织使用了评价中心

图 3-3　评价中心的发展轨迹

一、起源于军事领域

(一) 德国的军官选拔

评价中心起源于1929年,德国心理学家为选拔未来军官而创建多项评价程序。他们确定的建立评价程序的指导原则为整体性和自然性,整体性是指要评价未来军官的整体个性而不是单项的能力;自然性则指评价工作必须在自然、日常的环境中进行行为观察。在评价过程中,军事心理学家首先对军官的个性和领导才能进行明确的概念界定,通过调查把这些特质细化为:明确的目标、信心、有效的想法、心理适应性、数学能力和诚实等性格特征。心理学家们设计了许多独特的评价方法对这些维度进行评价,包括:

(1) 采用书面测验评估智力。

(2) 任务练习:要求候选人按照详尽的指令,在一条复杂的、紧张的障碍道路上,完成一系列任务,观察他们的首创精神、毅力和体力表现等。

(3) 指挥系列练习:让候选人指挥一组士兵,完成一项任务或者向士兵们解释一个问题,评价者对他的面部表情、讲话的形式进行观察。

(4) 深入面谈:了解候选人的经历、教育情况和观念等。

(5) 一系列的五官功能测验和感觉运动协调测验。

这个评估过程会持续两到三天,由两名军官、一名内科医生和三名心理学家一起对候选人进行活动的观察、行为表现的评价,最后做出人选决策,诞生未来优秀军官名单。德国采用多项评价程序挑选军官的过程中,采用多种评价方法和多名评价者来评价复杂行为成为评价中心技术的主要特点,其创设的情景模拟测评形式更是现代评价中心的核心思想(见图3-4)。

(二) 英国陆军部评选委员会的评选军官工作(1942—1946年)

第二次世界大战开始后,英国为了改变传统的通过面谈挑选军官但经常失败的局面,效仿德国的评价活动,并成立了陆军部评选委员会。最初方案是由两位精神病学家参与制订的,其内容包括精神病学面谈、智力检测以及情景模拟测试等。英国陆军部评委会的军官评选方式有所突破,将程序分为三个部分,第一部分为小组练习,第二部分是个人心

图 3-4　德国军官选拔评价

理测试、精神测验和个别面谈,第三部分为第二次的小组练习。之所以进行两次小组练习,是因为"团队环境是评价领导才能的最好机会"。他们认为,既然许多军事领导才能是在小组中发挥作用的,那么应该通过控制对小组施加压力以及观察小组成员对此的行为反应来测评领导才能。陆军部评选委员会使用的小组练习包括室内练习、室外练习、讨论问题、体育活动以及不同紧张程度的任务。

后来,英国心理学家拜恩对上述程序进行修改和调整,将无领导小组讨论、即席演讲、角色扮演、深度面谈和投射测验等手段进行综合运用。利用这些方法和技术,评价员对候选人广泛的心理特质作出评价,并试图重点评估那些对成功领导者极为重要的个性特征[①]。

陆军部评选委员会强调对拟测评的领导者特征进行明确的概念界定,把领导定义为"有利于达成小组目标的能力",提出领导才能包含做出贡献的水平、小组内聚力、稳定性等三个方面,并对不同方面的领导才能采用不同的方法进行评价。

英国的陆军部评选委员会挑选军官的程序比德国有所进步,把候选人置于更现实的环境中,预先明确领导才能的不同方面,并采用包括小

---

① 彭平根.评价中心的测评有效性及其影响因素的实证研究.上海:华东师范大学博士学位论文,2003.

组讨论和体力任务等方法进行评估。其开发的经典情景模拟测验如小溪练习和建筑练习,在现代评价中心仍然常见。另外,英国心理学家就评价中心还进行了大量的实证研究。

(三)美国战略情报局特工人员的挑选(1942—1945 年)

美国战略情报局挑选特工人员的过程,则显得非常有难度且神秘。由于美国联邦调查局未能预见珍珠港事件的发生,罗斯福决定重新成立一个专门收集国际局势和战略层面的情报部门,帮助自己做出判断。成立于危难之际的美国战略情报局(Office of strategic services,OSS),以找到一些机智、勇敢而又忠诚的工作人员为第一要务。

美国战略情报局(1942—1945)针对战略情报局的不同工作职位(包括秘密情报员、破坏人员、宣传人员、秘书和办公室职员等)建立了一套评价候选人个性的程序,包括 8 个步骤(见图 3-5)。

秘密情报员

破坏人员

宣传人员

秘书和办公室人员

(1)工作分析:对中央战略情报局不同工作职位的工作内容和工作要求进行分析研究。
(2)列举导致工作成功和失败的所有个性决定因素,选择评价变量。
(3)给拟评价的个性变量下一个打分等级的定义,并对从事该工作的适应性下一个总体变量的定义。
(4)设计一个能反映拟评价变量差导性的评价程序,引入情景模拟测验。
(5)在进行具体的评分、预测和推荐之前,对每个被评价者的个性进行系统的阐述。
(6)用非技术性的语言描述这些个性概况。
(7)召开评价员讨论会议,针对每个被评价者的个性描述进行讨论修改,并根据评价结果进行打分、给出推荐意见。
(8)建立经验模型,对评价程序进行鉴定,从而可以系统的收集和记录解决战略问题所需要的所有数据。

评价活动

图 3-5　OSS 候选人评价程序

候选人需要在精神病学家的注视下,接受一个经过设计的成套活动,这些活动不仅针对身体和精神健康,而且可以区分领导和下属。OSS坚信对候选人工作绩效的预测应该主要依据模仿工作环境的练习来确定,因而其进行的评价程序活动非常强调情景模拟测验和绩效练习。例如,在位于弗吉尼亚州的一个普通农场,候选人按照要求走进一片漆黑的谷仓,一个隐藏在暗处的声音大声命令:"把门关上,向左转,沿着墙走,把右手伸出来,走到楼梯那儿。"毫无疑问,候选人已经站在漆黑谷仓的四层楼上。然后暗处的声音继续命令:"伸出手去,那里有一个栏杆翻出去。吊在那儿别出声!"过了一会儿,暗处的声音命令候选人:"放开栏杆!"此时候选人会怎么办?第一类人听从命令,放手。这些人选择掉下去,然后惊奇地发现,下面仅仅几英尺,就是一个覆盖了干草的平台。这些人可以成为士兵,他们执行被告知的命令,并且很好地服从指示。第二类人理解命令,观察环境,但最终选择放弃遵守命令,并且沿着原路爬回去。这些人善于思考,可以成为参谋。第三类人吊在那里,用自己的脚踢踢周围,发现在背后两英尺左右就有一个楼梯,然后顺着楼梯爬到一层楼,然后说:"好了,下一个提示是什么?"这些人就是有潜力成为指挥官的人。他们自己寻找着第三种方法,一种完全不同的方法,一种脱离困境的办法。

OSS同样重视传统方法,面谈、履历表分析、句子完成测验、健康调查和工作条件调查、词汇测验等传统方法。另外,OSS还会采取一些特别的方式,例如,让评价者和候选人一起在某个场所(如宾馆)度过全部三天时间,一起工作、吃饭、睡觉、生活。这种方式给评价者创造更多与候选人进行非正式接触的机会,进行更为真实的观察评价。

OSS在二战期间所进行的人才评估工作是美国第一个完备的多项评价程序,评价方案也堪称理论和实践相结合的典范,他们的工作为评价中心在美国的大量应用打下了基础。以后在美国发展的大多数评价中心活动都从OSS的管理评价活动中吸取了很多观点、思路和方法。

二、走向非军事领域——英国文职人员选拔场景

最先把评价中心的概念应用于非军事目的的机构是英国文职人员委员会。从1945年开始,英国文职人员委员会发明并使用了一套复杂的程序,挑选中级或高级文职人员。该委员会采取了八种评选方法来选拔文职人员,包括:语言和非语言测验、个性投射测验、背景信息、各种渠

道的调查反映、面谈、资格考试成绩、个人和小组的情景模拟练习等。其中情景模拟练习包括无领导小组讨论(讨论高级文官可能面临的真实问题)、主题演讲或报告撰写(处理假设的社会团体中可能会遇到的复杂问题)等。每次评选活动结束后,由两位行政文职官员和一名心理学家组成的委员会一起交流讨论信息,独立对每个候选人就他们在文官职位上获得成功的潜力进行评价。

英国文职人员委员会的活动最先把评价中心活动应用于非军事目的,并把情景模拟测验的本质变成反映领导和管理才能的测评方式。他们的工作为评价中心最终应用于工商业领域创造了条件。

三、 工商业中广泛应用

(一) 美国国际电报电话公司中高层雇员选拔

第二次世界大战结束后,许多军事心理学家和军官加入到各类企业中从事小规模的人员测评活动。情景模拟测评技术研究得到进一步发展与完善,逐步形成了一个包括多种评价方法和形式的测评系统——评价中心。随后,评价中心开始进入工商界、行政管理部门,并广泛应用于管理人才的素质测评、选拔和培训。

今天广泛应用的评价中心基本模式起源于道格拉斯·布雷于20世纪50年代在美国电报电话公司(AT&T)的研究。当时,布雷在AT&T公司受雇负责管理发展研究课题项目,这是一项关于成功管理人员的个人和他所在组织的特点的研究,同时也是一项对管理人员发展纵向趋势的研究。

布雷和拜汉姆等人集中研究了与成功有关联的个人特点的评价方法,应用的方法包括面谈、公文处理练习、商业游戏、无领导小组讨论、投射测验(句子完成测验)、自我描述,此外还有一些笔试项目包括中学和大学能力测验(SCAT)、关键性思维测验、爱德华个人偏好测验、生活态度调查表、个人历史调查表等(见图3-6)[①]。

在此之后,美国许多有名的大公司如G.E.、IBM、福特汽车公司等也都采用了这种技术,并建立相应的评价机构来评价管理人才。美国的一些政府部门如农业部、国内税收署也应用评价中心选拔人才。随后,英

---

① 彭平根.评价中心的测评有效性及其影响因素的实证研究.上海:华东师范大学博士学位论文,2003.

国、法国、加拿大、澳大利亚、丹麦等国也采用这种方法进行人才测评。经过半个多世纪的发展,欧美等发达国家评价中心技术的使用已呈现商业化和产业化趋势。为了规范评价中心技术,在 1975 年 5 月于加拿大魁北克举行的第三届评价中心国际大会上,与会的专家学者们一起制定通过了《关于评价中心的实施标准和道德准则》,迄今已修订至第 7 版。

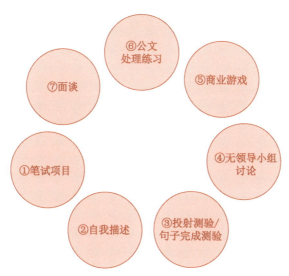

图 3-6　道格拉斯·布雷设计的评价中心

四、评价中心在我国的发展

(一) 20 世纪 80 年代后期

这一时期,我国开始对评价中心技术进行系统研究和实践应用。

1. 跨国公司的管理实践

国外跨国公司诺基亚、西门子、汉高等借用其母国公司总部的评价中心机构,或委托国际咨询公司,运用评价中心测评他们在华投资企业的员工。

2. 学术界掀起研究热潮

(1) 关于评价中心的著作出版,期刊论文的发表。

(2) 1988 年,在上海举行了以"人力资源管理和评价中心"为主题的国际学术大会。

(二) 20 世纪 90 年代后期

这一时期,评价中心在国内得到大规模的运用和进一步的发展。

(1) 越来越多的高校科研机构或咨询公司把评价中心技术应用于企业人才的选拔、培训诊断、领导力发展服务。

(2) 北京、上海、四川、湖南等许多省市都开始用现代人才测评技术来选拔厅局级领导,测评手段包括纸笔测验、结构化面试、公文筐测验、情景模拟等。

第四章 评价中心的测评原理

本章导读

评价中心技术在实践中备受推崇,但在理论层面的探讨却不够深入,滞后于实践的应用发展。现代测评技术主要是建立在差异理论之上:职位差异和个体的差异是客观存在的,由此产生了人岗匹配和人才测评的必要性和可能性。必要性在于组织对于高工作绩效的追求,可能性则在于素质的稳定性和可测量性。基于这样的思路,评价中心通过设计一些与应聘者未来可能面临的工作情景类似的模拟情景(活动),通过观察和评价他们在这些模拟情景(活动)中的行为表现来预测他们在未来工作岗位上的工作绩效。但这样预测的有效性如何,可靠程度有多高,业界也在不断进行研究和探讨,形成了一些共识,但某些方面依然存在分歧和争论。本章从评价中心的理论依据、基本假设来详细阐述评价中心的测评原理,另外从心理测量学的信度和效度指标来解析评价中心的可靠性和有效性。

知识重点

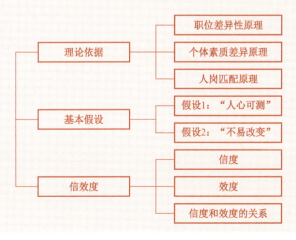

第一节 理 论 依 据

从整体上看,现代测评理论主要是建立在差异理论之上。一方面,职位类别的差异对人才测评提出了客观要求,职业与职位,其差异是客观存在的,人职匹配以便提高工作绩效。另一方面,个体差异是人才素质测评的前提条件,比如心理差异中的个性倾向差异、个性心理特征差异等。

一、职位差异性原理

职位是形成组织架构的基本要素,企业的组织架构中存在着多个不同的职位。每个职位都是依据企业的战略目标和子目标而设置的,有着不同的工作环境、工作流程,承担着不同的工作任务和责任。因此,每个职位对员工的各项素质和技能的要求不同。应用人才测评体系可以甄别出员工的各项素质、技能等胜任力,从而再根据职位列表选择这些与职位相匹配的人才。不同行业、部门、职位对任职者的素质要求是不尽相同的,工作要求是进行素质测评的客观要求,担任一定工作角色的人,必须具备相应的素质条件(见表4-1)。

表4-1 不同职位差异性举例

	销售人员	设计人员	管理人员
工作内容	与客户沟通,促使客户购买商品或服务	根据市场需求,开发设计出满足客户要求的产品或服务	带领和激励他人有效完成团队的工作任务
工作要求	良好的沟通能力,能影响他人的判断和决策;有韧性,能在压力和困境中坚持	专业能力扎实,拥有良好的创意,能提出新颖的想法	关注团队任务和目标的达成,影响和激励他人的能力,计划组织各项事务的能力

二、个体差异原理

世界上没有完全相同的两片树叶,也没有完全相同的两个人。个体差异是指在社会群体竞争中,个体之间先天禀赋差别和后天环境条件的差异以及由此形成的个体的差异结果,包括先天因素和后天因素。例如:出生时空环境、遗传资源、才智身心素质、教育学习、人脉力量、组织关系、经历等等各方面生存发展条件的差异性。个体差异的存在形式或为显性的或隐性的。个体的差异性是人才素质测评的前提条件和根据，如果人与人之间没有个体差异，测评就没有必要。个体差异的客观性与普遍性，是进行素质测评的前提。

1. 生理差异

生理差异主要是性别、年龄、身体素质特征等由生理因素导致的差异。

2. 心理差异

心理差异是指人们之间在稳定的心理特点上的差异，包括智力或认知、人格等方面的差异。例如，有的人记忆快且保持长久，有的人则记得慢且易遗忘。有的人长于形象思维，有的人则长于抽象思维。有的人性情温和，不易发脾气；有的人则喜怒无常，情绪波动较大。有的人反应迅速，情感外向；有的人则反应迟缓，情感内向。有的人活泼开朗，有的人却多愁善感。

3. 社会文化差异

社会文化差异主要是指地域、职业、民族文化差异等。

个体差异性思想强调人与人之间存在的先天与后天所形成的知识、能力、技能、个性、气质、价值观等方面的差异。而素质差异是造成人在不同岗位成就差异的基础，也是人与人之间在相同岗位绩效水平差异的根本原因。

三、人岗匹配原理

人岗匹配是指人和岗位的对应关系。每一个工作岗位都对任职者的素质有各方面的要求。只有当任职者具备要求的素质并达到规定的水平，才能最好地胜任这项工作，获得最大绩效，从而实现组织的高绩效产出。

"人岗匹配"主要包括三方面的内容。

（1）岗位分析。

"人岗匹配"的起点应该是知岗，因为只有了解了岗位，才能去选择适合岗位的人，继而实现"人岗匹配"。脱离了岗位的要求和特点，"人岗匹配"就成会成为"空中楼阁"，失去根本。知岗最基础也是最重要的工具就是岗位分析。所谓岗位分析，是就岗位有关工作内容与责任的资料，进行汇集、研究和分析的程序。

（2）胜任素质评价。

知道了岗位的特点和要求，就可以进入"人岗匹配"的关键环节——

胜任素质评价。通过履历分析、纸笔考试、心理测验、面试交谈、情节模拟、评价中心技术等人才测评技术,测查人才的胜任素质,实现最佳的"人岗匹配"。

(3) 匹配。

知人善任是实现"人岗匹配"的最后一步,也是能不能发现并最大限度利用员工优点,把合适的人才放在合适的位置,尽量避免人才浪费的关键一步。通过实现人才与岗位的匹配,将适合的人放在适合的位置,才能充分发挥他们的工作潜能,实现人才的有效利用,从而实现组织绩效的提升。

- 什么是工作中的最优配置?

能力>工作要求→激励不足

能力<工作要求→绩效低下

能力=工作要求→双赢

- 怎样实现最优配置?(见图4-1)

图 4-1 人才的最优配置方式

第二节 基本假设

素质是一种特定的心理活动、心理现象,具有内隐性的特点。素质测评是一种黑箱模式,我们需要通过外在的行为表现来测量与评价个体内隐的素质,从而打开素质这个黑匣子。这基于以下两个假设:素质的可测性和素质的稳定性。

一、假设一:"人心可测"——人的素质是可以了解和预测的

心理素质与行为表现之间存在相关关系,人的素质是通过生活与工作过程中的行为表现出来的。所以通过对人各种有代表性的行为进行测量,从而推断出人的各项心理素质。个体每一个行为表现(先天性条件反射除外),都是其相应的心理素质在特定环境刺激下的特定反应。简言之,行为表现与心理素质之间存在相关关系(见图4-2)。

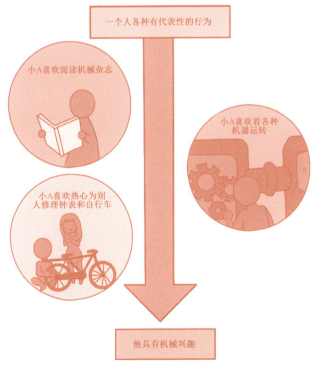

图4-2 素质的可测性

二、假设二:"不易改变"——素质具有稳定性

素质的稳定性指人的行为表现在各种环境及不同时间段所表现出的一贯性。素质是一种相对稳定的组织系统,各个个体不尽相同,它可以综合不同环境下的刺激,使个体对这些不同的刺激做出一致的反应行为。概括地说,就是特定的心理素质具有稳定性。改变并非不可能,但很需要时间和训练。因此,选才往往比培训更为重要,正如那句著名的管理学名言:"你可以教会一只火鸡爬上树,但最好是找一只松鼠来"(见图4-3)。

图 4-3　素质的稳定性

第三节　信　效　度

人才测评技术是不是一种有效的人力资源管理工具?回答这个问

题,必须要先了解测量学中两个重要的基本概念——信度、效度。一种良好的测量工具,应当是精确的,能使测量的结果可靠和准确。人才测评工具,同样要具备效度(准确)和信度(可靠),才能算是有效的测评工具(如表4-2所示)。

表4-2 信度和效度

	信 度	效 度
标尺	无论是谁、何时测量,测量结果都是一致的	能准确有效地测量到物体的长度
评价中心	测量的结果能够保持一致性	能准确有效地测量到所要测的内容

一、信度

信度(reliability):指的是采用同样的方法对同一对象进行重复测量时,所得结果的一致程度,即测量结果的稳定性或一致性。信度越高表示该测评工具越稳定可靠。人才测评工具常见的信度指标有重测信度、复本信度、分半信度、内部一致性信度、评分者信度等。

(一) 重测信度

重测信度(也称再测信度)是指以同样的测评工具,对相同的受测对象先后两次进行测评,所得测评结果的一致性程度。重测信度通常用相关系数表示,如果相关值为1,即受测者在两次测试上得到了完全一致的分数,表明该测验具有完美无瑕的信度,但这种情况在实际中基本不会出现。如果两次测验的相关系数为0,即受测者在第二次测验时得到了与第一次完全不一致的分数,表明该测验完全不可靠,测验分数毫无意义。如果两次测验之间的相关值为负值,即受测者在第一次测验中取得的分数越高,在第二次测验中所取得的分数越低;反之亦然。同样表明测验不可靠,信度为0。测评工具的信度介于0—1之间(见图4-4)。

重测信度的误差来源主要是时间的变化所带来的随机影响。在评估重测信度时,要把握好两次测评间隔的时间长短。间隔过短可能产生记忆与练习效应(即第一次测验影响第二次测验的成绩),但间隔过长又可能会有很多其他因素介入进来,作为两次测验分数差异的替代解释。有时,重测相关很低并不意味着测验不可信,而是可能提示着被研究的

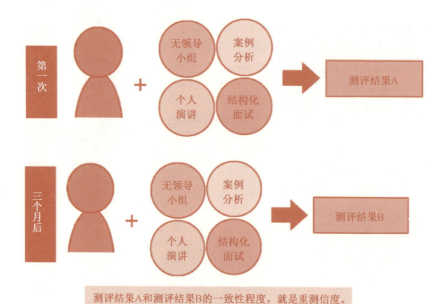

图 4-4 重测信度

特性发生了改变,如学习、培训的效果。一般来说,初测与再测的间隔以 1—3 个月为宜,最好不超过 6 个月。在进行测评结果报告时,应报告两次测评的间隔时间,以及在此期间内受测者的相关经历。另外,某些种类的测验,如推理测验、创造力测验等,一旦受测者掌握了解决问题的原则,在以后重测时,就能很容易地做出反应,此时测验的性质和作用就发生了变化。因此,只有那些不易受重复测量影响的测验才能使用重测法估计信度为宜,如人格测验等。

(二) 复本信度

为了避免重测信度中的练习和记忆效应,提出了复本信度的概念。复本信度,又称等值性系数,是以两个等值但题目不同的测验(复本)来测量同一群体,所得受测者在两个测验上得分的相关系数。即在原测评工具 A 基础上构建另一测评内容、效度、要求、形式上与测评工具 A 非常相似的测评工具 A',两个相似的测评工具间隔一定时间或同时施测于同一批受测者所得结果的相关程度(见图 4-5)。

复本信度的优点在于,测验的两个复本如果在不同的时间使用,其信度既可以反映测验在不同时间的稳定性,又可以反映对于不同测试间题目的一致性。两个复本在同时连续使用时,可以避免再测信度的一些缺点,如首测对再测的记忆、练习的影响,间隔期间获得新知识的影响,两次施测的环境不同和受测者主观状态不同的影响,以及为了应付测验所作训练的影响等。但是,编制两个完全平行的测验是很困难的。如果两个复本过分相似,则变成实际的再测形式;而过分不相似,又使等值的条件不存在,两个复本测验有可能在某种程度上测量了不同的性质,这就会低估测验的信度。有时,虽然两个复本测验的题目材料不同,但受测者一旦掌握了解题的某一模式,就能触类旁通,有可能失去复本的意义。总体而言,复本信度是考察测验可靠性的很好方法。复本信度不仅适用于难度测验,也是估计速度测验信度的最佳方法。特别是在追踪人才培训效果时,复本信度是常用的。

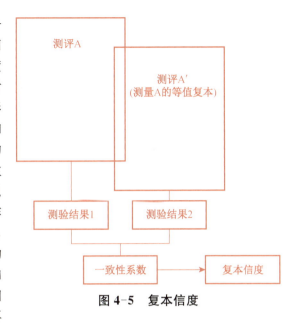

图 4-5 复本信度

(三) 内部一致性信度

复本信度适用于许多测验,尤其是能力测验。但是,为测验建立复本通常花费较高,而且很难顺利编制。于是,研究者就把测验项目划分成不同的样本,从而间接地考虑一致性信度,这就是内部一致法。

内部一致性信度,也称内部一致性系数、同质性信度,它是指测验内部所有题目间的一致性程度。即当采用多个题目去测量单一维度的变量时,多个题目测量结果之间的一致性程度。内部一致性信度主要反映的是测验内部题目之间的信度关系,考察测验的各个题目是否测量了相同的内容或特质。这里的"一致性"指的是分数的一致,而非题目内容或形式的一致。因此,若测验的各个题目得分有较高的正相关时,不论题

目内容和形式如何,测试都是同质的;相反,即使所有题目看起来都好像测量同一特质,但分数相关很低时,这个测验就是异质的(见图4-6)。

在过去的一周中,你是否有如下感觉	没有过	有时候	经常	
1. 胃口很差,不想吃任何东西	1√	2	3	内部一致性程度较高
2. 感觉很疲倦,对任何事情都没有兴趣	1√	2	3	
3. 感觉很沮丧	1√	2	3	
4. 对自己的生活不满	1√	2	3	
5. 对前途焦虑,失去信心	1√	2	3	
6. 感觉孤单	1√	2	3	

在过去的一周中,你是否有如下感觉	没有过	有时候	经常	
1. 胃口很差,不想吃任何东西	1	2	3√	内部一致性程度较低
2. 感觉很疲倦,对任何事情都没有兴趣	1√	2	3	
3. 感觉很沮丧	1	2	3√	
4. 对自己的生活不满	1√	2	3	
5. 对前途焦虑,失去信心	1	2	3√	
6. 感觉孤单	1	2	3√	

图4-6 内部一致性信度

内部一致性信度常采用克伦巴赫α系数进行估算。克伦巴赫α系数是Cronbach于1951年创立的,用于评价问卷的内部一致性。α系数取值在0-1,α系数越高,信度越高,问卷的内部一致性越好。一般地,问卷的α系数在0.7以上,该问卷才具有使用价值。当一个维度内题目数量小于6个时,内部一致性系数大于0.6,表明量表是有效的。

(四)分半信度

分半信度是一种接近复本信度并更为广泛运用的信度评估方法。该方法通常将测验一分为二,划分为两个对等的版本。如果通过随机的方式将测验一分为二,就会得到虚拟的复本测验,然后计算两半题目得分的相关系数,就是分半信度,同时,分半信度也可以作为反映测验内部一致性的指标。通常采用奇偶分组方法,即将测验题目按照序号的奇数和偶数分成两半,然后计算两组项目分之间的相关性。分半信度相关越高表示信度越高,或内部一致性程度越高(见图4-7)。

(五)评分者信度

评分者信度指的是多个评分者给同一批人评分的一致性程度。在

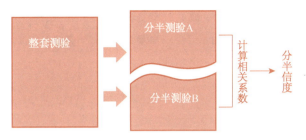

图 4-7 分半信度

由客观性试题组成的测验中,答案具体而固定,无需考察评分者信度;但在主观性测验(如无领导小组讨论、角色扮演、投射测验等)中,评分时必然掺杂有主观判断因素,因此在评定这些主观性题目时,评分者之间的差异是产生误差的重要原因之一。因此,评价者之间的评价一致性也是度量测评工具信度的指标之一。评分者信度是指评价者对某些人、事、物进行评价时,衡量评价者评价意见一致性程度的指标(见图 4-8)。

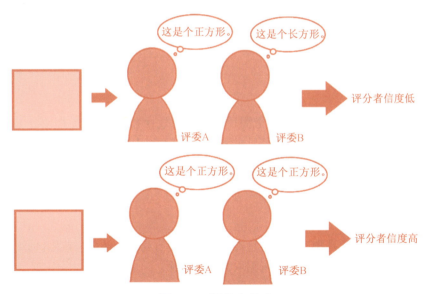

图 4-8 评分者信度

例如,在评价中心中,不同评价者对候选人能力素质评价得分的相关系数,就是评分者信度(如表 4-3 所示评分者信度为 0.8/5)。当评价者多于两人时,用肯德尔和谐系数表示。

表 4-3　评分者信度

参与者 A	评委 1	评委 2	评委 3	评委 4
团队合作	3	2	1	2
影响力	4	3	3	3
计划与组织	3	2	3	2
决策能力	3	2	2	3
问题分析	4	3	3	2
创新能力	2	1	1	2

如果一个评价者严格，另一个评价者宽松，只要两位评价者各自对所有评价的宽严程度都保持一致，则评分者信度不受影响。但评价者若对同一组评价对象前后评价的宽严程度不一样，则会导致较低的评分者信度。

测评工具的信度越高，受到人、时、地、物的干扰就越低，其所能反映事实或让人相信的程度越高，因此在测评工具实施中如何有效提高信度是施测成败的关键。通常提高测评工具信度的方法有：题目的难度适中；提高测评题目的区分度；测评实施的程序要统一；评分者严格按标准给分。

二、效度

效度（validity）通常是指测评工具的有效性和正确性，亦即测评工具能够测量出其所欲测量特性的程度。一般常用的效度指标有内容效度、结构效度、效标关联效度（见图 4-9）。

如果以上三个回答的肯定性很高，那说明我们推论的正确性就高。

（一）内容效度

内容效度是指测评题目是否能充分代表所要测量的内容范围，即测评题目对有关内容或行为范围取样的适当性。

在评价中心中，内容效度体现在以下两方面：

（1）测评材料能否代表员工在现实工作中遇到的情况。

（2）在测评过程中应该表现出来的能力是不是现实工作中所要求的。

典型的内容效度检测过程就是由专家评估这两个要求是否得到了满足。由一组独立的专家组成专家评定组，对测评内容取样的充分性、

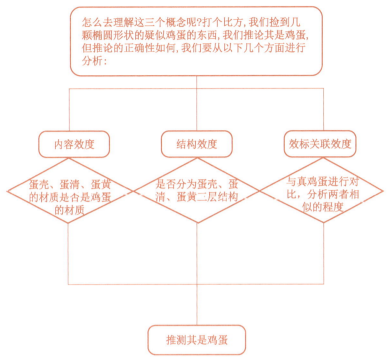

图 4-9 效度的三种指标

必要性、适合性进行评定,对实际测评到的内容与所要测评的素质特征的符合程度做出判断。

评价中心从测量设计到实际操作,都以对目标岗位的工作分析为出发点,其典型的测评方法——情景模拟练习更是强调模拟工作的真实性,从情景的取材上要与目标岗位的工作内容尽量相关联,因而其内容效度在测评的设计与应用阶段通常能得到较好的控制。

(二) 结构效度

要测量某一抽象概念,就要构想这一概念的组成方面,并构造这些组成方面的测量工具,哪种构想最贴近这一抽象概念的本质特征,哪种方案的结构效度就高,否则就低。

以"智力"这一概念为例:"智力"无法直接观察和测量,需要研究者自己去构想智力的内容,并找出相对应的行为来测量,才能获得对智力的评价。

在这个过程中把抽象素质"智力"构建成具体行为特征,能否抓住"智力"的本质特征进行构建以及构建的程度,就是结构效度的问题。哪种构想方案最贴近"智力"的本质特征,哪种方案的结构效度就高,否则就低(见图4-10)。

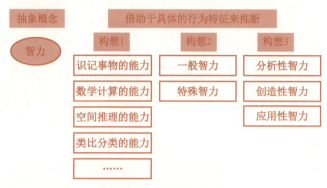

图4-10 结构效度指标

结构效度常见定量检验方法有两种。

1. 因子分析方法

因子分析法最早是由心理学家发展起来的,因为心理学家经常研究抽象的性格特征和行为取向,从而解释人类的行为能力,但有些概念比较抽象,无法直接测量,需要借助特定行为的推断评判来间接测量这些特质和概念,这些行为指标就称为观测变量。科学家在研究的过程中将行为指标描述出来变成量表中的题目,然后开展研究,运用多种统计方法,最后形成测量该概念的量表。例如比奈—西蒙量表、斯坦福—比奈量表、韦氏智力量表。在上述量表研究中,科学家将量表中众多观测变量(题目),运用数学方法进行分析,从而找到变量的内部结构,验证先前的理论构想,这就是因子分析方法(factor analysis)。

由于在长期实践中证实该方法能有效提取内在结构,现在它已经被运用到了医学、社会学、市场营销等各个领域。现在已经有SPSS、SAS等专业统计软件来处理因子分析这样的工作了。

例如:我们根据智力的构想方案1,形成测量"识记事物(37、43、45、47、51、54、57)""空间推理(6、11、12、14)""数学计算(15、28、31、38、41)""类比分类(1、2)"等测量题目,然后对这些测量题目进行因子分析,形成因子聚类结果(见表4-4)。

表 4-4 智力测量的因子聚类结果

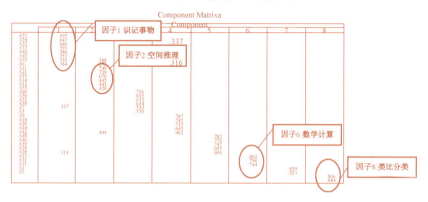

结果发现,对于因子 1,构想假设是通过 37、43、45、47、51、54、57 等题目测量,因子分析的结果显示,因子 1 是通过 37、43、45、47、51、54、57、32 等题目测量;对于因子 6,构想假设是通过 15、28、31、38、41 等题目测量,因子分析的结果显示,因子 6 是通过 15、28、38 等题目测量。

我们根据某一个因子结构方案,结合理论构想,对量表中的观测题目进行分类和命名(见表 4-5)。

表 4-5 智力测量的因子分类和命名

	构想假设	因素分析结果
因子 1 识记事物	37、43、45、47、51、54、57	37、43、45、47、51、54、57、32
因子 2 空间推理	6、11、12、14	6、11、12、14、19、21
因子 6 数学计算	15、28、31、38、41	15、28、38
……	……	……
因子 8 类比分类	2、1	2、1

2. 相关法

我们在理论上可以推断智力得分高低与某些现象的相关性。如果经过检验,两者是高度相关的,则测量工具的结构效度就高。如果我们要测量某概念 A 的结构效度,一方面我们要构想 A 的组成方面,并构造测量 A 的工具;另一方面要找出理论上与概念 A 高度相关的 B 现象,看看测量出来概念 A 的值是否与现象 B 高度相关(见图 4-11)。

评价中心采用多种测评方法来评价候选人多个素质指标的水平,其结构效度的判断在实践中一直是个难点,目前一般采用"多质多法"进行检验,具体思路如图 4-12 所示。

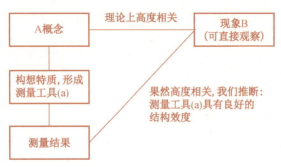

图 4-11　相关法

图 4-12　多质多法检验

其中,区分效度和聚合效度是检验评价中心结构效度的常用指标。

(1) 区分效度。

区分效度(differential validity)是指运用相同的方法测定不同特质和内涵,测量结果之间应该不会有太大的相关性。例如,用无领导小组讨论的方法去测评 50 个候选人的"组织协调""沟通表达""分析判断""创新思维"四个素质指标,如果四个素质指标测评结果的总体相关较高,则区分效度低,若相关低,则区分效度良好(见图 4-13)。

(2) 聚合效度。

聚合效度(convergent validity)是指运用不同测量方法测定同一特质所得结果应该具有较高的相关性。例如:分析判断能力用无领导小组讨论、公文筐测验、案例分析、口头搜索事实四种不同的方法来测定,如果每一测评工具得到的评价结果相关程度高,则聚合效度高,若相关程度低,则聚合效度低。

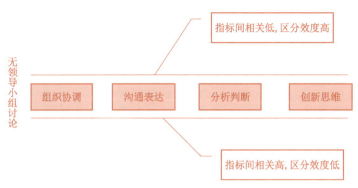

图 4-13　区分效度指标

(三) 效标关联效度

效标关联效度是指测评结果与某一外部效标的一致性程度,表明测评工具预测个体在指定活动中行为表现的有效性,因为效标需要实际证据,所以又称实证效度。效标是一种用来衡量测评有效性的外在参照标准,通常指我们所要预测的行为,既可以是自然、现成的指标,如薪资水平、产量,也可以是人为设计的指标,如学业成绩,工作表现等(见图 4-14)。

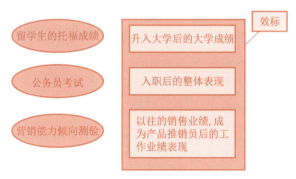

图 4-14　效标关联效度

为什么要用效标来验证测评效度呢? 因为衡量测评工具有效性的重要方法是看根据测评工具所作出的预测是否能证实,如果一个测评工具的预测与已经发生或将来发生的事情非常接近,则该测评工具是有良好效标关联效度的。

根据收集效标的时间,可将效标关联效度分为:同时效度和预测效度。测评结果与同时获得效标结果的一致性程度,这种效度称之为同时效度。测评结果与未来获得的效标结果的一致性程度,这种效度称为预测效度(见图 4-15)。

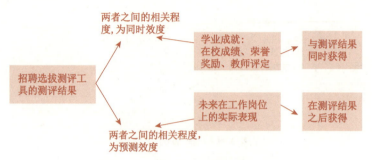

图 4-15 效标关联效度的分类

例如:用相关的测评工具筛选应届毕业生,选拔合适的候选人;若要检验测评工具的效度,则可以求候选人学业成就和测评结果的相关,得出同时效度;也可以求候选人未来在工作岗位上的表现与测评结果的相关,得出预测效度(见图 4-15)。

结论是,评价中心具有较高的预测效度,其测评结果能够预测受测者未来的管理成就,这是为人们所公认的。如表 4-6 所示,表内为一些研究者 1970—1987 年对评价中心预测效度的元分析结果[1]。

表 4-6 测评总结果(overall assessment rating,简称 OAR)预测效度的研究总结

研究者	时间	结 论
Byharn	1970 年	OAR 能够找出那些步步高升的管理者。从测评结果来看,成功管理者的得分高于不成功的管理者。OAR 与业绩的相关系数范围从 0.27 到 0.64
Cohen 等	1974 年	OAR 与业绩的相关系数为 0.33,与潜能的相关系数为 0.63,与职业晋升的相关系数为 0.40
Thomton & Byharn	1982 年	OAR 能够预测职业晋升情况、业绩水平等
Hunter & Hunter	1984 年	统计分析的结果表明 OAR 与工作业绩的相关系数为 0.43
Schmitt 等	1984 年	统计分析的结果表明 OAR 与一系列才能指标的相关系数为 0.41
Gangier	1987 年	统计分析的结果表明 OAR 与晋升、工作业绩评价等的相关系数为 0.37

---

[1] 殷雷.关于评价中心若干问题的探讨.心理科学,2006(04):1007-1009+997.

(四)影响效度的主要因素

1. 测评工具本身

（1）测评题目对测评目的的适合性,是否能测到所要测的特质。

（2）测评手段的多寡（见表 4-7）。研究表明,评价中心的预测效度与其实施特征有关,如使用的测评手段越多,演练项目数量越多,评价中心就越有效[①]。

表 4-7 演练项目数量与测评效度的关系

演练项目数量	测评总结果效度	演练项目数量	测评总结果效度
6	0.55	4	0.30
6	0.40	3	0.15
5	0.40	2	0.08
4	0.25		

资料来源:殷雷.关于评价中心若干问题的探讨[J].心理科学,2006(04):1009。

2. 选择适当的评价者

在测评中,选择合适的评价者非常重要。Schmitt 等人在 1990 年研究了用评价中心在某行政区域（由若干个分区构成）范围内选拔中学校长的案例。结果发现,下列做法均有助于提高评价中心的效度：

（1）更多地由校长而不是大学教授担任测评师。

（2）尽量避免与受测者有过密切工作关系的人担任测评师[②]。

3. 受测者状态

受测者在测评过程中为了迎合评价者,进行刻意的伪装。

4. 施测的过程

测验环境太差、不遵照指导语、被试作弊等,都会影响测评效度。

三、信度与效度的关系

(一)信度高是效度高的必要非充分条件

例如:30 个神枪手,对两把新枪进行测试,测试的结果如图 4-16 所示。

---

① 殷雷.关于评价中心若干问题的探讨.心理科学,2006(04):1007-1009+997。
② 同上,1009。

第一把枪:射出去的子弹,基本击中靶心,且集中落在靶心或附近。
(准确性高,稳定性高)

第二把枪:射出去的子弹,集中落在一个地方,但都没有击中靶心。
(准确性低,稳定性高)

图 4-16　信度和效度关系图(1)

可见信度高是效度高的必要非充分条件,有信度的测量,并不一定都是有效度的,信度高并不一定效度就高。

(二)测验的效度受信度的制约

效度同时还收到信度的制约,其关系如图 4-17 所示。

从推论的公式可见,测验的效度受信度的制约,效度的最高限是信度;一个测验要使效度高,则信度必须高。

图 4-17　信度和效度的关系图(2)

总结:

从理论角度来看,一项好的测评工具应具有足够的效度和信度。因此在工具的开发和使用中尽力做到标准化,在努力追求高信度、高效度的同时,还要兼顾经济性、实用性和便利性。

第五章 评价中心的测评指标体系

本章导读

评价中心作为一项人才测评工具,其终极目标是为组织选拔和培养发展出高潜质人才。但所谓的高潜质人才如何界定?1973年哈佛大学教授戴维·麦克利兰基于美国外交官选拔的研究提出了胜任力的概念,并进一步用冰山模型解释胜任力概念。胜任力既包括"冰山之上"的知识与技能等浅层方面,也包括"冰山之下"的自我概念、特质、动机等深层方面,它们共同构成了评价中心的测评指标体系。测评指标是评价中心技术的重要组成部分,也是编制测评题目的依据和方向,测评指标体系的有效性直接决定了评价中心技术的测评效度。本章主要从胜任力概念和冰山模型入手,在明确测评要素和选取与建构原则的基础上,详细阐述测评要素的提取建构方法以及如何实现测评指标体系在评价中心应用中的可操作化。

知识重点

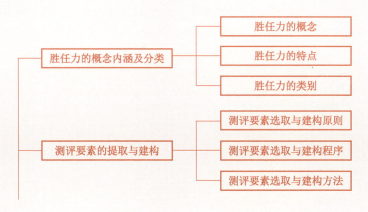

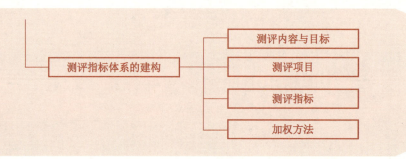

第一节　胜任力的概念内涵及分类

研究人才评价的发展史,可以发现评价依据从最初的人体机械运动效率逐渐发展到智力、性格及动机等心理变量,相应的评价工具也层出不穷,但是这些心理变量和工具似乎还是不能有效的预测被测评者的工作绩效差异和解释被测评者职业生涯的成功,直到 20 世纪七八十年代欧美国家的人才素质运动兴起,这个问题才有了系统而明确的答案。

一、胜任力的概念

胜任力概念的创立和发展经历了一个长期的阶段。科学意义上的胜任力研究,起源于 20 世纪初,"科学管理之父"泰勒[①](Taylor F. W.)所进行的"时间动作研究"(time and motion study)被誉为"管理胜任力运动"(Management Competencies Movement)。泰勒认识到优秀工人与较差工人在完成他们工作时的差异。他建议管理者用时间和动作分析方法,去界定工人的胜任力由哪些成分构成,同时采用系统的培训和发展活动去提高工人的胜任力,进而提高组织效能。泰勒指出:"管理人员的责任是细致地研究每一个工人的性格、脾气和工作表现,找出他们的能力;此外,更重要的是发现每一个工人向前发展的可能性,并且逐步地、系统地训练,帮助和指导每个工人,为他们提供上进的机会。这样,使工人在雇佣他的公司里,能担任最高、最有兴趣、最有利、最适合他们能力的工作。"泰勒的研究思想产生了极其深远的影响,至今的工作分析

---

① 弗雷德里克·泰勒,科学管理原理,机械工业出版社,2013.

方法可以认为演化于"时间-动作研究"。

20 世纪 70 年代初,美国国务院邀请麦克利兰及其同事查理斯·戴雷(Charles Daily),帮助解决在外交官选拔中遇到的一个难题——为了挑选到合适的外交人员,国务院使用了非常严苛的测试,内容包括三方面:①智商;②学历、文凭和成绩;③一般人文常识与相关的文化背景知识(包括美国历史、欧美文化、英文、政治、经济等)。能够通过测试的人,在当时都被认为是"才高八斗"的。遗憾的是,测试效果却并不理想:一方面,尽管经常有黑人和其他少数人种申请该职位,但测试选出的却一般都是白人男性;另一方面,经过这样严格挑选出来的外交官,在日后的工作表现上却优劣不齐。事实上,美国国务院遇到的难题跟今天很多 HR 工作者遇到的问题是相似的,那就是,如果传统的知识考试或能力倾向测验无法有效预测工作绩效,那么到底有什么方法可以替代?

麦克利兰和同事采取了一种全新的思路来进行研究,主要包括以下四个步骤。

第一步,选取两组样本作为校标,一组绩效优秀,另一组则表现平平。绩效优秀组都是在老板、同事以及外国客户眼里最聪明、最有才智、工作最有效率的外交官;而表现平平组的工作只是善尽本分,达标但是不出众。

第二步,为找出这两种人之间的差别,麦克利兰开发了"行为事件访谈法"(behavioral events interview,BEI)[①]。行为事件访谈法结合了"关键事件访谈法"(约翰·弗朗那根所创立)和"主题统觉测验"两项工具。麦克利兰和同事对两组样本的每一个人进行了详细的访谈:让当事人以讲故事的方式,以一个主题为中心,分别讲 3 个表现出色的事例和 3 个他们觉得自己做得失败的事例。麦克利兰和同事问了许多细节问题,如:什么因素带领你到这样的情境?有谁一起参与?当你面对这一情境时,当时的想法和感觉是什么?你想达成的目标是什么?而你又实际做了什么?说了哪些话?做了哪些事?事件的结果又是什么?

第三步,从行为事件访谈记录的内容,分析优秀外交官和表现一般的外交官两个样本的差异,即:有哪些能力是优秀员工表现出来而其他员工所不具有的。通过访谈,麦克利兰总结提取出优秀与一般两组外交

[①] McClelland D C. Identifying competencies with Behavioral Event Interviews. Psychological Science,1998,9:331-339.

官的差异包括：跨文化的敏感性，对他人的正面期待，快速洞察政治的人际网络。

第四步，为了验证结论，麦克利兰用这些胜任能力来测试另外一组被认为表现出众的官员和表现一般的官员，测评工具是专门用于评估社会敏感性的心理测试，以及用于测量其他一些关键能力的测试。麦克利兰发现：表现出众的那些官员在这些测试中表现得相当好，而那些表现一般的官员在测试中的表现则不好。在心理测量学中，这被认为具有很好的效标效度和区分效度，表明他们所确定的社会敏感性和其他一些关键的胜任能力与工作绩效确实有关联。有趣的是，这些对工作绩效很重要的技能，却跟外交官的日常职责要求没有任何关系。

1973年，麦克利兰发表《测量胜任力而非能力》文章[1]，对以往智力和能力倾向测验进行了批评，提出用测量胜任力来替代传统智力测验的观点。例如，文中麦克利兰指出，"我们在选拔一名警察时考察其是否能够找出单词间的相似之处，到底有何必要？"，而这恰恰是传统智力测验的常见题型。相反，他认为"如果你想测试谁有可能成为一名好警察，那么就去看看好的警察到底都在做些什么，然后以此为样本来筛选候选人。"也就是说，真正具有鉴别性的是员工的高绩效行为特征，麦克利兰将此称为"胜任力"（competency）。这是一篇具有里程碑式意义的文章，构建了以"competence"而不是"talent"为核心思想的体系，奠定了麦克利兰在胜任力研究领域的地位，同时，麦克利兰的研究也为后来胜任力的研究提供了理论依据。

在麦克利兰最初的分析框架中，胜任力是一个统合的概念，是"与工作绩效或生活中其他重要成果直接相似或相联系的知识、技能、能力、特质或动机"。这一突破性创见很快得到了学术界的普遍认可，成为心理学、人力资源管理、教育学等领域的研究热点之一。与此同时，胜任力也逐渐风靡整个企业界，在美国掀起了一场"胜任力运动"（competency movement），并迅速扩展到全世界，英国、加拿大、日本等发达国家纷纷效仿，在企业人力资源管理实践中广泛应用。麦克利兰创立了McBer公司，并终身致力于为企业、政府机构和其他专业组织提供与胜任力相关的咨询和应用服务。

---

[1] McClelland D C. Testing for competence rather than for intelligence. American Psychologist, 1973(28): 1-14.

自胜任力概念提出以来,众多专家学者进一步深入和完善胜任力的概念及其相关的术语含义,从不同角度提出胜任力的定义。比较有代表性的定义有以下这些。

(1) 与工作绩效或生活中其他重要成果直接相似或相联系的知识、技能、能力、特质或动机(McClelland,1973)①。

(2) 指对优秀成果的产生具有重要影响的能力(McLagan,1990)②。

(3) 一个人所拥有的导致在一个工作岗位上取得出色业绩的潜在的特征(可能是动机、特质、技能、自我形象、社会角色或他所使用的知识实体等)(Boyatzis,1994)③。

(4) 能将绩效优秀者与绩效一般者区分开来的、能够通过可信的方式度量出来的动机、特性、自我概念、态度、价值观、知识、可识别的行为技能和个人特质(Spencer,1993)④。

(5) 一个人成功完成组织目标时所需求的知识、技能和态度(Hackney,1999)⑤。

(6) 能够使一个人以富有成效的方式完成他的工作的特质,而且,这种特性能够依据一个可接受的绩效标准进行测量。它包含知识、技能、能力、特质、态度、动机和行为等多个方面(Helley,2001)⑥。

众多不同的定义、观点,揭示出胜任力研究领域长期以来存在的两种研究流派:一种流派认为,胜任力是潜在的、持久的个人特征,即人"是什么";另一种流派则认为,胜任力是个体的相关行为表现,即人"做什么"。并由此引发了一系列认识上的争议,如:胜任力是先天决定的,还是环境影响的;是不可变的,还是可以改变的;潜在特质和工作技能,究竟哪个部分才是决定工作绩效的因素?很多学者也对以 McClelland 及

---

① McClelland D C. Testing for competence rather than for intelligence. American Psychologist,1973(28):1-14.
② [美]大卫·杜柏伊斯.绩效跃进——才能评鉴法的极致运用.李芳龄译.汕头大学出版社,2003:13-14。
③ Boyatzis. Rendering into competence the things that are competent. American Psychologist,1994(49):64-66.
④ Spencer. Competence at work: Models for superior performance. New York: John Wiley & Sons,1993:347.
⑤ Catherine E. Hackney. Three Models for Portfolio Evaluation of Principals, School Administrator,1999,56(5):36.
⑥ Dee Halley.The Core Competency Model Project. Corrections Today.2001,63(7).

其同事 Spencer、Boyatzis 为代表的胜任力概念提出修正或批判。

这种理解上的分歧和争议,恰恰表明了胜任力的吸引力所在,同时也体现了研究者们对胜任力概念理解上的不一致,以及由此导致实践中一些相互矛盾和偏差的做法。

胜任力目前也被称为"胜任特征""胜任素质""资质""才能""能力",在我国台湾地区,则称之为"职能"。

我们可以把胜任力描述为在水面飘浮的一座冰山。水上部分代表表层的特征,如知识、技能等;水下部分代表深层的特征,如社会角色、自我概念、特质和动机等。后者是决定人们的行为及表现的关键因素(见表5-1)。

表 5-1 胜任力的外延

	定 义	内 容
知识	指一个人对某特定领域的了解	如管理知识、财务知识、文学知识等
技能	指一个人能完成某项工作或任务所具备的能力	如表达能力、组织能力、决策能力、学习能力等
角色定位	指一个人对职业的预期,即一个人想要做些什么事情	如管理者、专家、教师
价值观	指一个人对事物是非、重要性、必要性等的价值取向	如合作精神、献身精神
自我概念	指一个人对自己的认识和看法	如自信心、乐观精神
个性品质	指一个人持续而稳定的行为特性	如正直、诚实、责任心
内在动机	指一个人内在的自然而持续的想法和偏好,驱动、引导和决定个人行动	如成就需求、人际交往需求

(1)知识:指个体在特定领域的专业知识。例如,外科医生关于人体的神经及肌肉的专业知识,关于各种外科用药的知识。知识具有静态性、稳定性特点,只能探知一个人现在能力所及的范围,而无法预知未来可能达到的状况。这里所称的知识,主要对应于一般意义上的"学术智力",即"知道是什么",具有以下特点:①由他人系统提出;②定义十分清楚;③从一开始就提供了解决问题所需信息;④仅有一个正确答案,并且也只能通过一种方法去获得;⑤脱离个体日常生活;⑥几乎没有个人内在利害关系。区别于心理学家斯滕伯格所提出的"内隐知识",内隐知识用来描述不能明确教授,或者甚至不能言语表达,但却是个体适应环境

必需的知识。内隐知识本质上是程序性的,与行为密切相关,是一种"知道怎么做"而非"知道是什么"的形式,在实践中指向个体有价值目标的达成,在低环境支持下获得,不能从其他人那里获得直接帮助,通常靠自己获得它。例如,知道如何去使他人相信自己的观点或产品,就不是那种能够被教授而是通过经验获得的知识。

(2) 技能:指个体能运用专业知识去解决实际中具体问题的能力。例如,一位外科医生会运用专业知识,完成一台外科手术。

(3) 自我概念:指个体关于自我的态度、价值及自我印象。自我概念是社会性和渐进性的过程,经由感知领域的不断同化和异化持续塑造而成。自我概念一经形成,有拒绝改变的倾向。例如,一个人的自我概念是"管理者",他会自动存有想要影响他人的动机,他会学习各种管理相关的知识和技能,并且在情境中表现出管理他人的行为,也就是说,他总会使自己表现得尽可能地"像"一个管理者。

(4) 特质:指身体或心理的特性,或者对信息或情境的持续反应。"特质"是人格心理学的重要概念,在心理学中,特质论心理学家主要的兴趣在于测量"特质"——即行为、思想和情绪的习惯性模式。"特质"会影响行为,具有跨时间跨情境的相对稳定性,并且具有个体差异性。

(5) 动机:指个体对某种事物持续渴望,进而付诸行动的念头。因此,动机"驱使并引导我们做抉择",于是我们就会在众多目标或行动中心有所属并且坚定不移。例如,具有强烈成就动机的人,会一直不断地为自己设定具有挑战性的目标,并且持之以恒地去加以完成,并通过反馈机制不断寻找改善空间。

按照冰山模型,知识和技能是看得见、表面的特性,自我概念、特质和动机,则是较隐藏、深层且位于人格中心的能力。动机和特质,在人格冰山的底层,难以探索与发展,自我概念介于知识与特质之间,态度与价值观可以借由训练、心理治疗和正向的发展经验来改变,但改变的时间可能较长也较困难。

二、胜任力的特点

胜任力这一概念的特点需要从三方面来理解。

(一) 深层次特征

胜任力是有效区分一般绩效和卓越绩效的特征,它往往是人格中深层次和持久的部分,这些部分通常是跨情境、跨时间的行为或思维风格,能够预测个体在广泛的环境和工作任务中的行为。

如图 5-1 所示,在通常测评选拔中,人们比较重视考察知识、技能,这些表层的知识和技能,相对易于改进和发展;而深层次的动机和特质处于冰山的最底层,难以评估和改进,所以它是最有选拔经济价值的[①]。因为傲慢的人很难学会谦虚,一个人是否勇于冒险或有多大的事业心,很难通过培养而改变。你可以教会一只火鸡爬上树,但最好是找来一只松鼠。所以,有时选对人比培养人更为关键。

	优秀干部		一般干部
容易培训	大专以上通信专业毕业 10年以上邮电工作经验		大专以上通信专业毕业 10年以上邮电工作经验
不易培训	权威,探讨,启发下属怎么做 我们可以做好 宏观的、全面的 权力动机		权威,告诉下属怎么做 我可以做好 具体的、细致的 个人功绩

图 5-1　测评选拔的冰山模型示例

(二) 因果关联

因果关联指胜任力能引起或预测行为和绩效。也就是说,只有能够引发和预测某岗位的工作绩效和工作行为的深层次特征,才是该岗位的胜任力。驱动这种行为的内在原因更重要,内在原因是解释行为重复出现、并且随着情境发生调整的根本原因。考察胜任力必须包含意图和行为两方面。一方面,意图是行为的动力和原因,不仅能产生充沛的行动力而导致结果,而且能使行为得以重复出现。例如,追求成功的动机,会变成引发持续学习、寻求知识的"源"动力。另一方面,行为中应包含意图,才能被认为是胜任力的表现。例如,"参加公司组织的培训"这个行为,如果不知道参加培训的意图,就无法考察被测者因此事展现的胜任力是什么,或许他只是借机逃避工作而想到培训课堂上放松放松。同样,不表现出行为的意图也不能构成胜任力。

---

① 时勘,王继承,李超平.企业高层管理者胜任特征模型评价的研究.心理学报,2002(03):306-311.

胜任力需要借助行为化的语言来描述,这些行为应该是可观察、可衡量的(见图 5-2)。

图 5-2　意图、行动、结果之间的关系

(三) 参照效标

参照效标即衡量某特征品质预测现实情境中工作优劣的效度标准,它是胜任力定义中最为关键的方面。一个特征品质如果不能预测有意义的差异(如工作绩效方面的差异),则不能称之为胜任力。

从以上三个方面特征出发,有助于更好地理解胜任力。但要注意,胜任力应与组织发展阶段或绩效要求相匹配。绩效标准不断提高或者绩效指标变化,卓越绩效的驱动因子胜任力也随之变化。

三、胜任力的类别

卓越的绩效水平,而非仅是达标的绩效水平,是大多数拥有基于胜任力系统的组织的目标。因此,胜任力特征在区分成就卓越者和绩效达标者时必须是有效的和可信的。按照胜任力的显现程度,胜任力模型应包含三种类型的胜任力:门槛性素质,即取得事业成功所必须具备的最基本的胜任力;鉴别性素质,即最能区分绩效优异者和普通者的胜任力;变革性素质,即管理者或员工一般比较缺乏的、有待提高的胜任力(见图 5-3)。

(1) 门槛性素质:也称为基准性素质,是完成工作所需最低限度的能力,只能区分绩效合格和绩效不达标,但不能

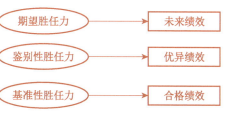

图 5-3　三种胜任力的关注点差异

区分绩效优秀和绩效一般者。例如,销售人员的门槛性素质包括基本的营销知识、对产品的了解;财务人员的门槛性素质包括财务知识等。

(2)鉴别性素质:区分优秀绩效和一般绩效者的关键性因素。例如,成就动机用以区分表现优异和表现平平销售人员的差异性素质,成就动机高的销售人员会制定比公司所要求的目标还要高的行为标准,并且表现出相关的行为。已有的应用研究发现,在不同职位、不同行业、不同文化环境中的胜任力模型是不同的。斯班瑟(Spencer,1993)[①]列出了能预测大部分行业工作成功的20个胜任力,主要分为六大类(见图5-4)。

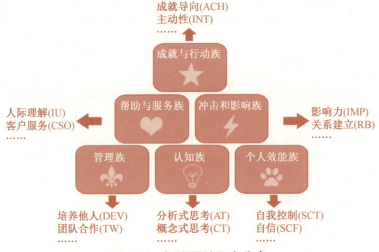

图5-4 斯班瑟胜任力分类

(3)变革性素质:体现了企业的一种牵引性,体现了组织、未来、行业发展对人员的期待,着眼点在未来(见图5-5)。

不同类型的胜任力,是针对不同的绩效标准而言的。可以把工作的完成状态想象成一个连续体,从"刚刚知道怎么做"到"知道如何做得更好",而"能够胜任这项工作"的状态处于这个连续体中的某一点。

此外,按胜任力适应范围可将其分为专业技术胜任力、可迁移胜任力和通用胜任力三种类别。

(1)专业技术胜任力:指某个特定角色和工作所需要的胜任力,是

---

① Spencer Jr L M, Spencer S M. Competence at work: Models for superior performance. New York: John Wiley & Sons, Inc, 1993.

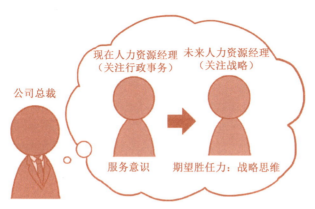

图 5-5 变革性素质

员工为完成职责在专业技能方面的要求。例如,软件开发人员的专业胜任力,是指其在计算机语言和软件工程方面的胜任力。

(2) 可迁移胜任力:是指在企业内多个角色都需要的技巧和能力,但重要性程度和精通程度有所差异。例如,影响力、成就导向等。

(3) 通用胜任力:是指适用于公司全体员工的胜任力,它是公司企业价值观、文化及业务需求的表现,是公司内对员工行为的要求,体现公司公认的行为方式。

四、胜任力模型

胜任力模型(competency model)是指承担某一特定的职位角色所应具备的胜任特征要素的总和,即针对该职位表现优异者所要求的胜任特征结构。从人力资源整体的管理角度来讲,胜任力模型的建构是基于胜任特征的人力资源管理和开发的逻辑起点和基石;从与评价中心的关联角度来讲,胜任力模型的解决了评价中心的测评目标与内容问题。基于胜任力模型,我们就可以展开测评指标体系的构建工作了。

从冰山模型中的胜任力来分析,高潜质人才在以下方面的表现优于一般候选人(见图 5-6)。

在评价中心中,可以用多个不同的胜任力指标去界定候选人的胜任要求,从而形成评价中心的测评指标体系。

测评指标体系是对素质测评对象的数量与质量的测评,起着"标尺"作用,素质模型中的各项胜任特征只有通过构建测评指标体系,或者把它投影到测评指标体系中,才能用于测量测评对象需要展示或具备的胜

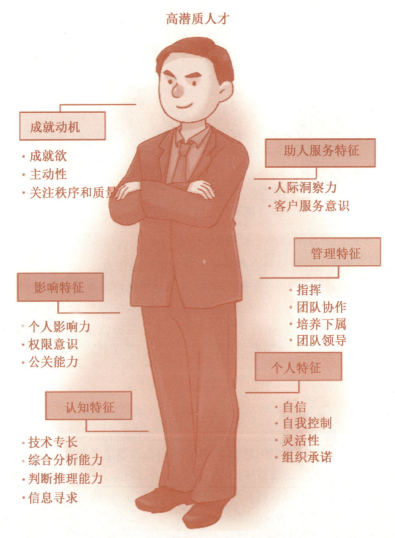

图 5-6　高潜质人才胜任素质

任能力的不同等级水平与内在价值,从而将不同的测评对象进行区分。

那么,如何构建评价中心的测评指标体系呢?构建测评指标体系要解决两个基本问题:

(1)测评指标体系的横向结构——提取关键的能力素质要项。

(2)测评指标体系的纵向结构——将每一个要素用规范化的行为特征或表征进行分等级描述,这些可观察的特定行为,也称作行为锚

(behavioral anchors)或行为指示器(behavioral indicators)(见表5-2)。

表 5-2 胜任特征的行为指示器

胜任特征名称	胜任特征定义	行为指标等级
理解和满足客户需要。	为客户提供服务、帮助或与之协同工作的意愿,包括理解和满足内部客户、外部客户需要的主动性和坚持性。	水平1:在客户问题出现后做出反应; 水平2:主动寻求理解客户问题; 水平3:对解决客户问题充分承担责任; 水平4:超越客户问题添加服务价值; 水平5:理解客户深层需要; 水平6:成为客户忠诚的建议者; 水平7:为客户与组织的长期互惠牺牲短期利益。

分等级描述的意义在于,可以准确反映从事不同工作性质与内容的素质要求以及工作绩效目标的差异性;员工个人可以根据自身所具备的素质坐标选择自己在组织中的进入起点乃至未来的职业发展路径。

第二节 测评要素的提取与建构

一、测评要素选取与建构原则

(一)抓住关键要素

测评中,不可能也没必要对岗位要求的所有素质特征都做出测评,而只需选择其中对工作影响较大的、具有高潜在价值的素质特征进行测评,重要素质项不遗漏。

(二)测评要素相互独立

立足于测评体系的整体架构和内涵,设立的要素在同一层次上应相互独立,没有交叉;同一测评内容尽可能不出现在两个不同的评价要素中(见图5-7)。

(三)概念定义明确

每一评价要素都必须有明确的定义,要清晰界定其内涵与外延,并给予清楚准确的表述,使测评者、被测评者和第三者都能明确其含义(见图5-8)。

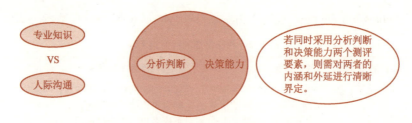

图 5-7　测评要素交叉与不交叉比较

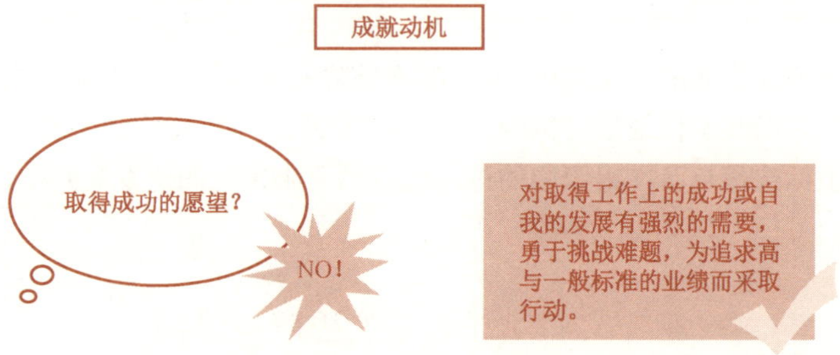

图 5-8　成就动机概念定义

（四）测评要素的可操作性

在测评指标体系构建过程当中，有些测评要素虽然有测评价值，但很难通过评价中心观测，这样的测评要素应予以筛除；设立的测评要素应该做到可辨别、可比较、可测评（见图 5-9）。

图 5-9　测评指标的可操作性比较

二、 测评要素提取与建构程序

测评要素提取与建构的程序可通过图 5-10 来表现。

图 5-10 测评要素提取与构建程序

三、 测评要素提取与建构方法

测评要素的选取是整个指标体系内容设计的基础,测评要素选取主要通过对工作内容因素分析法、关键行为事件法、问卷调查、内外部专家调查等方法来实现。

(一) 工作内容因素分析

工作内容因素分析可以运用以下两个方法。

方法 1:通过对岗位说明书中职责、任务绩效指标的解读,来梳理推导该职位任职者所必备的主要素质、能力或知识、技能(见图 5-11)。

方法 2:通过工作分析中任务清单技术,来确立目标岗位的素质能力。

(1) 从数据库的资料中,列举目标岗位的任务清单,与任职者确认任务的重要性(见表 5-3 所示)。

岗位职责描述	
负责集团品牌形象的维护	1.规范本部门员工的日常行为，使其养成良好的职业素养 2.带领本部门全体员工为客人提供优质菜品及服务

	岗位职责描述	
组织本部门的研发创新工作	1.组织本部门新菜品的研分工作 （1）根据集团下达的创新菜品指标，组织制定本部门的新菜品研发 （2）定期组织召开会议，对部门的新菜品研发工作进行调整。 （3）组织对各厨房申报的新菜品进行试制 （4）负责将试制合格的新菜品上报集团进行统一验证 （5）组织将集团验证合格的新菜品形成标准食谱 （6）配合集团做好新菜品的培训工作 （7）负责将新菜品纳入各经营区域的菜品库	素质项对应 执行力 标准意识 传承与领悟 沟通协调
组织膳食质量信息的收集、整理和落实整改	2.组织本部门业务流程及管理制度的研发创新工作，并推广运用 1.组织对销售部、餐厅部提供的顾客信息以及质检反馈的信息进行收集、整理 2.组织人员对收集的信息进行认真分析，制定整改措施并予以落实 3.负责对本部门质量信息的整改效果进行验证 4.协助餐厅部做好相关顾客投诉的处理	
负责对膳食资料的管理进行督导检查	1.负责对膳食部各班级菜品档案的管理情况进行督导、检查 2.负责对膳食部运行文件的管理情况进行督导、检查	

图 5-11　岗位职责描述

表 5-3　企业人力资源部经理的任务清单（节选）

评价维度：重要程度（1＝非常不重要；2＝比较不重要；3＝一般；4＝比较重要；5＝非常重要）

任务清单	是否符合你的工作	如果符合，请评价
001 研究企业现有战略规划	□符合　□不符合	□1　□2　□3　□4　□5
002 盘查现有人力资源的数量	□符合　□不符合	□1　□2　□3　□4　□5
003 盘查现有人力资源的质量	□符合　□不符合	□1　□2　□3　□4　□5
004 盘查现有人力资源的结构	□符合　□不符合	□1　□2　□3　□4　□5
005 分析经济发展对人力需求的影响	□符合　□不符合	□1　□2　□3　□4　□5
006 分析技术进步对人力需求的影响	□符合　□不符合	□1　□2　□3　□4　□5

（2）对目标岗位的工作任务和所需的知识、技能、能力与任职者本人或上下级进行相关性的判断，如表 5-4 所示。

（二）关键行为事件法

这种方法是目前测评素质建构使用得最为普遍的一种。它主要以目标岗位的任职者为访谈对象，通过深入访谈，收集访谈对象在任职期间

表 5-4　任务清单与工作能力的相关性判断

1=相关度极低,2=相关度低,3=平均值,4=相关度高,5=相关度极高

任务	知识、技术、能力 KSAs													
	知识 A	知识 B	知识 C	知识 D	知识 E	技能 F	技能 G	技能 H	技能 I	技能 J	能力 K	能力 L	能力 M	能力 N
任务1														
任务2														
…														
任务N														

所做的成功和不成功的事件描述,挖掘出影响目标岗位绩效细节的行为。

1. 核心任务

收集候选人工作岗位的行为事例。例如:"请你具体谈谈过去半年(或一年)在工作上感到最有成就感(或挫折感)的事件。"

候选人根据回忆陈述一个完整的故事,包括事件的情景、任务/目标、采取的行动以及最后的结果(见图 5-12、图 5-13)。

图 5-12　STAR 示意图

图 5-13　STAR 举例

2. 构建流程

关键行为事件法构建测评指标体系的一般过程可如图 5-14 所示。

图 5-14　关键行为事件法构建测评指标的过程

第一步：选取业绩突出者和业绩普通者各数名。业绩最好有客观标准，如考核成绩、销售业绩等。

第二步:请每个被访谈者讲述 3 个最成功和最失败的亲身经历事件。

第三步:素质特征编码。根据编码词典,将事件中出现的素质特征的行为表现进行编码和归类(见表 5-5)。

表 5-5　素质特征编码示例

	(16—0902)	
	我们做管理工作让每个人发挥他的潜力,管理一个团队,不管是企业还是政府,都是领导人定目标,定好目标就是打班子。班子你要把每个人的特点,所长都要发挥出来。	A1-2(识人善用 2 级)
	A 实际上是比较能吃苦的,能比 B 吃更多的苦,而且他任劳任怨,没有埋怨。所以我在调配的时候,属于这方面的工作,我安排他。包括♯♯做第一个盘,做大量很辛苦的工作,＊＊是其次了,这两个要分一个前锋,安排对接的时候,让 A 对接♯♯,让 B 对接＊＊,这个我有区别。责任心也有区别,A 更强,所以你要研究透。觉得这个事情很重要的时候,我会把一个很强的人安排。	
	激励安全就是价值取向。第一,当时待遇很低,我是每次绩效考核,那我就是要给他优秀,最后年终有一个奖金,就 100 以上补他工资部分,这是一方面。第二你要是说碰到家庭困难,他要处理什么问题,关心一下。因为当是自己家的事。所以我有困难的时候他也会冲上去帮。	B3-2(激励下属 2 级) B2-2(尊重关爱 2 级)
	还有一个更重要的,我也跟他说,以后你是要去地方负责的,这是我对他们最大的价值取向,作为他们来说年轻都 30 多出头,他追求这方面的,是自我实现的最高层次。从待遇增加到自我实现。个人能力发展规划,我们企业都要讲企业的职业规划和企业发展结合起来,最后达到高度统一。	B1-2(开发培养 2 级)

第四步:数据处理。在编码的基础上,统计各个素质特征的频次(见表 5-6)。

表 5-6　素质特征频次统计

访谈对象 素质项	对象 1	对象 2	对象 3	对象 4	对象 5	对象 6	对象 7	对象 8	对象 9	合计
沟通协调	1	1	1	1	1	1	1	1	1	9
分析判断		1	1		1	1	1	1	1	7

续表

素质项＼访谈对象	对象1	对象2	对象3	对象4	对象5	对象6	对象7	对象8	对象9	合计
计划执行	1	1	1	1		1		1	1	7
敬　　业	1		1		1		1		1	5
学习能力	1		1		1		1	1	1	6
承受压力	1	1						1		4
合作能力	1	1	1			1		1	1	6
风险控制	1	1	1		1		1	1	1	7
问题解决	1	1		1		1	1	1	1	7
关注细节						1	1	1	1	5[?]
决策能力	1	1	1	1		1	1	1		7
指导他人		1		1						2
团队激励			1	1		1		1	1	5
人际理解	1	1		1		1		1		5
钻研精神										0
团队建设								1		1
信息收集	1				1	1	1			4
成本意识					1			1		2
指导与监控		1					1	1		4
资源整合				1				1		2
全局观			1					1	1	3

第五步：确定测评要素项。运用统计技术找出业绩突出者和业绩普通者两组样本具有共性和显著差异性的特征（见图 5-15）。

（三）问卷调查法

问卷调查法也称"书面调查法"，或称"填表法"，是用书面形式间接搜集研究材料的一种调查手段。通过向调查者发出简明扼要的征询单（表），请其填写对有关问题的意见和建议来间接获得材料和信息的一种方法。

访谈对象\素质项	绩优组合计	一般组合计
沟通协调	9	5
分析判断	8	4
计划执行	9	4
敬业	5	1
学习能力	9	3
承受压力	4	3
合作能力	6	5
风险控制	7	2
问题解决	7	3
关注细节	5	1
决策能力	10	4
指导他人	2	0
团队激励	8	1
人际理解	5	3
钻研精神	0	2
团队建设	1	0
信息收集	4	4
成本意识	2	2
指导与监控	4	0
资源整合	2	1
全局观	5	0

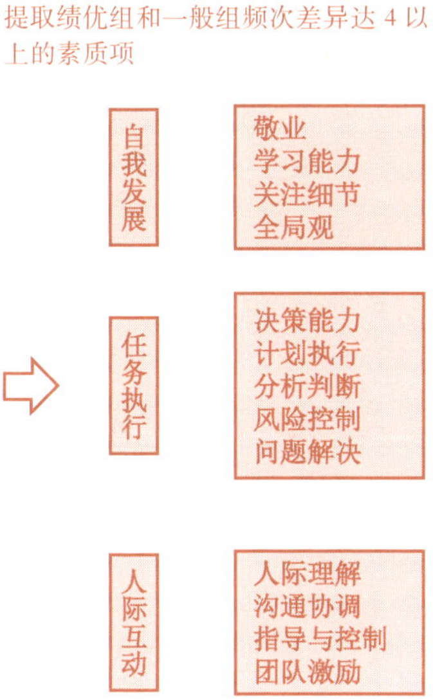

提取绩优组和一般组频次差异达4以上的素质项

- 自我发展：敬业、学习能力、关注细节、全局观
- 任务执行：决策能力、计划执行、分析判断、风险控制、问题解决
- 人际互动：人际理解、沟通协调、指导与控制、团队激励

图 5-15　绩优组和一般组素质项对比

第一步：通过各种渠道收集到目标岗位的胜任力指标，形成素质清单（见表5-7）。

表 5-7　素质清单

素质名称	素 质 描 述
务实	求真务实、脚踏实地，富有实干精神，从实际出发，不空谈，关注实效。
领导魅力	在决策和行动中贯彻组织的愿景和价值观，给整个组织指明方向，对自己的能力及正确性有高度自信，精神饱满、精力充沛，对实现目标充满激情。以一种大公无私的方式投身于受到追随者共同支持的事业之中。
统筹全局	总揽全局、全面筹划、协调发展、兼顾各方，以及对资源的协调、组织和配置，统和工作与人、财、物等资源的关系。
领军视野	体现为一种超越职能界限的宏观视野，从整体出发把握关键问题的领悟力，在分析问题与进行决策时能站在全局的高度上，充分考量整体与部分、长远与眼前利益的统一。
团队建设	善于识人、选人，了解团队成员的特点，积极建设人才梯队；为达成团队目标，努力营造团队的和谐氛围，保持高凝聚力；根据团队成员和任务的特性分配工作。采取合适的措施和方法，激励促进团队成员不断成长。

续表

素质名称	素质描述
人员培养	有培养员工的意愿和倾向,关心员工的发展,主动为他们提供发展机会,帮助他们设立发展目标;把培养人看作是自己的关键职责,能有效指导员工;愿意与下属分享成败的经验,把下属的成功和进步看作自己的成功,不害怕被下属超越。
合作精神	……

第二步:对素质清单中素质的重要性程度进行评价(表 5-8 所示)。

表 5-8　素质项的重要性评价

> 首先,从素质清单中选出胜任目标岗位工作需要具备的 8~10 项素质;

> 然后,对选出的 8~10 项素质逐项评价,按重要程度从"1~10"赋分,分值越大代表重要性程度越高,分值越小代表重要性程度越低。

您本岗位		上级管理岗位		下级管理岗位	
第一列	第二列	第三列	第四列	第五列	第六列
素质名称	重要性分值	素质名称	重要性分值	素质名称	重要性分值
主动学习	7	领导魅力	10	制度管理	8
开拓创新	8	统筹全局	8	计划管理	7
业绩导向	9	领军视野	9	主动学习	9
团队建设	5	团队建设	6	开拓创新	6
人员培养	6	人员培养	7	业绩导向	5
团队精神	4	团队精神	4	抗压力	4
冲突管理	3	冲突管理	5	执行力	3
情绪管理	2	情绪管理	1	事业心	1
有效沟通	10	有效沟通	2	包容心	10
计划管理	1	计划管理	3	团队精神	2

(四)内外部专家调查

1. 个别专家访谈法

例如,"您认为本次测评要素的构建应当考虑哪些方面?""对于提取出来的测评要素项您有何看法和建议?"

2. 头脑风暴法

例如:构建某公司中层管理者的测评要素研讨会(见图 5-16)。

图 5-16　头脑风暴法

3. 德尔菲法

以一系列的问卷向各类专家征询意见,依据所有专家对问卷的答复再拟定下一份问卷,再次向各类专家征询意见,直到大多数专家的意见看法趋于一致才下结论。若专家意见有分歧,继续就分歧点征求专家意见,直至专家意见趋于一致,获得最终结论(见图 5-17)。

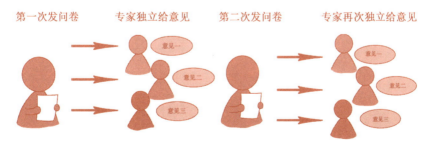

图 5-17　德尔菲法

第三节 测评指标体系的建构

测评要素提取和建构完成,这仅仅是测评指标体系建构的第一步;在此基础上,为实现测评要素在评价中心的有效评估,需要对每一测评要素用行为特征进行描述,同时赋予科学合理的评价等级。这就涉及测评标志和测评标度的设计问题(见图 5-18)。

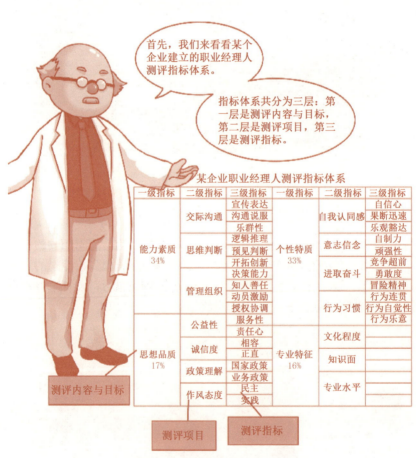

图 5-18 测评指标体系构建

一、测评内容与目标

测评内容与目标由测评目的与所测客体的特点决定,是素质测评所指向的具体对象与范围。

二、测评项目

测评项目是素质测评中直接指向的内容点。例如:领导干部的"能"包括业务能力和管理能力两个测评项目。

三、测评指标

测评指标是素质测评目标操作化的具体表现形式,是对测评项目的具体分解。测评指标由三部分构成:测评要素、测评标志、测评标度(见图 5-19)。

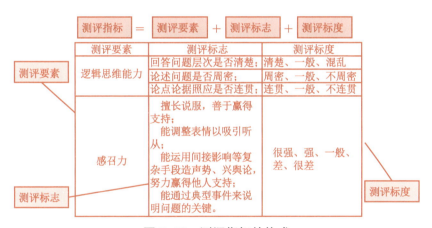

图 5-19　测评指标的构成

(一)测评要素 = 测评对象的基本单位

例如:领导干部的管理能力可以拆分为感召能力、协调能力和决策能力三个要素。

(二)测评标志 = 揭示测评要素的关键可辨特征

测评标志是为每一个测评要素确立的关键性考核标准,要求必须是可辨别、易操作的特征,通常一个测评要素要有多个测评标志来说明(见

图 5-20)。

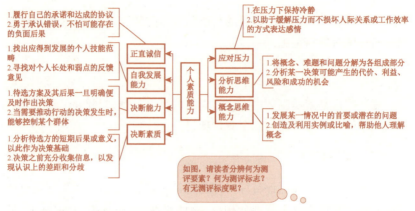

图 5-20　标志的形式

1. 等级评定式

这种标志是针对所测评的要素,做出优劣、好坏、是非、大小、高低等判断与评论的句子(见图 5-21)。

图 5-21　语言表达能力维度的测评标志示例

2. 要点提示式

这种标志是以要点形式提示测评者来把握测评要素的特征(见表 5-9)。

表 5-9　要点提示式标志示例

测评要素	测评标志
协作性	1. 合作意识如何? 2. 见解、想法固执吗? 3. 自我本位感强吗?

在这种测评标志中只规定了从哪些方面去测评,并没有具体规定测

评的标志与标度,而是让测评主体自己去把握(见表5-10)。

表 5-10 方向指示式标志示例

测评要素	测评标志
业务经验	主要从被测者所从事的业务年限、熟悉程度、有无工作成果等方面进行测评

测评标度是指描述测评要素或要素标志的程度差异与状态水平的顺序和度量。

(三) 测评标度=测评要素或要素标志的程度差异情况

1. 等级式标度

这种标度是用于一些等级顺序明确的字词、字母或数字揭示测评标志状态、水平变化等的刻度形式,等级数一般不超过9,如表5-11所示。

表 5-11 等级式标度示例

测评要素	测评标志	测评标度				
		优	良	中	可	差
协作性	1. 合作意识怎么样?					
	2. 见解、想法固执吗?					
	3. 自我本位感强吗?					

2. 数量式标度

这种标度是以分数来揭示测评标志水平变化的一种标度,它有离散点标式与连续区间式两种(见表5-12、表5-13)。

(1) 离散点标式标度。

表 5-12 离散点标式标度示例

测评要素	测评标志	测评标度
综合分析能力	1. 能抓住实质,分析透彻	10 分
	2. 接触实质,分析较透彻	5 分
	3. 抓不住实质,分析不透彻	0 分

(2) 连续区间式标度。

表 5-13 连续区间式标度示例

测评要素	测评标度				
	4.5—5 分	4 分—4.4 分	3.5 分—3.9 分	3 分—3.4 分	3 分以下
协作性	合作无间	肯合作	尚能合作	偶尔合作	我行我素

3. 定义式标度

这种标度是用许多字词规定各个标度的范围与级别差异,实质上也属于说明型标度(见表 5-14)。

表 5-14 定义式标度示例

测评要素		三级标准定义			测评结果
序号	要素描述	A	B	C	
1	爱惜设备	能爱惜	能注意	会乱来	
2	合作共事	乐于帮忙	能帮则帮	无所谓	
3	缺勤情况	很少发生	不算多	经常出现	
4	热心工作	积极热心	履行本职	应付	
5	敬业精神	工作踏实	说得过去	有些马虎	

四、加权方法

测评师在确定测评的基本因素后,把每个测评因素分解为一系列测评项目,最后综合总评时,对不同的测评指标,不同的测评主题,及不同时空中测评的结果赋予不同的比重,以此来显示他们各自在最后总评中的重要性,这需要运用加权技术。在测评指标体系构建过程中,经常用到的权重赋予方法有如下几种。

(一) 主观加权法

主观加权法就是加权者依据自己的经验权衡每个测评指标的轻重直接加权。

指标 1:0.2

指标 2:0.2

指标3:0.1
指标4:0.1
指标5:0.2
指标6:0.2

(二) 分类加权法

先对所有的指标进行排序,然后分别用不同的权数对各类指标进行不同的加权(见图 5-22)。

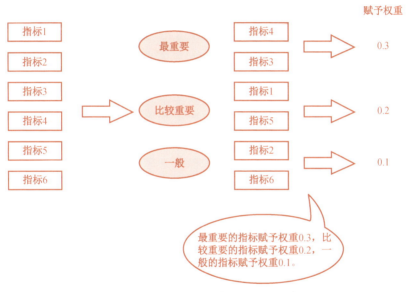

图 5-22 分类加权法

(三) 专家调查加权法

先聘请一些专家,要求他们各自独立地对测评指标加权,然后按每个测评指标统计,取其平均值作为权重系数(见表 5-15)。

(四) 比较加权法

以同级测评指标中重要程度最小的指标作为基准,其他各指标均与之比较,作出是它多少倍的重要性的判断,然后进行归一化,得到各个测评指标的权重系数(见图 5-23)。

表 5-15 专家调查加权法示例

参与者 A	专家 1	专家 2	专家 3	专家 4	平均值
团队合作	0.1	0.15	0.1	0.1	0.112 5
影响力	0.2	0.2	0.3	0.2	0.225
计划与组织	0.3	0.2	0.2	0.2	0.225
决策能力	0.2	0.2	0.1	0.2	0.175
问题分析	0.1	0.1	0.1	0.1	0.1
创新能力	0.1	0.15	0.2	0.2	0.162 5

取各专家的平均值作为最终的权重系数

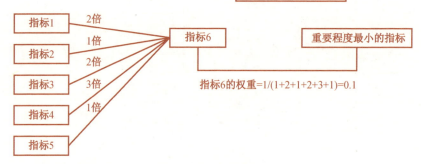

图 5-23 比较加权法

(五) 对偶比较法

把所有要加权的测评指标两两配对比较,所有待加权的测评指标两两比较后计分,按列相加,则得到相应测评指标的合计分,再将每个测评指标合计分相加得到所有测评指标的总分,用各个测评指标的合计分除以总分,则得到相应测评指标的权重系数(见表 5-16)。

表 5-16 对偶比较法示例

	口头表达	应变能力	计划能力	组织能力	创新能力
口头表达		0	1	0	0
应变能力	1		0	0	0
计划能力	0	1		1	1

续表

	口头表达	应变能力	计划能力	组织能力	创新能力
组织能力	1	0	0		1
创新能力	1	1	0	0	
合计	3	2	1	1	2

口头表达能力的权重 = 3/(3+2+1+1+2) = 0.333

第六章 无领导小组讨论

本章导读

无领导小组讨论是评价中心技术最具代表性和典型性的方法，在当前人才评价领域具有很高的使用率。无领导小组讨论以小组作业的形式，参与者任务的圆满完成需要他们之间的密切协作，特别适合现场测评受测者对"人"的影响力。由于这种测评方式贴近工作实际、被测者较难自我掩饰，因此有利于考官观察受测者之间的人际相互作用，也具有较高的测评效率。但无领导小组讨论编题困难，评分要求较高，也成为使用上的一道难题。本章将系统介绍无领导小组讨论的基本知识、开发流程、评分方法以及实际操作中的难点问题，澄清一些使用误区。

知识重点

- 无领导小组讨论的概念
- 无领导小组讨论组织实施
- 无领导小组讨论题目设计
- 无领导小组讨论观察与评估

第一节　无领导小组讨论的概念

一、什么是无领导小组讨论?

无领导小组讨论(leaderless group discussion,简称 LGD)是指将 4—8 名被评价人员临时组成一个小组,不指派由谁充当讨论的主持人,要求被评价人员在规定时间内通过讨论,得到一个全体成员一致认可的用于问题解决的决策方案(见图 6-1)。

图 6-1　无领导小组讨论

(一) 无领导小组讨论的特点

(1) 给定主题:小组成员要就某个特定主题展开讨论,这个主题可以是现实问题,也可能是由出题者虚拟的问题。

(2) 不指定讨论的主持人或领导者,也不指定发言顺序:主要是在自由讨论阶段,小组成员自主展开讨论,不指定小组的主持人或领导者,而是通过讨论过程自发产生。

(3) 参加讨论的被测者的地位是完全平等的:在讨论中,小组成员的地位完全平等,即使是定角色的小组讨论,被测者的地位也是平等的。

(4) 属于小组作业技术,参与者任务的圆满完成需要他们之间的密

切协作:不同于一对一的面试,无领导小组讨论是小组作业形式。

(二)无领导小组讨论的测评维度

无领导小组讨论能测什么?管理者面对的无非是"人"和"事"。"无领导小组讨论"技术可以现场测评受测者对"人"的影响力。主要包括以下方面。

(1)在团队工作中的人际交互能力,主要包括:言语和非言语的沟通能力、说服能力、组织协调能力、合作能力、影响力、人际交往的意识与技巧、团队精神等。

(2)在处理一个实际问题时的分析思维能力,主要包括:理解能力、分析能力、综合能力、推理能力、想象能力、创新能力、对信息的探索和利用能力。

(3)个性特征和行为风格,主要包括:动机特征、自信心、独立性、灵活性、决断性、创新性、情绪的稳定性等特点。

(三)无领导小组讨论的分类

按照不同的标准,可将无领导小组讨论分为以下几类。

1. 按照讨论的情境性

(1)无情境的LGD:一般是让被评价者就某一个问题展开讨论、阐述自己的观点,并试图说服别人,一般会要求被评价者在某一段时间内得出一个一致性的结论。例如,"中国如何打造世界一流的大学?"

(2)有情境的LGD:是让被评价者就某一个特定问题展开讨论、阐述自己的观点,或者提出自己对于问题解决的方案,在这种情况下不一定能够形成一致性的结论。例如,"假设你们乘坐的一艘科考船在南极附近的海面遇险了,船上有20件物品,但救生艇只能带走13件,请你们对它们进行选择"。

2. 按照是否指定角色

(1)定角色的LGD:讨论的过程中给每个被评价者分配一个固定的角色,他要履行这个角色的责任,完成这个角色所规定的任务。例如,分别代表不同城市的申办代表,争取城市运动会的申办权。

(2)不定角色的LGD:是指在讨论的过程中并没有给被评价者分配一个固定的角色,他仅仅是阐述自己的观点或充当小组中的一个与其他没什么差别的成员。

3. 按照讨论中的相互关系

（1）竞争性的 LGD：在有些无领导小组讨论的情境中，每个小组成员都是代表他们各自的利益或他们各自所属的群体的利益，小组成员之间的目标是相互冲突的，并且往往存在着对某些机会或资源争夺的问题，这样的无领导讨论就是竞争性的。例如，企业不同部门（销售部、研发部、生产部、财务部、行政部、人力资源部）讨论一笔奖金如何分配。

（2）合作性的 LGD：在有些无领导小组讨论的情境中，要求小组成员之间相互配合共同完成某一项任务，每一个小组成员的成绩都依赖于合作完成这项任务的结果。同时，也取决于他们在合作完成这项任务的过程中所做出的贡献，这样的无领导小组讨论就是合作性的。例如，小组成员负责所在单位的新年联欢晚会的筹备工作，在规定时间内，提交一份关于晚会的形式、内容与经费预算情况的报告。

（四）无领导小组讨论的优点和不足

1. 无领导小组讨论的优点

（1）给受测者提供了充分的平等展示机会。

LGD 时间通常较长，能给受测者充足的时间和充分的机会展示自己的能力与素质。由于主试或考官不参与讨论，也减少了由于一对一的面试中受测者与考官互动过程中的主观性和不公平等误差。

（2）有利于考官观察受测者之间的人际相互作用。

LGD 具有生动的人际互动效应，通过受测者的交叉讨论、频繁互动，能观察到许多纸笔测验乃至面试所不能检测的能力或素质。

（3）贴近工作实际。

从讨论内容上看，LGD 的讨论主题可以是来自企业工作中的实际问题，甚至是一些工作难题，这样的问题具有较高的表面效度，能较好地激发受测者的参与性，同时也能较好地考查受测者思考和处理真实工作问题的能力和方式。从讨论形式上看，在 LGD 中所有受测者的地位都是平等的，特别能够展示出受测者在横向沟通（即没有管理权限或上下级关系的情况下的沟通）中的自主能力和影响力，这与对当前工作场景中越来越常出现的合作模式的真实模拟。

（4）减少掩饰机会。

在 LGD 中，受测者往往会处于压力情境下，难以掩饰，往往会在无意间表现出自己各方面的优点和缺点。

(5) 更高的测评效率。

LGD可以同时测试多人,提高了测评的效率。而且在LGD测评环境下,考官可以得到一个即时、横向的比较考生的机会,相当于为考官提供了一个"赛马场",在赛马场中选马,更有利于识别最具有潜能的千里马(见图6-2)。

图6-2 无领导小组讨论与面试的比较

2. 无领导小组讨论的不足

(1) 编题比较困难。

LGD对测评题目的要求较高,编制试题需要考虑很多方面的因素,例如,试题内容、难度、可讨论性等,题目的质量直接影响整场讨论的展开,进而影响考官评价的准确性。

(2) 评分要求较高。

在 LGD 中,考官需要在同一时段同时观察和记录多名受测者的行为表现,对于考官是很大的认知负担。通过受测者的行为推断其能力素质并进行评分,需要具备较为丰富的人才测评知识、技能和经验。

(3) 分组因素干扰。

LGD 很容易受到分组因素的干扰,小组讨论的气氛和语境存在组间差异,使评估者难以判断他们观察到的行为是源于个人特质还是群体动力。例如,受测者的表现容易与同组人员产生对比效应,例如,一个健谈的人遇到了一些比他更活跃的人物时,一个说服力不是很强的人在一个其他人更不具有说服力的群体中,都会被因为对比而发生评价偏差。不同 LGD 小组之间的横向比较与分数等值的方法仍有待研究探讨。

(4) 伪装的可能。

受社会称许性和动机的影响,特别是当测评结果对受测者具有重要意义的情况下,受测者存在做戏、表演或伪装的可能性,其经验也可能会影响现场发挥。

第二节 无领导小组讨论的组织实施

一、无领导小组讨论的实施

无领导小组讨论的实施分为三个步骤,即准备阶段、实施阶段和评分阶段。

(一) 准备阶段

(1) 施测环境。

环境要求:安静整洁、宽敞明亮、空气流通、温度适宜,最理想的场地是具有单向玻璃或录像设备的专门的行为观察室。

(2) 座位安排。

实际中,由于条件所限,考官与受测者通常在同一房间内。因此,座位安排要合理。原则上,要求远近适宜,所有受测者的脸都能被至少一个考官看到(见图6-3和图6-4)。

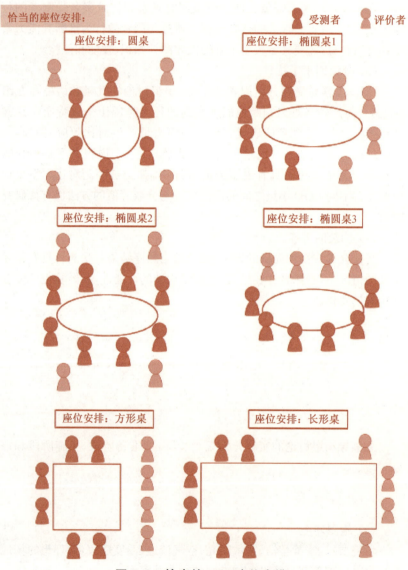

图6-3 恰当的LGD座位安排

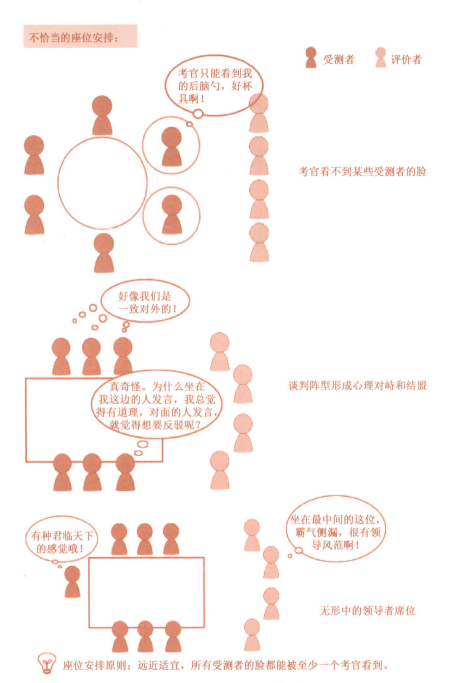

图 6-4　不恰当的 LGD 座位安排

(3) 材料。

需要给参测者准备文具、桌签、编号、试题等。给考官准备文具、草稿纸、考官用试题、评分表、记录表等。其他的材料包括计时器、录音设备、摄像设备等。

(4) 参测者分组。

每组人数6—8人为宜。人数太少,组员之间争论较少,讨论不易充分展开。而人数太多,则有可能因为组员之间分歧过大,很难在规定时间内达成一致意见,无法完成任务;人数太多,评委难以观察,影响评价效果。

在需要指定发言顺序时,抽签决定受测者编号。工作性质和职位层级相近的受测者最好安排在同一组,以利于公平和比较。此外,受测者的下属数量、拥有资源规模、员工数量等,应尽量接近,避免把一些具有上下级关系或职位层级差异较大的受测者安排在同一组中,使职位较低的受测者没有表现机会或影响其能力的发挥。

其他需考虑的因素还有年龄和性别。例如,注意不同年龄层次的搭配和比例,避免讨论过程中出现年龄原因产生的谦让,影响评价效果。如有女性参与,每组中的女性尽可能不少于两个,避免女性变成少数和弱势群体,或被其他男性测评对象以"女士优先"理由推出做记录人或总结发言人,影响评价效果。

(5) 评分者安排和培训。

评分者由组织管理者、岗位管理者、HR部门负责人、人才测评专家构成,通常为4—6人。前期需要进行评分者培训,内容包括:LGD及题目设计原理、目标岗位的工作职责、绩效衡量指标和素质能力要求、目标岗位的工作环境、评价维度及操作定义、LGD行为观察方法和要点、记录内容和方法,以及评分程序、方法和注意事项等。

(二) 实施阶段

实施阶段的流程包含5个步骤。

1. 讨论前准备

主持人宣读和讲解指导语,介绍LGD过程安排和相关要求,受测者阅读题目,进行独立思考,准备个人发言。5—10分钟。

2. 个人观点陈述

受测者轮流发言,陈述个人观点,其他人不得打断。2—3分钟/人。

3. 自由讨论

对题目进行小组自由讨论,形成一致意见。30—40 分钟。

4. 汇报讨论结果

小组推选一名代表,向考官组汇报小组讨论结果。2—3 分钟。

5. 提问或总结

考官可就小组整体的讨论情况提出问题,请小组成员回答;或小组成员就本组讨论情况或个人表现进行总结。

(三) 评分阶段

考生退场后,考官们就考生的表现进行讨论(见图 6-5)。

图 6-5　考官讨论

1. 评分方法

(1) 总体评分法:对每名受测者的整场表现给出一个总分,一般采取 10 分制或 100 分制。总体评分法有利于评价者对评价信息进行全面整合,但难以解释总分的具体含义,不同评价者评价标准不一(见图 6-6)。

(2) 维度评分法:采用事先确定的评价维度(一般为 6—7 个),对每名受测者的每个评价维度都给出一个具体的分数,如图 6-7 所示。

维度评分法标准统一,能够区分受测者的优劣势。但评价者工作量大,每名评价者要打的分数个数＝维度数×受测者人数,容易出现趋中效应,分数区分性小。此外,如果在某些维度上缺少表现的受测者,难以评价。例如,如果某个受测者发言少,考官无法判断其是个性内向还是

图 6-6 总体评分法的考官差异

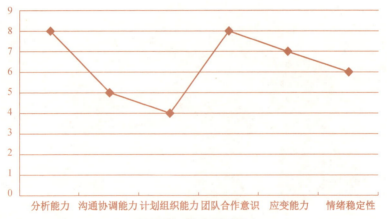

图 6-7 维度评分法

能力不足所致。

维度评分法又可以进一步细分为等级评分法、行为检核法和排序法。

① 等级评分法:首先将受测者的总体表现或各维度表现按照"优、良、中、差"分为四个等次,然后在各等次内按"上、中、下"分为三档,如"优上、优中、优下",对应不同的分值,如分别对应 9 分、8 分、7 分。等级评分法扩大了评分范围,使测评结果具有一定的辨别力;通过二次聚焦,能控制在较小的分数范围内,评价难度小。但容易出现趋中效应,且评价者主观性较强(见图 6-8)。

② 行为检核法:题目开发者在设计评分标准时,对每个评价维度,

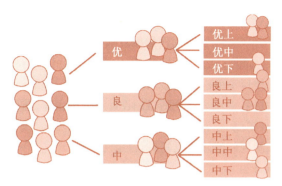

图 6-8 等级评分法

提炼出具有代表性的、可观察的典型行为表现作为评分标准,赋予每个行为相应的正分数或负分数。评价者只需观察和判断受测者是否出现了相应的行为(见表6-1)。

表 6-1 行为检核表示例

倾听能力评价标准	得分	倾听能力评价标准	得分
注视发言者,点头或摇头	(1分)	别人谈话时接受	(1分)
打断别人谈话	(-1分)	别人谈话时拒绝	(-1分)

行为检核法标准清晰,可操作性强;观察评价简单,具有较强的一致性和公平性。但也存在对评分表设计者要求很高,难以把握每个测评维度的所有关键行为;评价者受限于评分表;不能反映行为频次差异等问题。

③ 排序法:将受测者在各维度上的表现按照由最好到最差的顺序进行排列,并赋予相应递减的分数,如7分、6分……1分,然后依次加总每名受测者在所有维度上的分数,形成总分。排序法操作简单,评价容易,但难以进行不同小组之间的比较,而且分数是顺序变量,分数差异只反映受测者的相对位次,不能反映受测者的水平差异。

2. 分数合成与决策

(1) 简单平均法:将所有评分者的评分求平均后,对各受测者的得分进行排序。

(2) 讨论确定法:讨论结束后,评分者进行充分的讨论,对每个应聘者的表现逐一进行讨论,评分者报告他们观察到的该受测者的典型行为以及对其表现的评价,并充分交换意见,澄清分歧,进行最终决策。

第三节　无领导小组讨论题目设计

无领导小组讨论的题目是技术应用的核心,题目质量在很大程度上决定了测评的成效。小组讨论题目的设计需要经由确定选题原则、确定题目类型、编制初稿、专家评阅、试测、收集反馈意见、修改直到定稿的环节,其中,从试测到修改需要反复进行(见图6-9)。

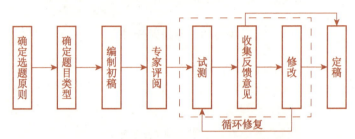

图6-9　无领导小组讨论题目设计流程

一、确定选题原则

1. 联系工作实际

联系工作实际是指选取的材料和题目要符合实际工作的特征,包括内容和条件两方面。内容要求从实际工作中选取典型的话题和案例,供受测者讨论。设置的条件要和实际工作条件在一定程度上保持一致,以达到最佳的预测效果。例如,招聘某公司的销售代表,若以"假如你是联合国秘书长,履职之初,你会重点抓哪几项工作?"为讨论题就没有太大意义。

2. 冲突性

材料要有一定的矛盾冲突,能够引发受测者激烈的讨论行为,让他们在讨论过程中真实地把自我表现出来。通过讨论观察和评价受测者的各项能力素质。例如,"空气污染该不该治理?"的讨论题,就不易引发争议。

3. 难度适当

提供的材料或者话题难度要适中,使被评价者有话可说,有充分的机会表现。如果过于简单,可能不用深入讨论就会达成一致,使评价者无从评价;如果太难,可能会对被评价者产生额外的压力,影响被评价者正常水平的发挥。

4. 熟悉性

设计的讨论题目在内容上必须是所有被评价者熟悉并感兴趣的,才能保证人人有感可发,保证每位被评价者在讨论过程中能够比较充分的表现自己,从而确保评价的公平性。例如,讨论题目"如何消除一次性发泡饭盒的危害"的专业性就过强。

5. 多元性

题目设计一定要一题多解,每一方案和答案均有利有弊,不能让其中的一种方案具有绝对的优势,如果在很短的时间内就结束了讨论,达成了一致性意见,几乎没有什么讨论,每个参与者没有表现的机会,评分者无从评价。

二、确定题目类型

无领导小组讨论的题目包括开放式问题、两难问题、多项选择问题、资源争夺问题和操作性问题,不同类型问题的定义、考察要点、特点和举例见表6-2。

表 6-2 LGD 题目的主要形式

类型	定义	考察要点	特点	举例
1. 开放式问题	答案的范围可以很广、很宽,没有固定答案	全面性、针对性、思路清晰、新见解	● 容易出题 ● 不太容易引起被测者之间的争辩	● 什么样的领导是好领导?
2. 两难问题	在两种互有利弊的答案中选择其中一种	分析能力、语言表达能力以及说服力	● 编制题目比较方便 ● 可以引起争辩 ● 两个答案要保持均衡	● 一方面,某公司现有的差旅报销制度不合理,使员工不愿意出差,公司业务受到影响;另一方面,公司现有的财务状况不能承担改善所有员工出差待遇带来的额外负担,否则也将应影响公司的运营。
3. 多项选择问题	多种备选答案中选择其中有效的几种或对备选答案的重要性进行排序	分析问题实质、抓住问题本质方面的能力	● 难于出题目 ● 较容易形成争辩	● 某信息中心收集20条信息,只能上报8条,请讨论出结果。

续表

类型	定义	考察要点	特点	举例
4. 操作性问题	给被测者一些材料、工具或者道具,设计出一个或一些由考官指定的物体	主动性、合作能力以及在实际操作任务中所充当的角色	● 主要考察操作能力 ● 不太容易引起争辩 ● 对考官的要求和题目的要求比较高	● 给应试者一些材料,要求他们互相配合,构建一座铁塔或者一座楼房的模型。
5. 资源争夺问题	适用于指定角色的无领导小组讨论。让处于同等地位的应试者就有限的资源进行分配	语言表达能力、分析问题能力、概况总结能力、反应的灵敏性、组织协调能力等	● 可以引起被测者的充分辩论 ● 对讨论题的要求较高 ● 要保证案例之间的均衡	● 让被测者担当各个部门的经理,并就有限数量的资金进行分配。

三、编制初稿

1. 团队合作

LGD题目设计非常需要团队合作,一般说来,经过几次讨论之后,不仅相互之间可以启发思路,而且比较容易形成一致的目标,达到很好的效果。

2. 充分占有信息

(1) 与人力资源部门沟通:以熟悉组织的运作方式和方法,收集空缺职位的基本信息、所需要的素质、最低的资格要求,并且把这作为衡量材料难度的一个参考点。

(2) 与主管沟通:采用深度访谈等方法,拟定访谈提纲,有根据地收集关于日常工作的信息,保证重要信息不被疏漏。

(3) 查阅相关信息:根据讨论出来的原则查阅和收集资料。

四、专家评阅

评阅专家通常由心理学家或者测评专家以及部门主管担任。其中,心理学家或者测评专家侧重审核选择的案例或者话题是否能够考察出需要考察的素质。部门主管侧重审核案例或者话题是不是在某种程度上和实际工作相关,适不适宜从事此类工作的人进行讨论。

专家评阅的内容包括:案例与话题是否与实际工作相联系;案例与话题是否均衡(资源争夺性问题);案例与话题是否适合需要考察的素

质;案例与话题是否存在常识性的错误;案例与话题是否还有需要完善的地方;是否有更好的建议(案例、话题、考察方式等)。

五、试测

1. 选取试测对象

最理想的试测对象应与测验的目标群体存在某种程度的相似。在条件有限的情况下,大学毕业生和MBA培训班的学员也是较好的选择。

2. 试测观察重点

(1) 参与度:在规定时间内,参与者是否在认真阅读材料,表明材料是否具有足够的吸引力。

(2) 题目可理解性:以绝大多数人在规定的时间内对材料理解基本到位,作为难度适中的标准。

(3) 题目难度:达成一致意见的时间长短,如果很快达成一致,表明题目引发的争论不够充分。

(4) 均衡性:是否让所有参与者有话可说。

六、收集反馈意见

1. 参与者的主观感受

材料是不是很难理解,是不是觉得有话可说,能不能引起足够的争论,以及其他的一些感受,比如说是否有压力、觉得很难被别人理解,自己不被人接受等等,这些意见一般可以从侧面反映一些问题,可以直接应用于讨论材料的修正。

2. 评分者的感受

主要用来改进评分表和评分要点。

3. 实际分析结果

分析信度和效度,以评分者一致性程度较高者为佳,如果时间和成本允许,可以考虑同时使用其他测验方法,考察其效度。

第四节　无领导小组讨论的观察与评估

一、观察者的定位

从受测者进入讨论会场开始,考官的观察就开始了。讨论过程中,只是观察、采集信息和线索,暂不下结论。考官应把握的核心是,以职位和实际管理环境为参照,比如职位特点是什么,企业文化对员工的任职者的要求有哪些。主要观察讨论的内容和互动的过程两个方面。

考官要保持旁观者心态,避免观察者自己也去做题了,进入了被测评人的角色;和自己观点相一致就获得较高程度的认同,得分也高。重点关注人际互动环境下(团队)如何达成目标。记录所观察到的行为,而不是对这些行为的主观判断。根据面试官观察记录表中的核心能力对应的行为观察测评对象,并在记录表中记录应聘者的行为(见表 6-3)。在打分的过程中,应根据应聘者表现出来的典型行为进行相应的加分或减分,然后把分数和评分理由填入测评表中。注意一定要区分出行为描述与主观判断,并尽量根据行为描述进行客观的判断。保持中立、公正、平和的心态,不要干预讨论进程。

表 6-3 受测者观察记录表

观察笔记要点	行为描述	主观判断
1. 针对要点,做出清晰且正确的分析		
2. 在讨论过程中跟其他成员窃窃私语 2 次	√	
3. 总结的论点具有说服力		×
4. 讨论过程中,比较强势		×
5. 组员出现分歧,主动站出来进行协调,让讨论继续进行	√	
6. 进行问题讨论时,主动邀请其他成员反馈意见	√	

二、无领导小组讨论观察与评估要点

无领导小组讨论主要从小组整体情况和个人情况两方面进行评估,主要包括的内容如表 6-4 所示。

表 6-4 无领导小组讨论的评估评估内容

	小组整体情况	个人评估要点
1	讨论过程特点	影响力
2	个人角色定位	策略风格
3	人际互动关系	组织协调
4	进程控制	认知思维
5	达成目标的方式	人际沟通
6	—	动机态度

1. 小组整体情况

(1) 讨论过程特点。

即讨论过程是协同—合作式还是对抗—竞争式的,以及小组的整体讨论效率如何(见图6-10)。

图6-10　讨论过程特点

(2) 个人角色的定位。

个人角色的定位如图6-11所示,有以下几类。

① 主导者:在小组讨论过程中,主导者组织大家围绕中心问题展开讨论,有序地推进问题的解决,适时地集中讨论中形成的观点,注意调动每一位小组成员的积极性。是团队自然形成的"领导"。

② 协调者:对无效的争论提出了协调性的解决方案。采取有效的协调手段和办法,帮助成员认清争论的原因,推动任务进展。协调者可能不会提出新颖的观点,但他们可以评判别人的观点,把组员的观点进行融合,找出内在的联系,从而也有助于推进整个小组的讨论更向问题本身集中。一旦场上出现针锋相对或者面红耳赤的情形,协调者往往也会站出来缓和气氛。

③ 跟随—服从者:这类角色基本会跟随主导者的观点或意见,表示出其服从性或遵从性,一般很少提出自己的意见。

④ 参与者:一些团队成员会在讨论中扮演支持配合的角色。例如,

图 6-11 个人角色定位

在失去领导者的角色之后,有的候选人主动地做一些秘书记录的工作;在扮演领导角色的成员考虑不全面时,提供有效的意见和建议等。

⑤ 不合作者:一些团队成员在讨论中采取不合作的态度和行为。

(3) 人际互动关系。

小组成员采取的结盟或各自为战的互动关系(见图6-12)。

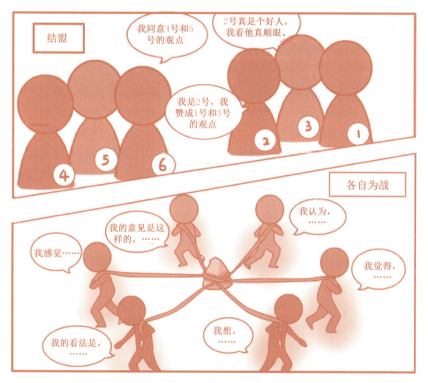

图6-12 人际互动关系

(4) 进程控制情况。

整个小组讨论进程是否具有较好的时间分配？是否在有节奏地向前推进？

(5) 达成目标的方式。

达成目标的方式如图6-13所示，有以下几种。

① 规则导向：小组讨论目标的达成，是根据最初制定的问题解决规则。

② 个人导向：小组讨论目标的达成，主要由小组内的权威人物或意见领袖决定。

③ 压力导向：小组讨论目标的达成，主要来自于时间压力或群体压力。

图 6-13　无领导小组讨论达成目标的方式

2. 个人评估要点

（1）人际影响力。

能否说服他人接受自己的观点，并对小组讨论结果起到关键性的作用。

LGD 主要针对三方面的测评要素:人际互动方面、认知方面和个人特质方面,以人际方面的维度为主(见表 6-5)。

表 6-5 无领导小组讨论测评要素

人际互动	认知	个人特质
影响力	理解能力	动机
组织协调能力	分析能力	自信心
合作能力	综合能力	独立性
团队精神	推理能力	灵活性
说服能力	想象能力	决断性
人际交往意识与技巧	创新能力	创新性
沟通能力	信息探索和利用能力	情绪稳定性
……	……	……

但是,对于测评要素的选择,要根据职位招聘职位的特点,选择适当的考察维度,一般不要超过 6 个。认知心理学的研究表明:一个人加工信息的容量是有限的。如果维度太多,会给评分者造成过重的负担,使其顾此失彼,从而影响评分的准确性。对于每项测评维度,要事先给出维度的操作定义,还要列出评价维度的观察要点。

所谓操作定义,是指将概念的抽象定义转化为可感知、可度量的具体事物,或具体现象,或具体方法。例如,"挫折感"的抽象定义为"当达到目标的过程中遇到障碍时所产生的情绪感觉或反应",而操作定义就可以定义为"通过阻碍一个人达到其渴望的、近在咫尺的目标而使个体所发生的一种心理状态"。又比如,根据不同的研究需要,可以把"一个聪明的人"操作定义为"知识渊博、词汇丰富、运算技能多、记忆东西多的人",也可以操作定义为"善于解决问题、运算灵活、记忆速度快的人"。进行操作性定义的目的是:能客观准确地测量变量;为他人重复验证提供具体的做法;便于别人和同行之间的学术交流;避免不必要的歧义和争论。其最大优点是具有明确客观的标准。当我们讨论一个问题或交流有关信息时,彼此都在同一个层面使用同一个概念,都清楚所用的概念意味着什么,不会产生误解或歧义(见图 6-14)。

例如:对于人际影响力,我们可以从这几个观察要点来看:①观点得到小组成员的认同;②小组成员愿意按照其建议行动;③不靠命令方式说服他人;④善于把大家的意见引向一致;⑤对讨论进程起到推动和主导作用。

对于组织协调能力,观察要点可以是:①启动讨论和确定目标;②主动征询他人对问题的建议;③总结不同观点的一致性和差异性;④帮助

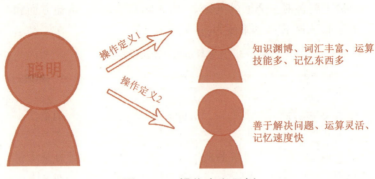

图 6-14　操作定义示例

他人澄清观点；⑤鼓励少言者积极参与讨论；⑥做出阶段性总结；⑦协调其他成员之间的冲突，争执时能化解矛盾达成统一。

对于分析能力，观察要点可以是：①在得出结论之前会寻找证据，而不是完全凭主观推断；②能把不同的信息分成具有相似类属或属性的组，对信息进行归类；③能在参考不同渠道和来源信息的基础上对这些信息进行整合，能以比较清晰的思路分析问题；④回答问题有较好的逻辑性；⑤能够区分出影响任务结果的关键和非关键因素；⑥能以长远的眼光看待问题，预见事物发展的趋势。

观察要点的目的是，减少评委之间评价标准的不一致，减少分歧，从而降低评分者之间的不一致性。

（2）个人加分项。

① 仔细倾听别人的意见并给予反馈。在倾听别人意见的同时记录对方的要点，抬头聆听对方并适时地给以反馈，比如一个点头示意等，表明自己在倾听其他成员观点。

② 对别人正确的意见予以支持。团队中每个人都具有标新立异的能力，但不意味着每个人都有支持别人的魄力。适时支持其他团队成员有助于团队按时完成任务，支持是相互的。

③ 适时地提出自己的观点并设法得到小组成员的支持。在团队中清晰简明地提出自己的观点和意见，并理性地证明自己的观点的优点和缺点，以期得到别人的支持。

④ 对别人的方案提出富有创造性的改进点。发言时对前面的某些论点予以补充和改进，拓展某些问题的深度和广度。

⑤ 在混乱中试图向正确的方向引导讨论。有时候小组讨论非常混

乱、无中心、无目的、无时间概念。可以观察是否有应试者以礼貌的方式引导大家向有序、理性的方向讨论。包括提示大家"时间",当前最需解决的问题,以及是否应进入下一个讨论阶段等。

⑥ 在必要时候妥协以便小组在最终期限前达成结论。小组讨论通常都会有一个明确的目标,比如在什么场景下,遇到什么问题,运用什么资源,提出什么方案,达成什么结论,这是一个有特定任务和时间限制的团队项目。所以在任何情况下,只要有一丝可能都要尽量在最终期限前小组成员达成一致,得到共同结论。结论没有十全十美的,这时妥协就成了达成结论的必要手段。妥协的实质是"大局观",在紧迫的时间点上,要有妥协的魄力。

⑦ 具有时间观念。工作中的团队对时间观念非常在意,能否在最终期限前给予计划是很重要的。能够在自己陈述观点、倾听别人观点或是讨论中表现出时间观念可以加分。

(3) 个人减分项。

① 完全忽略别人的论述。通常表现为在别人发言时埋头写自己的演讲稿,对于别人的论述一无所知,并片面地认为只要表达自己的观点就足够了。

② 无礼的行为或语言表现。对其他组员的发言表现出不屑,如摇头、撇嘴、轻蔑的眼神、老是打断别人的发言等等。

③ 啰嗦。繁冗的陈述,令团队成员生厌,并表现出毫无时间观念。

④ 过激的语言表述。在不同意他人的观点时,使用如"我完全不同意XX的观点"或"XX的观点是完全错误的"等表达方式。

⑤ 搬出教条的模型以期压服别人。在分析某些案例时,抛出各类理论,以期说服别人,但忽略了具体问题具体分析的方法。

⑥ 否定一切,过于自负。否定一切别人的观点,只认为自己的观点是正确的。

⑦ 没有把握好领导者的角色。极力想表现自己的决策能力或者领导能力并招致团队成员反感。

三、无领导小组讨论评分中的误区

1. 发言多寡决定评分高低

候选人的发言要对他人造成影响才有意义。影响力主要看两个指标:一是候选人发言时其他成员是否都在认真听;二是候选人的发言是

否左右了大家的行动。评价者对发言不多的候选人往往会评价较低,认为发言少的候选人参与度不够,自然也就不应该获得高分。有的候选人虽然发言不多,但每次发言都有可能起到了非常重要的作用。

2. 关注形式,而不关注内容

在无领导小组讨论评价中,评分者往往因为过于关注外在行为表现,而忽略对于言语内容的仔细聆听,从而导致评价结果的偏差。不仅关注行为是否出现,也要关注所出现行为的质量。

3. 过分依赖单一的信息来源

无领导小组讨论中所考察的每个胜任力是由一些众多细小的行为组成的集合体,有些评价者经常误把出现的某一单独的行为片断作为全部整体行为来评判。

4. 过渡信息的丢失

在无领导小组讨论的整个过程中,一个人可能在某一时间段内侃侃而谈,而在另一时间段内又变得少言寡语。评价者很容易注意到那些高谈阔论的时候,而对于两次畅谈之间的变化却容易忽略。因为有的人在滔滔不绝之后,变成词穷理尽,所以默不做声;而有的人在发表完自己的意见之后沉默,却是在综合他人的意见,在思考差异,准备进行下一轮的发言。能够注意到发言间隙个人的行为,有助于对其做出更加精准的判断。

5. 机械地归类

小组讨论中会出现大量的行为,依据一定的规则可以将这些行为归类为某一胜任力。而在归类过程中,最容易出现的错误就是只根据行为指标进行简单地归类,而忽略行为发生的情境及背后的意义。例如,对于"计时员"角色,不同的表现如图 6-15 所示。

6. 先入为主

在小组讨论之前得知了某位成员的一些信息,会影响对其客观的评价。

7. 情景的误导

无领导小组讨论的场面情景会因不同成员而风格迥异。有的热闹,有的平淡,有的冲突不断,有的发言有序等等。因此,对小组成员的表现的评判会受制于不同场景的影响。讨论场面所形成的环境会影响到对被评价者的直观印象。评价者要做的,是观察个人行为,而不要受场景因素的干扰。

8. 偏见与刻板印象

偏见与刻板印象是人才测评中比较常见的评判误区。例如在校园

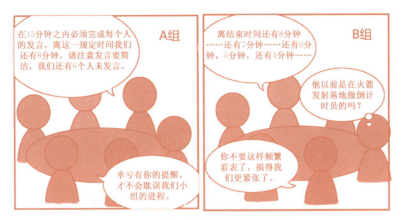

图 6-15　计时员角色的不同表现

招聘的测评过程中,通常都会认为名牌大学的毕业生在各方面的能力要优于普通学校毕业的学生。当不同学校的学生在同一组进行无领导小组讨论时,评价者会不自觉地对来自名牌学校的学生以更多的关注,在打分时也会倾向于宽松、偏高;而对于那些来自普通院校的学生,则严格要求、不会轻易打高分。

9. 光环效应

在无领导小组讨论中,经常有人会起主导作用,告诉大家我们要先做什么,后做什么,下一步要做什么,俨然一幅小组领导者的架势。于是评价者对其领导能力有了良好的印象,并给出了较高的分数。而这一良好的印象又将扩散到对此人在其他维度上的评价,很有可能会对他的其他能力形成一个较高的预期(见图 6-16)。

图 6-16　光环效应

第七章 公文筐测验

本章导读

公文筐测验模拟一个公司所发生的实际业务、管理环境,要求受测者扮演管理者的角色,处理一系列文件材料,内容涉及生产、财务、人事、市场、政府法令公文、客户及公共关系等,本质上是工作情境的模拟和浓缩。由于文件材料的内容和范围通常涉及公司管理的各个方面,可以综合考察受测者对多方面管理业务的整体运作能力。虽然公文筐测验实施相对简单,但在评价中心技术中,公文筐测验的题目结构却最为复杂,评分也较为困难。本章将详细介绍公文筐测验。

知识重点

第一节 公文筐测验的概念

一、什么是公文筐测验

公文筐测验(in-basket test),又称文件筐测验、公文处理练习,它一般模拟一个公司所发生的实际业务、管理环境,要求受测者扮演管理者的角色,处理一系列文件材料,内容涉及生产、财务、人事、市场、政府法令公文、客户及公共关系等,这些文件材料以备忘录、通知、请示报告、传真、电话记录等形式出现。在测评过程中,受测者要模拟实际管理中的想法,在规定的条件下(通常是较紧迫困难的条件,如时间与信息有限,独立无援,初履新职等)对各类文件材料进行处理,包括提出处理意见、对有关问题作出决策、制订计划和行动方案等,受测者的这些处理都要以书面的方式作出。

这些材料通常是放在公文筐中的,公文筐测验因此而得名。这些文件数量虽然较多,但有轻重缓急之分:有的必须亲自处理,有的需要向上级请示,有的则要授权下级去处理。

公文筐测验是评价中心中使用最多的一种测评形式,一项调查表明,公文筐的使用频率高达81%。

1. 公文筐测验的优点

(1) 仿真性高:测评情境与实际工作情境很相似,公文筐测验本质上是工作情境的模拟和浓缩。表面效度高,能够激发受测者的作答兴趣(见图7-1)。

图7-1 测验的仿真性差异

(2) 考查内容范围广:文件材料的内容和范围通常涉及公司管理的各个方面,可以综合考察受测者对多方面管理业务的整体运作能力。例如,人事、财务、生产、销售、研发、后勤等。

(3)开放性强:在文件筐作业中,受测者作答的自由度很高,主动发挥的空间大。

(4)操作实施简便:公文筐测验只要求受测者对各种书面材料进行处理,不涉及人与人之间复杂的互动行为,作答也是以书面形式完成的,操作比较简便,可以大规模施测,也可以借助现代信息技术手段,采用电子公文筐等手段进行。

(5)效度较高:由于测评方式与拟任工作的相似性很高,测评结果可以很好地预测未来工作绩效。

2. 公文筐测验的缺点

(1)开发成本高:要开发一套好的公文筐测验不仅需要编制者具备一定的相关工作经验和丰富的测评知识,而且要花费大量的时间和精力。

(2)难以考察人际互动类的测评要素:公文筐测验实施中受测者与评价者、受测者与受测者之间通常没有互动交流,所以难以测量口头沟通、人际协调等方面的实际能力。

(3)评分难度大:文件处理结果的评价受多种因素的影响,组织结构、文化氛围、管理观念不同的组织,具有不同的评价标准。在公文筐测验的评分过程中,专业人员和实际工作者往往存在理解上的差异。

二、公文筐测验的测评要素

公文筐测验主要是通过对受测者处理文件过程中的行为表现、思维过程和书面答案,从两个角度对管理人员进行测查(见图7-2)。

一为技能角度,文件所涉及的问题需要管理者进行分析判断,也需要做出决策,以使问题得到有效解决。同时需要准确的写出文件处理意见。主要包括决策判断、问题分析、信息搜集与利用、组织敏感、创新、书面表达等能力。

二为业务角度,公文筐的材料涉及财务、人事、行政、生产管理等

图7-2 受测者处理文件过程中的行为表现、思维过程

多方面业务,管理者需要对文件所涉及的多个问题进行计划安排,组织有关人员予以解决,同时需要对交办的任务进行监控,注意任务完成的进度,对问题处理过程中可能产生的变化预先做好估计及应变措施。要求管理者具有对多方面管理业务的整体运作能力,包括对人、财、物、流程的控制等。

由于受测评形式所限,公文筐测验较少用于测评人际胜任力和个性特征。从公文筐测验与绩效不同维度之间的关系来看,公文筐测验与任务组织的关系最为密切,其次是管理推动,而与工作表现之间的相关最弱。公文筐测验中只有领导能力和决策能力与工作表现有显著相关,但在控制认知能力因素的影响后,只有领导能力与工作表现有显著相关。这个结果与不同绩效维度所包含的意义是密切相关的。工作表现主要指工作投入程度以及平时工作行为;任务组织是指与完成任务相关的管理职能活动成效,注重结果;管理推动则主要在任务完成过程中,注重过程。

第二节 公文筐测验题目编制

一、公文筐测验试题构成

在评价中心技术中,公文筐测验的题目结构最为复杂,包括了指导语、背景材料、测验题本、答题纸和其他辅助材料。

1. 指导语

指导语是考官向受测者告知测试总体要求和情况的文件。一般会告知受测者在测试中的角色、需要完成的任务以及完成任务的要求和方式。

例如:

这是一个公文筐测验,在这项测验中,你的身份是宏辉公司张副总经理,请你在两个小时内处理我们为你提供的所有文件。这些文件已放在你办公桌的公文袋里。

在测验中你需要使用以下工具:题本、答题纸、铅笔、计算器。题本包括一份有关背景介绍、一份时间表、一份组织结构图。

请不要在公文袋中的测验材料上写任何东西,所有的问题处理都写在答题纸上。我们只对答题纸上的作答进行计分,在其他任何地方的答题将不予考虑。

在测试期间,请关闭手机和其他通信工具。保持安静,不得与其他任何人讨论问题,不要随意出入测评室。

如果有问题,请举手示意。如果没有问题,就开始答题了。测试开始后,考官将不再回答任何问题,请注意控制时间。

为防止受测者错误理解考官意图或指导语,可在正式测试前,让受测者填写《角色确认表》(见表 7-1),以便提前发现问题。

表 7-1 角色确认表

你在公文筐测试中的角色是:			
A. 王总	B. 张副总	C. 孙副总	D. 其他
你完成公文筐测试的总时间是:			
A. 60 分钟	B. 120 分钟	C. 150 分钟	D. 其他
你完成公文筐测试时,可以:			
A. 借助秘书	B. 电话求助	C. 只能独立完成	D. 其他
需要你作答的内容是:			
A. 只写处理意见	B. 只写理由	C. 处理意见和理由都需要	D. 其他
你只能在哪里填写你的处理意见和理由:			
A. 题本上	B. 草稿纸	C. 答题纸	D. 其他
你在处理文件时签署谁的姓名:			
A. 本人	B. 张副总	C. 李副总	D. 不用签名
……			

2. 背景材料

背景材料一般包括受测者的特定身份、工作职能和组织结构等具体情景设计。背景材料的多少随测验材料而变,其核心目的是为受测者处理公文筐中的各种问题提供一个参照框架。

例如:

"今天是 2018 年 4 月 22 日(星期一)。恭喜您有机会在以下两个小时中担任 NHT 集团的执行副总裁,由于集团总裁公务外出,你将全权处理公司的一切事务。

NHT 集团自 2002 年创办以来,从一个民营小企业发展成今天拥有七家分公司、两家海外投资公司、拥有员工 2 000 多人的现代化高科技大型企业。

您所担任的这位执行副总裁的角色,毕业于中国科技大学计算机系,并获得北京大学工商管理硕士学位。自公司创办的第二年就致力于公司的业务与发展,曾先后工作的岗位包括:销售业务员、销售部副经理、新产品开发部经理、分公司副总经理、时代实业公司总经理,担任集团执行副总裁的职务已逾4年。

现在是早上9点。在处理完一般的工作安排后,来到您的专用办公室。秘书已将今天需要处理的文件整理成册,并放在您的办公桌上。您必须在2小时内处理好所有文件中的问题。因为,11点在会议室还有一个重要会议由您主持。很抱歉,由于电话线路维修,您在处理文件过程中,没有办法与外界通话,所以,需要以文件、备忘录或便条的形式将所有的文件处理意见、方法写出来,最后交给秘书负责传达(请将处理意见放在相应的处理事务项上面)。记住:您被公司同仁称为"王副总"。

所有文件均随机放置,文件序号不代表你实际处理的顺序。

可以开始工作了,祝您顺利。

3. 测验题本

测验题本是指需要受测者进行分析、处理、批阅的具体文件。这些文件都是独立呈现的,事先编上序号,但序号只是文件的识别顺序,不代表处理顺序(见图7-3)。

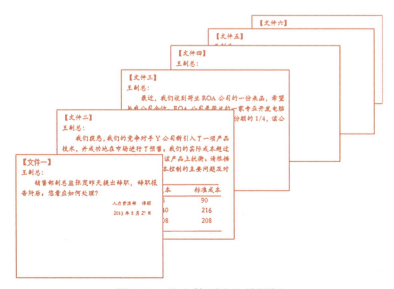

图7-3　公文筐测验文件样例

4. 答题纸

答题纸是供受测者填写文件批阅意见和理由的地方(见表 7-2)。为了对受测者处理问题的顺序进行考察,建议在答题纸部分加入以下《文件处理顺序表》(见表 7-3)。

表 7-2　公文筐答题纸示例

应试者编号:	应试者姓名:
文件序号:	
处理意见:	处理理由:

表 7-3　文件处理顺序表

1	2	3	4	5
6	7	8	9	10
11	12	13	14	15

5. 其他辅助材料

为便于受测者作答,除提供必要的办公文具(如铅笔、签字笔、橡皮、草稿纸、计算器)外,可为受测者准备测试对应的日历表一份。

二、公文筐测验题目的设计与开发

公文筐测验的试题是直接影响公文筐测验效果的关键,题目设计过程也相对复杂。

1. 确定测评要素

通过工作分析或胜任特征分析明确岗位要求。例如,查阅岗位说明书,与任职者或其上级主管进行深度访谈或调研。结合企业的发展阶段、内外环境、企业文化、战略目标以及测评目的,对测评要素进行合理的取舍、组合,并赋予相应的权重(见图 7-4)。

2. 编制文件

(1) 获取文件素材。

文件素材不能凭空杜撰,必须来自任职者的实际工作。可以邀请一

图 7-4　明确岗位要求

批工作绩效表现比较突出的任职者或者他们的直接上级举行交流会,让他们回忆自己印象比较深刻的、工作中处理过的各种工作事件,包括实际工作情况、管理活动等。注意搜集工作中的典型事件。

一般的典型事件应该符合以下几个特征。第一,它必须是现实发生的一个需要解决的问题;第二,它具有一定的挑战性,就是说不是每个人都知道最佳的处理办法;第三,事件必须要有能够正确解决的办法,而且某一些处理办法比另外一些办法好;第四,提供了足够充分的细节能让受测者作出一些行动方案;第五,事件处理不需要过于专业的知识。

(2) 筛选、加工文件素材。

文件素材搜集完成后,要对素材进行筛选和加工。事件反映不出任何测评要素的,要淘汰;反映了同类测评要素的,要归类;事件太抽象或不够完整的,要补充完善;包含了多个事件的,要拆分;描述过于烦琐或冗长,要精简;完全真实的材料,对外来应聘者不公平,要适当修改。

(3) 编制文件。

经过上述过程,可以进入文件编制阶段。在文件筐测验中,常见文件类型有批阅类、决策类和完善类等。

批阅类文件要求受测者能够区分轻重缓急和问题性质,提出处理意见。这类文件是常规性的公务文件,通常只需按工作流程处理即可,如阅知、批复、提交上级请示等。

> 关于开发新产品的报告
>
> 王副总：
>
> 　　研发部研制并开发了一种新产品——汽车高级自动保护系统，这是第一次向您汇报。我们定于6月8日上午9:00—10:00在本部三楼召开一个产品检验会，希望您务必参加。届时，国家专利局的官员和德国XX汽车新产品试验部的经理都将到场。
>
> 　　请及时回复，便于我们做出安排。
>
> 研发部　XXX
xx年x月x日

　　决策类文件一般是日常工作中遇到的非常规性决策问题，要求受测者在综合分析的基础上提出决策方案，或者从给定的几种方案中选择最佳方案。

> 王副总：
>
> 　　您好。我是国际事业中心的XX，去年10月中旬，人力资源中心要求各中心上报2018年大学生招聘计划。由于我中心业务的特殊性，不仅要求较高的英语水平，而且要懂一定的专业知识，这类人员在校内招聘的难度很大。此外，由于我们公司薪酬水平较低，即使招聘来也很容易流失，过去几年的流失率高达74%。为此我们国际事业中心多次召开会议，并初步达成共识：公司需要制定中长期的人才规划以吸引并留住优秀人才。
>
> 　　但是，到底该如何操作，尚无具体方案。我刚和吴总裁通过电话，他建议我直接与您沟通，不知您有何意见想法，请尽快告知。

　　完善类文件往往是有缺陷的文件，尚缺少某些条件和信息，如材料不完善、观点意见不妥当等，主要考察受测者是否善于提出问题或进一步获取信息。

> 王副总：
>
> 　　近几周来，第三分公司有部分员工反映他们的工资分配不合理，他们指责该分公司经理XX在进行绩效考核时不能客观、有效地对员工进行评定。此外，据反映，第三分公司还有克扣临时工工资的现象，他们可能会集体罢工或辞职。
>
> 　　此事该如何处理？请您批示。

　　文件所涉及事件应符合以下要求：首先，文件与现实工作情境具有相关性文件所涉及的是受测者未来工作中最主要、最关键的活动，而不是那些次要的、偶然的活动。其次，要具有典型性，文件所涉及的事件不是原原本本地从实际原型中截取，而是把多种情况进行综合、概括，集中在一个文件里。文件中的事件也许在实际中不会完全一致地出现，但类似情景在不同时间不同场合下都可能出现。再次，文件所反映的主题要突出,一个文件通常要侧重考查某个或某些测评要素,文件中的事件描述应围绕考察要素,做到主题突出,淡化其他无关细节,以免浪费宝贵的测评时间。最后,文件的难度要适中,难度适中的测试能够最有效地区分应试者,因此,事件的难度不宜过大或过小,以免大家都不会处理或都会处理。

3. 试测与收集答案

文件编制好后,需要收集答案。可以把编好的公文筐测验请在职的有关人员来作答。为了提高区分效度,可以用两组人员来进行对比,其中一组是优秀的任职者,另一组是无管理经验的新手,对比他们的试测结果。如果两组作答结果无显著差异,甚至一般人员比优秀管理人员处理得更好,说明这个文件可能存在问题,应进行分析、修改或删除。

4. 制定答案和评分标准

根据事先确定的评分方法来确定评分标准。以参考框架式评分方法的评分标准为例,对于"计划能力",我们可以列出这样的评分标准。

5分标准:能有条不紊地处理各种公文和信息材料,并根据信息的性质和轻重缓急对信息进行准确的分类处理。在处理问题时,能及时提出切实可行的解决方案。能系统地安排和分配工作,注意到不同信息间的联系,有效地利用人财物等资源。

3分标准:分析和处理问题时能区分事件的轻重缓急,能看到不同信息间的关系,但解决问题的办法不够有效,在资源的分配与调用方面也不够合理。

1分标准:处理各种文件和信息时不能区分轻重缓急,没有觉察到各种事件间的内在联系。解决问题时没有考虑到时间、成本和资源方面的种种限制,提出的解决方案不具可行性。

第三节 公文筐测验的组织实施

一、准备阶段

测评前的准备工作是公文筐测验顺利实施的必要条件。测评前的准备工作主要包括测验材料和测试场地的准备。测验材料包括题本、答题纸、指导语、《角色确认表》、《评分表》、必要的文具等。测试所用的房间应该确保环境安静、空气流通、采光条件好，同时确保每个受测者都有宽松的答题环境，避免相互干扰或商量讨论。如果采用基于计算机的电子公文筐，则要事先做好硬件和软件的调试工作。

二、开始阶段

在测试正式实施前，考官要向受测者宣读指导语，要求表述清晰、语速适中，且宣读之后，请受测者填写《角色确认表》，以确认受测者对测试要求理解无误。

三、正式测评阶段

测试时间通常需要两个小时左右，依文件数目而定。受测者的文件处理意见一般要求写在答题纸上，除非评价中心程序的特别设定，一般要求受测者独立工作，不与考官、其他受测者或外界进行交流。

四、评分阶段

测试结束后，组织考官对测验进行评分。一般应由多名考官对受测者所处理的文件进行充分的讨论，直至所有考官达成一致。在必要的情况下，可对受测者进行面谈和提问。受测者给出相同的处理办法，但不同的处理理由往往反映出其不同的能力水平。

公文筐测验的评分主要关注受测者是否能分清轻重缓急、抓住主要矛盾和关键问题，有条不紊地处理；处理问题是否果断、妥当，便于下级执行；是否能发现问题、找出问题的内在联系，采取措施解决问题。

公文筐测验的记分方式主要有整体评价法和要素评价法。整体评价法主要指在全面了解和掌握受测者作答的基础上，对受测者的"答题情况"做出一个总体的主观判断，而不区分评分维度。这种方法虽然能够让考官从更全面的角度进行评价，但受制于考官的水平高低，主观性强，实践中很少采用。

要素评价法就是根据要素的操作定义对被评价者的行为表现进行比较笼统的评价，一般采用5点或7点量表。要素评价法被大多数使用者所采用。要素评价法包括行为清单法和参考框架法。

1. 行为清单法

行为清单式评价法是一种行为导向的计分方式,它关注的是具体的行为,并对这些行为进行归类与判断,从而形成评价结果。实际操作中,要把某一评价要素的关键行为表现列出来,然后要求评价者根据被评价者的表现判断这些行为是否发生或发生的频次,这样评价者只需要在行为水平上进行加工。行为清单法可以大大降低评价者的信息加工负荷,使得评价者能区分各个维度,提高评价的准确性,但它对设计的要求比较高,其开发过程比较复杂,开发成本也比较大。行为清单法可以简单地理解为类似"标准答案",如果被评价者的作答和"标准答案"不一致,在这个行为上就可以判定得低分(见图7-5)。

1 2 3 4 5 差 一般 中等 良 优秀	
行为清单	计划组织
A. 召开产销协调会或生产会议,请生产部、技术部、财务部、采购处、各生产厂、人资部等相关单位参加,讨论订单更改事宜 B. 转呈章副总经理,请他予以协调 C. 请华东、华南办事处召集各自的销售人员,就订单的出货日期进行检讨,看其他客户的订单是否可以延缓,以安排凯莉公司的订单 D. 请秘书联络生产部高经理,我将于29日上午与其沟通	_____分

图7-5 行为清单法示例

2. 参考框架法

参考框架式评价法,也称为维度评分法,是一种图式导向的记分方式,它给予评价者一个具体的模版,即哪些表现表示高分、哪些表现表示低分、哪些表现表示中等分数,并以此进行行为定位,在评价者心中形成高、中、低不同等级的心理图式,然后根据这个图式去衡量受测者的表现,从而做出评价(见图7-6)。

五、公文筐测验评分的常见误差与控制

公文筐测验评分中常见的误差包括趋同效应、光环效应和过分量化,其特点和对应的误差控制建议如表7-4所示。

行为定位点	计划组织
5分表现：亲自与生产部沟通，并建议上级主管召开产销协调会或生产会议，同时要求部门内各销售人员做好订单的排查，以确定可延缓交货的订单 3分表现：与生产部沟通，同时要求部门内各销售人员做好订单的排查，以确定可延缓交货的订单，或者与生产部沟通，并建议上级召开产销协调会或生产会议 1分表现：与生产部沟通，或者请求上级来处理	＿＿＿分

图7-6 参考框架法示例

表7-4 公文筐测验常见误差与控制建议

常见误差	典型特点	误差控制建议
趋同效应	第二评委评分时参照第一评委评分结果，两位评委评分基本一致	初评分时，两位评委均独立打分，互相不通报评分结果
光环效应	由于受测者写得比较详细，字数较多就认为其能力水平较高，写得少或字迹潦草就认为其能力水平较差	严格遵守标准评分，辨别其所写内容是否有价值
过分量化	将受测者的处理情况与参考答案和评分要点一一对应，机械地以绝对数量作为最终定性评价的标准	总体评价，多证据情况存在时参考重点文件，应用"就高不就低原则"

第八章 结构化面试

本章导读

结构化面试与一般的面试形式有所不同,因其规范性、结构性和系统性,使得面试结果更加客观、可靠。结构化面试主要包括行为性面试、情景性面试、基于预期绩效的面试和特质面试。行为性面试主要通过应试者对过去某种行为的表述,来考察其某些能力或个性特征。情景性面试主要通过应试者对某种假设情景的设想、联想、假设和分析,来考察其能力或个性特征。基于预期绩效的面试按照目标岗位的绩效考核标准询问应试者解决问题的经历及能力。特质面试主要针对应试者工作模式、职业兴趣、成就动机以及价值观等关键个性特质和行为倾向而进行的面试方法。本章主要介绍结构化面试的试题设计、提问以及追问等环节的方法和技术,便于读者在理解的基础上通过实践去运用。

知识重点

第一节　结构化面试的概念

结构化面试（structural interview）是对面试的测评要素、面试题目、评分标准、具体操作步骤等进行规范化、结构化和系统化，并且统一培训面试考官，提高评价的公平性，从而使得面试结果更为客观、可靠，使同一职位不同应试者的评估结果之间具有可比性的一种有效的技术手段。

一、如何理解"结构化"

面试过程可以概括为三个环节：提问与回答，追问与回答，主考根据应试者的回答进行评分。这三个环节的特点，决定面试的模式[①]（见表8-1）。

表8-1　面试的模式

	首问	追问	答案	评分标准	评分依据
模式一	相同	×	√	√	标准答案
模式二	相同	固定	√	√	标准答案
模式三	相同	固定	√	不固定	答案+表现
模式四	相同	不固定	×	不固定	表现
模式五	不同	不固定	×	不固定	主观感觉

（1）模式一：主考对不同应试者询问相同的首问，没有追问，问题的答案是事先给定的，主考将应试者的回答与标准答案相对照，根据答出的要点给应试者评分。

（2）模式二：主考对应试者提出同样的首问，然后根据应试者的回答提出相应的追问，但是追问的范围是事先准备好的，评分标准也是事先确定的，主考根据应试者回答的内容给应试者评分。

（3）模式三：主考对应试者提出同样的首问，然后根据应试者的回答提出相应的追问，但是追问的范围是事先准备好的，答案也是事先确定的，主考根据被试者回答的内容，同时兼顾被试者在回答问题时表现出的管理行为特征给应试者评分。

（4）模式四：主考对应试者提出同样的首问，然后根据应试者的回

---

① 孙武. 结构化面试研究. 博士论文，厦门大学，2008。

答提出相应的追问,追问的问题有些不是事先准备好的,是根据应试者的回答有针对性地提出的,答案并没有事先准备好。评分的主要依据,一是应试者的回答,二是根据应试者在回答问题过程中的综合表现。

(5)模式五:主考根据不同的应试者,提出不同的首问,然后根据应试者的回答提出一系列的追问,评分主要依据主考对应试者在面试中的总体感觉。

在面试实践中,模式一到模式三称为结构化面试,其中模式一常见于公务员面试中;模式二、模式三的使用频率较高;模式四常常被称为半结构化面试;模式五就是通常所说的非结构化面试(见图8-1)。

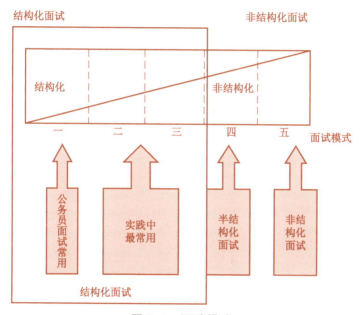

图 8-1　面试模式

二、为什么要使用结构化面试

1. 结构化面试的信度

Conway 等(1995)[①] 对 111 个评委间信度系数和 49 个面试要素内

---

① Conway, J.M., Jako, R.A., Goodman, D.F. A meta-analysis of interrater and internal consistency reliability of selection interviews. Journal of Applied Psychology, 1995, 80 (5):565-579.

部信度系数进行元分析,发现评委间信度为0.70,面试要素内部一致性系数约为0.39,结构化面试要素内部信度为0.59,非结构化面试要素内部信度为0.37。职位分析、评委培训和面试结构化特征(问题标准化、评价标准化和整合多人评分)是影响评委间信度的缓冲变量。面试要素内部一致性系数受到问题标准化和评定项目数等缓冲变量影响。随着结构化程度提高,信度也提高,尤其是评委间信度[1]。

2. 结构化面试的效度

Wiesner 和 Cronshaw(1988)发现[2],面试结构化程度影响面试效度,非结构化面试和结构化面试的校正效度系数分别为0.31和0.62。运用正式职位分析的面试比运用非正式职位分析的面试有更高的效度。Huffcutt 和 Arthur(1996)[3]将结构化面试细分为四类,发现面试平均效度为0.37,结构化程度从高到低的面试效度分别为0.57、0.56、0.35和0.20。因此,面试结构是影响面试效度的一个非常关键的缓冲变量。面试的结构化达到一定程度后,其所达到的效度可与认知能力媲美。但是,当结构化程度达到一定限度后,增量效度越来越小,即面试结构化对面试效度的影响存在天花板效应。因此,不管采用哪种类型的面试,选拔面试能够预测工作绩效,且结构化面试比非结构化面试更有效。

三、结构化面试的目的

结构化面试的目的,就是实现"人—岗位—组织"的匹配(见图8-2)。

基于匹配理论的结构化面试模式,是指通过职位分析技术提炼出组织、团队和岗位要求的知识、技能、能力、个性、兴趣以及价值观等素质,并通过结构化面试实现能—岗匹配、人—岗匹配及人—组织匹配的选拔模式(见表8-2)。

---

[1] Graves, L. M., Karren, R. J., Interview decision Processes and effectiveness: An experimental Plicy-capturing investigation. Personnel Psychology, 1992, 45:313-331.

[2] Wiesner, W., Cronshaw, S. A meta-analytic investigation of the impact of interview format and degree of structure on the validity of the employment interveiw. Journal of Occupational Psychology, 1988, 61:275-290.

[3] Huffcutt, A.I., Arthur, W.J. Hunter and Hunter(1984) revisited: Interview validity for entry level jobs. Journal of Applied Psychology, 1994,79(2):184-190.

第八章 结构化面试

图 8-2　匹配理论

表 8-2　基于匹配理论的选聘面试实现途径汇总表

考察指标	匹配层面	匹配目的	匹配类型	面试方法
知识、技能、能力、经验、过往业绩等	能-岗匹配	胜任工作	互补匹配	行为性面试、情景性面试、基于预期业绩面试等
个性、志趣	人-岗匹配	快乐工作	一致性匹配	特质面试、行为性面试、情景性面试等

续表

考察指标	匹配层面	匹配目的	匹配类型	面试方法
价值观	人-组织匹配	融入组织	一致性匹配	特质面试、行为性面试、情景性面试等
潜质	未来的全面匹配	员工和组织双赢	动态一致性匹配	特质面试、行为性面试、情景性面试等

四、结构化面试的题型

（1）行为性面试：主要通过应试者对过去某种行为的表述，来考查其某些能力或个性特征。

（2）情景性面试：主要通过应试者对某种假设情景的设想、联想、假设和分析，来考查其能力或个性特征。

（3）基于预期绩效的面试：按照目标岗位的绩效考核标准询问应试者解决问题的经历及能力。

（4）特质面试：主要针对应试者工作模式、职业兴趣、成就动机以及价值观等关键个性特质和行为倾向而进行的面试方法。

第二节 行为性面试

行为性面试法通过一系列针对应试者过去行为的问题，收集应试者在代表性事件中的具体行为和心理活动的详细信息。基于应试者对以往工作事件的描述及面试考官的提问和追问，运用胜任特征模型来评价应试者在以往工作中表现出的素质，并以此推测其在今后工作中的行为表现。

行为性面试的关键，是向面试者询问过去怎样处理与所需关键胜任特征相联系的情境下的一系列问题。

一、行为性面试的基本原理

（1）个体在过去的稳定行为能够在未来相似情景下重复。

（2）具备某种行为能力的个体，能快速迁移到新情景中。

（3）在相似的情景下人们会重复已经成型的行为。

例如应聘者在从前应付客户投诉时的行为草率,其在将来遇到相同处境时,极有可能会保持相同的态度来与客户周旋(见图 8-3)。

图 8-3　未来行为与过去行为的一致性

二、行为性面试的基本规则:STAR

1. 背景

背景(situation,简称 S)主要探查行为事件是在什么情况下发生的,典型的问法一般有:"这件事情发生的背景是怎样的?""当时的具体情况是什么?"背景描述通常作为事情描述的初始切入点,引导应试者回到记忆中的画面,其作用除了启动应试者的回忆反应外,更重要的是能够帮助面试官了解事件起因,评估事件难度,并对应试者所采取行为的恰当性作出客观评价。

面试官不应想当然地替应试者完成事件的构建,背景差异往往导致行动必要性与适切性的迥异差别。面试官不宜在尚未确信自己对背景信息已经掌握得足够充分和完全的前提下,就仓促进入后续环节。

2. 目标/任务

目标/任务(target/task,简称 T)是指该行为事件要达到的目的或目标。T 相对比较容易确认,往往会在背景环节中顺势带出,一般不需特别追问或强调。需要面试官重点确认:该项任务完成的标准是什么,如数量要求或质量要求。应试者所说的"任务"中,哪些是团队的任务,哪些是别人的任务,哪些才是应试者本人需要完成的具体任务或分工。

3. 行为

行为(action,简称 A)是追问的主体环节,关注的是在特定的情境和资源条件（S）下，为了完成任务（T），应试者的具体行为、做法和措施。行为是广义的，不仅包括应试者的实际做法，还应包括他的动机意图和思考情感。在某种程度上，动机、意图和情感、意志等，恰恰反映出应试者更深层次的价值观或个性特征。行为部分的追问，要坚持"具体化"和"明确化"原则。

4. 结果

结果（result，简称R）是指应试者在完成任务后得到的结果。对于一些"失败事件"，很多应试者不愿意分享不完满或不愉快的结果，对这样结果的追踪也很重要。例如，追问"下次如果有同样的机会，让你再次做这件事，你会做哪些改进？你的结果会在哪些方面体现得更好？你的具体执行方案是什么？"，考查应试者是否具备自我检讨式的思维，是否能够不断追求成功和卓越。

三、行为性面试的发问方法

面试考官从每一个行为描述中寻找，开始询问一个针对特殊情境的开放式问题，然后以追踪式问题调查证明面试者的行为和结果。

以客户服务为例，可以问：

△ 请举例说明你遇到并处理过的较严重的客户投诉。

△ 可否举例说明你遇到的最困难、最具挑战性的客户服务情形？请详细说说你当时是怎么做的。

△ 说说你曾经为客户提供了超出他们期望的服务并带给他们惊喜的事例。

△ 请举例说明你在为客户服务过程中为客户创造价值的事例。

以执行能力为例，可以问：

△ 请举例说明能体现你执行能力的工作故事。

△ 可否举例说明上级给你安排很难完成的工作，通过你的努力很好地完成了。

以积极主动为例，可以问：

△ 请举例说明工作遇到困难时，你充分利用组织资源完成工作，并获得显著成效的事例。

△ 请讲述你为实现组织目标而调整自己的目标，并实现组织目标的工作故事。

行为性面试发问应注意以下几个方面

（1）提问的顺序是先以一个开放式问题引出，让应试者进行行为描述，然后用追踪式问题促使应试者为情境、行为和结果提供具体的细节。开放式问题经常用于证实应试者在某特殊领域的经历。例如，"有时候大多数经理人不得不约束下属，你遇到过这种情况吗？"

（2）题目应避免社会称许性及引导性，开放式问题应客观描述当时的情境，而不是有引导性的主观褒义或贬义（见图8-4）。

图8-4　结构化面试题目的社会称许性

（3）尽可能询问应试者最近发生的事件，不要问多年以前的事件。多使用"最近""上一次""不久前"等时间限定语。越早的行为，在预测日后表现方面，不及较近期行为那么准确。

（4）为了不使应试者在面对不成功经历时用"我从来没有发生过这样的事"来掩饰或搪塞，面试官可以在问题前面暗含每个人都有这样的经历。

总之，行为性面试所提的问题应是与应试者过去的工作内容和绩效有关的。在准备面试题本时，最主要是提问要紧紧围绕关键胜任特征，而且要让应试者讲述行为性事例。

四、行为性面试的追问方法

在面试中，有没有追问、会不会追问是能否获取应试者信息的关键。只有最初的提问，而无有效的追问，考官自然会在面试的交锋中所获无多。开放式问题应事先规划，而追踪式问题则可以由面试考官在面试过程中自然形成。

1. 哪些情况需要追问

在行为性面试中,考官只要觉得无法根据当前所获得的信息对应试者的能力素质进行判断时,就有必要进行追问。

(1) 四种典型的假 STAR。

① 不完整的叙述。

② 含糊的叙述(见图 8-5)。

图 8-5　含糊的叙述

③ 个人主观看法:应试者个人的信念、判断或观点(见图 8-6)。

图 8-6　个人主观看法

④ 理论性或不切实际的叙述:关于将来的设想或打算但未办到的事情。"应该、我会、我想、愿意、将、可能"等六种信息是无效的,需要进行追问(见图 8-7)。

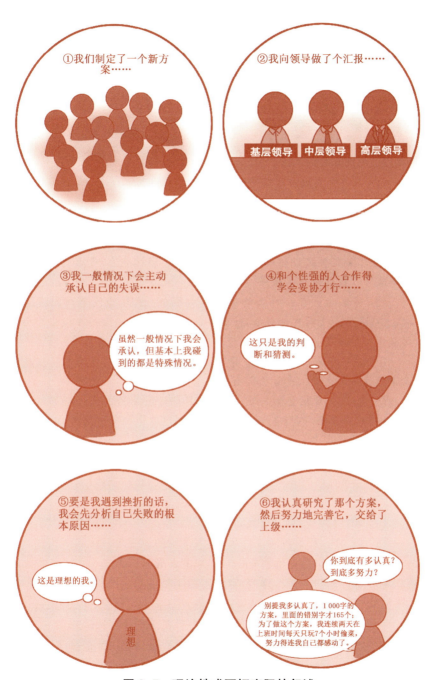

图 8-7 理论性或不切实际的叙述

> **考考你：**
>
> 行为事例判断练习：以下应聘者的陈述是：
>
> A. 完整的行为事例？
> B. 假行为事例？
> C. 欠缺情况/任务？
> D. 欠缺行为？
> E. 欠缺结果？
>
> （1）我将公司的班车路线做了调整，这样做员工满意了，公司也没有增加什么开支。
>
> （2）上个月，公司财务部有8名员工集体写信要求财务经理辞职。公司要求我去处理这件事。我首先向这8名员工讲清公司的管理制度，并要求他们能配合公司将这件事处理好。通过努力，最后这件事圆满解决了。经理改正了缺点，财务部的工作又正常了。
>
> （3）我认为我在公司工作都能尽心尽职。我从来没有对人发过火，也从来不等上司发号施令，什么事都能积极主动去做。我经常向公司提出一些合理化建议，这样做通常对公司和我本人都有益处。
>
> （4）每年年末，总经理会安排我去做工资调整，我总是与同行业的人事经理一起去做。我自己认为做得不错。
>
> （5）如果我有机会加入贵公司，一定会将原来的工作经验加以总结，提取好的方面，并向有经验的同事学习，学习他们如何把工作做好。

如果应聘者这样回答，考官要引起注意。

△ 我时常花时间了解客户的需求，这使他们感到满意。
△ 我负责将建议书编印妥当，然后发给客户。
△ 很少有我不能明白系统的毛病。
△ 在公司内，我是校对文件最快、最准确的员工之一。
△ 我相信同事会评价我是一个称职的领导者。
△ 我想由于我的工作热情，带动了团队积极的工作。
△ 我计划在下个季度进修硕士课程。
△ 如果由我决定，我会在设计方案获得批准后才开始编程。
△ 下次我面对别人的抗拒和反对时，我会懂得如何处理。
△ 在接到订单时，主管要求我们加班，我没有答应，因为我约了朋友打球。

△ 上次与客户洽谈合约,我是代表之一,双方各不相让,但最后我们还是争取了大部分要求的条件。

△ 在会议上遇到客户提出反对意见时,我会先了解对方的观点,然后说明产品如何能满足客户的需要,企图说服对方,这个方法很奏效。

△ 公司现有的软件在半年内会过时,所以我开始寻找合适的软件来代替,我阅读了有关的资料并且进行了试验。

△ 我们更改了工作期限,对整个部门有很大的压力,但我们群策群力,分工合作,终于把工作完成。

追问有两种目的,一是获取信息,给应试者更多机会针对先前的回答进行补充,使考官能获得更多信息做出允分的判断。行为性面试的第一个问题只是个引子,它本身所引发的信息是非常有限的,关键在于追问。就如同剥洋葱一样,需要一层层地往里深入。考官在面试时,需要拿出刨根问底的精神,打破砂锅问到底,以获得实实在在的信息。二是辨明真伪,在面试这种特定的环境下,即便是较诚实的应试者也可能会为获得宝贵的工作机会而尽量掩盖自身的缺点,可能夸大甚至编造自身的各种优势。考官需要通过追问识别这些虚假的信息,看清应试者的真实能力和素质。

2. 常见的追问方式

(1) 查漏补缺式,是指对所有行为事例都要针对其不可或缺的四个部分(情境 S、目标 T、行动 A、结果 R)进行提问,确保所有行为事件的完整性。当应试者初次回答的事例要素不完整或者不清晰时,可以用这种方式。如果应试者讲述时间较长,会降低面试效率,增加面试成本啊。所以,考官要慎用这种追问方法,避免引出过量信息(见图 8-8)。

图 8-8　查缺补漏式追问

注：这个事例是行为事例，但该行为事例是不完整的。该事例有完整的 S（刚开始气氛很紧张，双方都不愿意让步）和完整的 T（与客户签约）。但是该事例中没有 A，即"我们做了什么获得了成功，特别是应聘者做了什么，事例中的 R 部分也不具体，即"对方答应了大部分的条件，我方是否也有相应的让步"的描述不清晰。

（2）刨根问底式，指主要针对非行为事例及对应试者知识态度、思维决策方面的了解。什么是非行为事例呢？这包括了：含糊事例、主观事例（见图 8-9）和道理事例（见图 8-10）。

图 8-9　含糊事例和主观事例

"会"是用得最多的词,它说明应试者的论述是基于某种理论或假设。但我们关心的不是应试者是否知道这些理论,而是其是否具有这方面的能力。

图 8-10　道理事例

有一些标志性的词语,当遇到这样的描述词语时,面试官要引起注意并进行引导,将应试者的讲述引回到行为性事例中来。如果引导不成功,那就要结束面试了,否则就是在浪费时间(见图 8-11)。

图 8-11　含糊事例的标志性词语

(3) 反戈一击式:提出不一致的询问,要求详细解释或复述。考官可以根据应试者的回答提出与之不一致的疑问,而这种不一致却是一般状况下经常发生的事实(见图 8-12)。

同时,在面对对答如流的应试者时,考官也要提高警惕(见图 8-13)。

图 8-12 反戈一击式

图 8-13 对答如流的应试者

(4) 声东击西式：当应试者准备在面试中撒谎时，他们会提前做好充分准备，包括一些特定的细节。当考官发现应试者的陈述富有细节，但却从非言语行为中或凭直觉察觉出其内容可能有捏造的成分时，考官就可以采取这一追问策略。追问的方式可以是提出与应试者目前的陈述南辕北辙或相关度较低的问题干扰其认知。声东击西的方法要用好，依赖于面试官识别谎言的能力（见图 8-14）。

总之，实施有效的追问是面试考官必须具备的一项能力，追问的问题越深入、越有针对性，就越能获得关于应试者真实、丰富的信息，也就越能帮助考官做出正确的面试决策。

图 8-14 声东击西式

第三节　情景性面试

情景性面试强调未来行为,并通过询问"如果……,你将怎么做?"来考查应试者的岗位胜任程度。

一、情景性面试的原理

(1) 目标本身就具有激励作用,目标能把人的需要转化为动机,使人的行为朝着一定的方向努力,并将自己的行为结果与既定的目标相对照,及时进行调整和修正,从而能实现目标。因此,一个人的未来行为会在很大程度上受到他的目标或行为意向的影响。

(2) 应试者对他们将来会怎么做的回答,与他们将来真实的行为之间有着非常高的相关性。

二、情景性面试题的开发

1. 将工作中有代表性的关键事件改编为结构化问题

情景性面试题的典型问法是,"关键事件描述 + 在这种情况下,你会怎么做?"。例如,"你的一个下属领会错了你的指示,错误地完成了你分配给他的任务,结果给你造成了很大的麻烦。在这种情况下,你会怎么办?""你完成一项工作,你的上司严厉批评了你。而过了几天上级的上司却当着上级的面因为你完成的这项工作公开表扬你。这时候你该怎么办?"

2. 为每个问题的回答制定预期得分点

要为每个问题的回答制定预期得分点,目的是保证面试考官判断"什么是恰当的回答","什么是不恰当的回答",并达成一致看法。每个问题的可能性回答都需要根据预期得分点进行评分。例如,每个问题都是用5点记分。1代表完全不能接受,3代表回答可以接受,5代表回答非常好。2和4是介于其中的评价。

3. 试测

在进行情景性面试之前,需要对面试问题进行适当检查,避免出现偏差或误差。情景性面试问题的检查应当如图8-15操作。

图8-15 情景性面试试测

三、为什么要采用情景性面试

Latham(1980)①首次提出了情景面试的方法,为了证明这种方法的有效性,他设计了三个研究,在研究一、二中分别把情景面试用在锯木厂小时工和一线工人研究上,所采用的效标是工人的绩效评估成绩。研究

---

① Latham G.P., Saari LM, Pursell MA, Campion MA, The situational interview. Journal of Applied Psychology, 1980, 65, 422-427.

一情景面试中,考官评分一致性系数是 0.76。面试得分和绩效评估各部分之间的相关系数介于 0.28 和 0.51 之间,且都达到了显著水平。研究二情景面试中,考官评分一致性系数是 0.79。面试得分和绩效评估各部分之间相关系数介于 0.41 和 0.50 之间,且都达到了显著水平。由于研究一、二中测量到的都是同时效度,Latham 又设计了研究三,把情景面试用于一个造纸厂工人选拔,工人被雇用 12 个月后再来进行绩效评估,以此来检验情景面试的预测效度。结果是考官评价一致性系数对于不同群体分别是 0.87 和 0.82,情景面试得分和绩效评估之间的相关系数分别是 0.39 和 0.33,且都达到了显著水平。

Latham(1996)[1]对情景性面试的元分析结果表明,效标关联效度系数加权后的平均数是 0.35(n= 1 010),校正后的效标关联系数平均数是 0.47。情景面试可以应用在不同的工作、不同的考生、不同的绩效效标和不同的国家中。效标关联效度的证据是通过内容效度、构思效度、增量效度、不受考官偏差的影响和实用性上面来提供证据的。有研究认为只要是基于行为评分的结构化面试,无论是行为的或是情景的,都有良好的内部观察可靠性(0.71—0.96)和内部一致性(0.61—0.82)[2]。情景性面试中,即使是经验不够丰富的面试官在评价应试者时,也能跟经验丰富的面试官做得一样好。在情景性面试中,只要完整、正确地遵循操作和评分程序,面试结果对未来的工作绩效就具有预测效果。一旦开发工作完成,情景面试就便于实施和解释,易于使用。

情景性面试的不足表现在图 8-16 所示的方面。

四、情景性面试和行为性面试的对比

情景性面试是未来导向的,而行为性面试是过去导向的。行为性面试的假设是"过去预测未来"。因此,面试问题主要与应试者过去的工作经验有关。这种方法的一个潜在缺陷是,有些应试者可能没有遇到过面试中提到的这些情境,就没有机会表现出相应的行为。行为性面试对个别没有展示特定行为机会的应试者而言是不利的,可能会漏选一些本来

---

[1] Latham, G.P. The reliability, validity, and practicality of the situational interview. In R.W. Eder and G.R. Ferris(Eds.), The employment interview: Theory, research, and practice.Thousand Oaks, CA: Sage Publications, 1989, 169-182.

[2] 多米尼·克库珀,伊凡·罗伯逊.组织人员选聘心理.蓝天星翻译公司译.北京:清华大学出版社,汤姆森学习出版公司,2002:88-95.

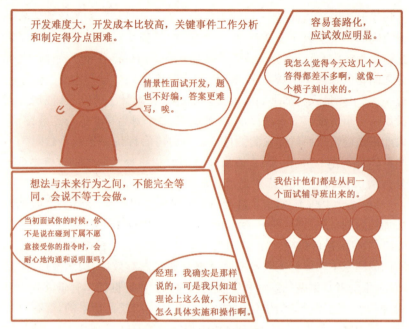

图 8-16　情景性面试的不足

胜任该职位的应试者。情景性面试关心的是"如果遇到这样的事情,应试者会做出什么样的反应",因此,所有应试者在回答情景性问题时机会是均等的。情景性面试能用于以前很少或没有从事过相关工作的应试者,而行为性面试更适合于具有相关工作经验的应试者(见图 8-17)。

图 8-17　无工作经验的面试者

情景性面试的结构化程度比行为性面试高。行为性面试鼓励面试考官积极探查应试者,因此,在行为性面试中,面试官所提问题的数量和类型随应试者回答而变;而在情景性面试中,面试官只需对照预期得分点,根据应试者的回答进行打分。

评分指南及其运用不同。情景面试需要制定固定的预期得分点,而行为性面试的评分指南多为具有指导性的评分标准,因此,行为性面试相对更容易开发。

开发和使用难度不同。情景性面试开发成本较高,难度较大,但便于使用和评分,所需要的面试考官培训也较少;行为性面试开发容易,但使用和评分难度较大,对面试考官的要求较高。

第四节 基于预期绩效的面试和特质面试

一、基于预期绩效的面试

基于预期绩效的面试把工作岗位的关键绩效指标和面试中所提的问题、回答及评价紧密联系起来,使用这种方法进行面试时,面试官不仅关注应试者的行为,更关注这种行为所能实现的目标。基于预期绩效的面试,形式上仍然属于行为性面试,但内容上却是对行为性面试的发展和延伸,在它的基础上更进一步。还没有进入企业就开始对应聘者进行"绩效考核",也就是直入主题,按照目标岗位的绩效考核标准询问其解决问题的经历及能力。

基于预期绩效的面试假设,与预期绩效紧密相关的回答,表明应试者具有胜任某工作岗位的能力(见图8-18)。

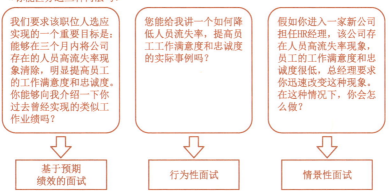

图8-18 三种面试提问法的比较

提问方法以预期绩效为"标准"+ 以行为性面试或情景性面试为"形式"。例如：我们要求该职位人选应实现的一个重要目标是能够在三个月内将公司存在的人员高流失率现象清除，明显提高员工的工作满意度和忠诚度。您能够向我介绍一下您过去曾经实现的类似工作业绩吗？

基于预期绩效的面试，针对性更强、更精准。不需要基于行为推断能力，而是直接架设了从过去绩效通向未来绩效的桥梁（见图8-19）。

图8-19　行为面试法与基于预期绩效面试法的比较

这种面试方法的难点在于：业绩指标及标准的确定。以一个典型的预期绩效为例，如表8-3所示。

表8-3　业绩指标与预期业绩

具备的外在条件	实际工作能力（预期业绩）
负责财务报告	在120天内改进每月的财务报告系统，以进行生产线收益性分析，并取得难以相处部门领导的支持
具备3—5年成本控制的行业经验	在6个月内实现营运费用每月减少3 000元
具备10年的电话销售经验	在第一季度内，通过使用新的培训和追踪手段，将所有电话推销人员的工作业绩提高6%
具备博士工程学学位以及5—8年的塑胶行业工作经验	立即雇用3名新的设计人员，在6个月内领导并完成对新的高产量喷射模塑生产线的设计

在基于预期绩效的面试中，绩效标准一般涵盖如下8个方面的内容（见表8-4）。

表8-4　绩效标准8个方面的内容

涵盖内容	例子\解释
1. 主要目标	在两年内构建集团培训和绩效管理体系，并使它们对企业战略实现起到明显推动作用。（HR经理）
2. 支持目标	在一个季度内明确消费群体的需求量和购买方式。（产品经理）

续表

涵盖内容	例子\解释
3. 管理和组织方面	能够在一个月内将销售部门内存在的消极怠工现象消除,明显改善员工的工作作风。(销售经理)
4. 变化和改善	在一年内构建总部和分公司的 ERP 系统,实现网络化管理。(运营副总)
5. 问题	该职位目前面临的问题或可能遇到的问题,比如缺少时间、资源或上级支持
6. 技术方面	把注意力放在技术的用途、预期成效或技术的应用上。
7. 人际方面	包括特殊的人际关系的需求,处理团队问题,与其他部门的问题或者处理与客户的关系等
8. 创新	考虑工作的创造性

二、特质面试

特质面试是一种主要针对应试者的个性、职业志趣、价值观以及潜质等关键个性特质和行为倾向的面试方法。这些关键的个性特质和行为倾向对应试者的职业成功具有关键性作用。在行为性面试、情景性面试和基于预期绩效的面试中,也可通过应聘者的回答以及追问获得应聘者特质与职位及企业文化匹配的信息。当然,如果面试考官认为这些信息已经十分充分,可以得出聘用与否的结论时,也可以不进行独立的特质面试。

(一)为什么要考察特质

内驱力、社会动机、个性品质、自我形象、态度等属于潜藏于水下的深层部分的素质(见图 8-20),称为鉴别性素质(differentiating

图 8-20 素质冰山模型

competence)。它是区分绩效优异者与绩效平平者的关键因素。相对于知识和技能而言,鉴别性素质不易观察和测量,也难以改变和评价,这部分素质很难通过后天的培训得以形成。特质可以通过标准化心理测验进行测量,标准化心理测验有时不能完全满足企业要求,且面试结果与心理测试结果相互印证,能降低单一测评方式带来的误差。

(二) 特质面试包含的内容

1. 个性人格和职业兴趣

(1) 个性人格。

应考虑怎样个性人格的应聘者是组织需要的(见图8-21)。

图8-21　对组织具有破坏性人格的应聘者

面试前,考官要认真考虑空缺职位对于应聘者的个性特点有哪些要求。
① 工作本身的要求,如图8-22所示。

图8-22　工作本身对人的要求比较

② 该职位上级的管理风格,如图 8-23 所示。

图 8-23　上级管理风格比较

③ 工作团队的特点,如图 8-24 所示。

图 8-24　工作团队特点比较

考查个性特点的常见面试题,例如,"你认为哪些形容词(三到四个)最能描述您的性格?请举出实例说明这些性格特征给您工作业务上的帮助和障碍。""请分别从您的家人、朋友和同事的角度分析一下,他们都是怎么评价您的?您如何评价自己?""请谈谈最近几年来您性格发生了哪些变化?是什么促进了这些变化?"

(2) 职业兴趣。

只有具有内在性、固定性、持久性、可开发性,并与工作相关的兴趣,才能使大多数人保持快乐的状态,并且长期在工作中表现突出。职业兴趣是指人们对某种职业活动具有的比较稳定而持久的心理倾向。它是一个人探究某种职业或从事某种职业活动所表现出来的特殊个性倾向,它使个人对某种职业给予优先的注意,并具有向往的情感。由于兴趣爱好不同,人的职业兴趣也有很大的差异。美国心理学教授约翰·霍兰德(John Holland)于1959年提出了具有广泛社会影响的职业兴趣理论。认为一个人的人格类型、兴趣与职业密切相关,兴趣是人们活动的巨大动力,凡是具有职业兴趣的职业,都可以提高人们的积极性,促使人们积极地、愉快地从事该职业,且职业兴趣与人格之间存在很高的相关性。Holland认为,人格可分为现实型、研究型、艺术型、社会型、企业型和常规型六种类型[1]。职业锚,是指当一个人不得不做出选择的时候,他无论如何都不会放弃的职业中至关重要的价值观,是人们选择和发展自己的职业时所围绕的中心。

在进行特质面试前,考官首先应确认与该岗位工作任务相匹配的职业兴趣或职业锚类型,面试题将围绕着应聘者的爱好、天赋和目标展开。常见的面试题有,"在您的上份工作中你最感兴趣的地方是哪里?让您最不想做的事情是什么?您在其他工作中最喜欢做的是什么?""结合过去的表现,您认为在哪三个领域里你做得最好?请说出两个您认为效率最低和需要改进的地方?""谈谈未来五年您为自己确定的职业目标?现在您对自己的职业发展有何看法呢?"等。

(3) 投射测验。

在特质面试中,还可以引入投射测验。投射测验主要用于对人格、动机、价值观等方面的测量。测验所用的刺激多为意义不明确的各种图形、墨迹或数字,让受测者在不受限制的情境下,自然做出反应,由对反应结果的分析来推断受测者的人格特点。投射测验法的最大优点在于主试的意图藏而不露。这样创造了一个比较客观的外界条件,可以避免受测者的称许性表现,采用投射测验法可以测试出受测者人格、动机或价值观更真实的一面,使测试的结果比较真实。例如,测验者给受测者看一张主题不明确的图片,要求他/她尽量发挥想象力,讲一个故事。然后,主试按照专门的编码方法对故事内容进行评分和解释。通过对图片内容的描述,被测者将会自然地将自己的思想、看法和情感投射出来(见图8-25)。

---

[1] 刘长江,James Rounds.评估职业兴趣的结构.心理学报,2003(03):411-418.

图 8-25 投射测验

第五节 结构化面试的实施

一、结构化面试的流程

结构化面试的一般流程可见图 8-26。

流程	时间	备注
寒暄、指导语	3—5分钟	
针对学习教育经历提问	5分钟	平均40—75分钟/人 专业面试可独立
针对实践及工作经历提问	5—10分钟	职位越高面试时间越长 社会招聘时间长于内部选聘
基于任职所需专业能力提问	10—20分钟	初级不低于25分钟 中级不低于25分钟
基于任职胜任力的提问	10—20分钟	高级不低于25分钟
求职动机沟通	5—10分钟	
结束语Q&A	5分钟	

图 8-26 结构化面试的一般流程

1. 结构化面试的开始

面试应该在一个友好的气氛中开始。应试者在开始面试时都会比较紧张或拘谨,面试考官热情的欢迎和寒暄可以帮助应试者缓解紧张(见图 8-27)。

图 8-27　考官寒暄

寒暄过后,要对整个面试过程做一个说明和介绍(见图 8-28)。

图 8-28　考官对面试过程的介绍

在介绍面试情况的时候,尽量避免用一些专业术语,而要用应试者听得懂的表述。

2. 询问一些背景性问题

通过询问应试者有关其学习、工作经历的问题,既可以使应试者得到放松,也可以使面试官提前了解并对应试者产生一个总体印象。

3. 结构化面试的主体部分

在"热身"过后,正式进入结构化面试的主体部分。面试考官针对每项胜任特征,按照事先设计的面试程序和问题,进行提问和追问,做好观察和记录,直至确定已经收集到足够的信息,可以判断应试者的胜任特征。

4. 记录面试表现

让应试者知道你在做记录,但看不到写什么。不要犹豫不定,左涂右改。面试后在下一位应试者进来前整理记录(见图 8-29)。可用缩写以保证速度。切不可当场下结论。

• 在面试记录表上做记录

关于简历	行为表现面试	应试者的回答
20%时间就简历内容面试 1. 职业职位的连续性 2. 有无长期的工作空档 3. 离职原因 4. 到你公司求职原因 5. 最近的充电情况 6. 相关学习技术等 其他有用信息	80%时间进行行为面试 面试维度一 问题 1 问题 2 面试维度二 问题 1 问题 2 面试维度三 问题 1 问题 2 面试维度四 问题 1 问题 2	

图 8-29　面试记录表

5. 面试结束阶段

检查所有面试题是否都已问完。确认行为性面试的行为描述是否完整(见图 8-30)。

图 8-30　面试结束的检查

二、如何当一名合格的面试考官

(一) 面试官应当具备的能力和素质

合格的面试官应当具备的能力和素质如图 8-31 所示。

(二) 面试官常犯的错误

(1) 刻板印象：指的是人们对某一类人或事物产生的比较固定、概括而笼统的看法，是人们在认识他人时经常出现的一种相当普遍的现象（见图 8-32）。

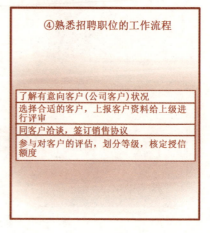

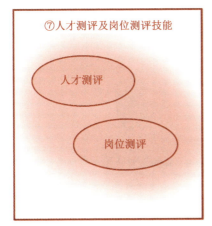

图 8-31 考官应具备的素质和能力

图 8-32 刻板印象

(2) 首因效应：是指人际交往中给人留下的第一印象至关重要，对印象的形成影响很大（见图8-33）。

图 8-33　首因效应

(3) 近因效应：是指当人们识记一系列事物时，对末尾部分项目的记忆效果优于中间部分项目的现象（见图8-34）。

图 8-34　近因效应

(4) 晕轮效应：也称光环效应，是指当考生表露出某一方面特长时，考官就由此联想到在其他方面也无所不能。反之，看到考生某一缺点，就认定他在别的方面也必然水平一般。这种效应容易使考官在评定考生时产生只见树木不见森林，以偏概全的错误（见图8-35）。

(5) 似我效应：人们倾向于喜欢那些与自己相似的人，表现在组织活动中，管理者在招聘员工、绩效考核、职位提升中更可能会偏爱那些与自己有相似处的候选人或下级。

(6) 顺序效应：指考官在对多名应聘者一次进行评定时，往往会受面试顺序的影响而不能客观评定考生的情况。例如，一名考官在面试了三个很不理想的考生之后，第四位即使很一般，考官也会对他产生比前三位好得多的印象。反之，如果一位考官连续面试了三位很理想的应聘

图 8-35 晕轮效应

者,即使第四位水平一般,考官也会认为他的水平差。

(7) 集中/宽大趋势:集中趋势是指在面试评价时,评分集中在一个分数段内,差距很小;宽大趋势则是指个体对他人往往是积极的肯定估计高于消极的否定估计。

第九章 评价中心的其他技术

本章导读

评价中心技术是一系列方法技术的组合,除了最常用的无领导小组讨论、公文筐测验和结构化面试外,还包括其他一些方法技术,主要有角色扮演法、案例分析法、即席演讲、事实搜寻、管理游戏、360度评估法和情境判断测验等。这些方法由于开发难度大、组织实施困难、成本高之类的原因,在人才测评实践中的运用尚不广泛。本章将对这些测评技术作简要介绍,供广大读者了解和使用。

知识重点

前几章详细介绍了评价中心技术中最具有代表性、在人才评价实践中最常用的几种方法。本章将介绍评价中心技术中的其他一些重要的方法技术。

第九章 评价中心的其他技术

第一节 角色扮演法

一、角色扮演法的概念

角色扮演法(role-playing),一般由测试者设置一系列尖锐的人际矛盾和人际冲突,要求受测者扮演某一角色并进入预设情景,即兴地运用语言、动作、表情、姿态等,表达自己的意愿、观点,或者处理各种问题和矛盾。评价者对受测者在不同角色情景中表现出来的行为进行观察和记录,从而对其素质和潜能进行测查。

角色扮演法最常见的形式是双方的人际互动,其中一方是受测者,另一方是受过训练的角色扮演者(或称为主试)。在事先设置的情境中展开人际互动,主试会在互动过程中对受测者提出一些挑战,考官借此考查受测者的表现,对其作出判断。例如,要求受测者扮演一名销售人员,向客户销售产品;或者要求受测者扮演一名售后部经理,处理客户的投诉;或者要求受测者扮演一名部门主管,与下属进行绩效面谈;或者要求受测者扮演一位经理,与客户方公司的代表进行会谈以解决某个问题(见图9-1)。

图9-1 角色扮演:HR经理辞退员工

角色,本是戏剧中的名词,指演员扮演的戏剧中的人物。20世纪20—30年代,角色扮演被引入社会学,并被借鉴到人才测评中。

(一) 角色扮演法的优点

1. 与实际工作的高相关性

通常角色扮演法的情景和主题都取材于实际工作中的典型问题,且大多为工作中难以解决的问题,具有高仿真性,尤其是测评过程中互动压力较大,可以有效避免被试的掩饰效应,有利于获取真实表现,能够测查出岗位工作所要求的素质和能力。

2. 能够在短时间内测查受测者的多种能力素质

为了控制许多与测评要素无关的干扰因素,角色扮演中的典型事例往往会经过技术处理,有时甚至会把分属于不同工作情景中的元素经过"剪辑"组合在一起,成为一个综合情景,扩大了测评的内容和范围,还可以在同一次测评中测评多种素质。

3. 尤其适合测评冲突管理能力

由于角色扮演通常由经过培训的主试对受测者提出挑战,因此比一般的测评技术更能测查到受测者在艰难情境下的人际沟通和冲突管理能力。

4. 一对一的测评形式使评价者的观察更充分和深入

一般而言,评价者每次只需要对一名受测者进行观察和评价,因而更为充分和深入。

(二) 角色扮演法的不足

1. 一些被测者不适应或不乐意接受这种测评形式

角色扮演时,大多数情况下是有第三人在场的,这些人或是主试,或是考官,一些受测者由于个性、意愿等原因,对这种接近于"演戏"形式的测评方式难以适应,不能很好地进入角色,或表现出行为模式化、刻板化,降低了测评的效果。

2. 对主试的要求较高

主试需要熟悉主题的场景,并熟悉目标岗位实际工作的环节,因此,选择和培训主试需要花费较多的时间和精力。

3. 主试表现的一致与否可能会影响评价结果

在角色扮演中,主试与受测者的交流往往会随着双方互动的情况而变化,主试在与不同的被测者交流时有不同的表现,从而影响测评实施过程的标准化,甚至可能影响考官的评价结果。

(三) 角色扮演法的测评维度

1. 与人相关的能力:包括语言表达能力、说服能力、人际敏感性、人际沟通能力、应变能力等。

2. 与事相关的能力:包括判断决策能力、压力应对能力、矛盾处理能力、问题解决能力、冲突管理能力等。

3. 人格特点:动机、态度、情绪稳定性等。

(四) 角色扮演法的类型

1. 沟通类

沟通类角色扮演可以分为一对一的沟通和一对多的沟通。一对一的沟通是最常见的角色扮演类型。通常需要受测者扮演某个角色,与上级、下属、同级或客户进行面对面的沟通,以解决一个特定的问题。这类问题的情景设计要紧密结合岗位工作实际,并且沟通任务要有代表性和一定的难度(见图 9-2)。

图 9-2 一对一沟通角色扮演

在一对多的沟通中,通常需要受测者扮演管理者或领导者的角色,面对多位下属、同事或客户,做说服沟通工作。这类试题除了要紧密结合工作岗位要求外,还应注意须包含有多人因利益等问题产生或可能产生思想情绪,需要与领导沟通的情景(见图 9-3)。

2. 问题解决类

问题解决类角色扮演法，通常需要受测者扮演管理者或领导者，解决多名人员间可能发生的利益冲突问题。例如，安排度假、布置轮流值班、分配办公室等（见图9-4）。

图9-3　一对多沟通角色扮演

人员	张勇	李强	王辉	刘楠	丁毅
工龄	1年	3年	6年	3年	4年
车型	6年的桑塔纳3000	1年的帕萨特	2年的索纳塔	6年的帕萨特	5年的索纳塔
其他情况	销售区域大，车太旧	业绩最佳	资历最老	去年的里程数最多	销售难度最大

图9-4　问题解决角色扮演

3. 应变类

应变类角色扮演法，通常需要受测者扮演某一角色，面对一个突发事件，以考查其在突发状况下能否灵活、有效地解决问题（见图9-5）。

图9-5　应变类角色扮演

二、角色扮演法的组织实施

(一) 编制测评题目

1. 明确评价目的

当需要对受测者的人际沟通与协调能力进行评价,目标岗位的核心职责中有大量的人际沟通与互动,有合适的人担任主试时,比较适于采用角色扮演法。

2. 确定测评维度

角色扮演法适合测评多种维度,根据测评岗位的不同,可以选择3—5个维度作为考查重点。例如,销售人员可以重点考查其关系建立能力、说服力、问题分析能力、压力承受力等;管理人员则重点考查其授权能力、控制能力、沟通协调能力、冲突管理能力等。

3. 确定评价标准

确定了测评维度后,要给出各维度的操作定义,并列出测评维度的观察要点。以"冲突管理能力"为例,可以将其定义为"采取建设性的方法,有效解决组织中的抵触或对立状况"。

"冲突管理能力"的观察要点如图 9-6 所示。

4. 搜集题目素材

通过查阅相关资料,以及对人力资源部和目标岗位任职人员及其上级的访谈,收集目标岗位在工作中"经常出现的、处理起来有一定难度的人际沟通"典型案例,并进行整理、综合和修改,形成角色扮演任务。

图 9-6

图 9-6 冲突管理维度的观察要点

常见的角色扮演任务如图 9-7 所示。

图 9-7　角色扮演任务示例

5. 形成题目

角色扮演法的题目通常包括两部分，一部分是提供给受测者的材料，另一部分是提供给主试的材料。

提供给受测者的材料通常包括：背景信息，如组织概况、职责说明等；角色及主题等相关信息；角色扮演者的参考资料，包括备忘录、会议记录、邮件、公司文件等；指导语，包括时间限制、任务目标、特殊要求等。

提供给主试的材料会更为详细，一般而言，除上述信息外，主试的材料中还应包括主试所扮演角色的典型言行，如表情、动作等，以及对受测者言行应作出的反应，如各种应答方式。

(二) 试测并确定题目

角色扮演题目设计完毕后，应进行试测。在试测时，重点观察以下几方面：

（1）测评维度能否通过角色扮演过程得到充分展示，并便于评价；

(2) 背景信息是否充足并易于理解；
(3) 主题是否有一定的难度和挑战性，是否有区分度；
(4) 各阶段时限安排是否恰当；
(5) 受测者的各种反应是否涵盖在预先设想的范围内；
(6) 主试是否能够适当应对并保持一致性；
(7) 考官能否观察到充足的信息并能作出评价。

(三) 测评前的准备

1. 主试培训

主试的选择和培训是角色扮演法能否取得预期效果的关键环节。在选择主试时，应当注意主试的某些个人特征，如年龄、性别、体貌等与角色的匹配性。

对主试的培训，可以参照图 9-8 所示的方法进行。

2. 考官培训

考官除了要熟悉目标岗位职责、任职要求、模拟主题、受测者和主试的任务外，还必须熟悉各个维度的操作定义和评价标准。主要看受测者是否具备目标岗位需要的素质和能力，而不是看其扮演的角色像不像，

图 9-8

图 9-8　主试培训要点

是不是有演戏的能力。

(四) 测评的正式实施

(1) 对受测者宣读指导语，提出有关要求。

例如，"请理解并进入角色，按照角色的身份和处境来行动；假定给你提供的有关角色背景都是真实的，毋庸置疑"。

(2) 被测者阅读材料和准备。

被测者阅读给定材料，熟悉背景信息、角色信息和主题任务，并进行相应准备。时间一般为 10—20 分钟，视材料复杂程度和任务难度而定。

(3) 受被测者进入沟通现场。

受测者准备就绪后，双方进入沟通现场开始正式沟通，时间一般为 15—20 分钟。在整个过程中，完全由被测者控制沟通进程和操作实施。

(五) 考官的观察与评估

角色扮演法的评估，是一个收集信息、汇总信息、分析信息和形成结

论的过程。在角色扮演过程中,考官要仔细观察被测者的过程行为,及时记录被测者的行为,记录语气要客观,记录内容要详细,不轻易作评论和下结论。举一个实际的记录例子:

● 在沟通中他注意站在对方的立场上考虑问题,提示对方去别的部门也没有什么好处,比如工作不熟、闲暇时间更少;

● 当他发现用理性的方法无法说服对方时,他使用了"以情动人"的方式,提出看在多年的交情上,把自己扶上马后再送一程;

● 在整个沟通过程中,他自始至终都用"您"来称呼对方,从说话的语调到表达方式都很谦和。

为了准确把握受测者的表现,考官可以从以下几个观察点进行观察和评价:

(1)进入角色的快慢:不同受测者进入角色的速度不同,有些受测者从互动开始表现得就像实际工作中一样,而有些受测者则需要一定的时间才能适应所扮演的角色人物。

(2)对角色的适应程度:受测者在与沟通对象进行互动时,言谈举止等表现方式是否符合角色之间的相互关系或等级地位。

(3)解决问题的有效性:不论角色扮演的主题任务是什么,必然要求通过沟通解决某个特定问题,受测者所采取的方法是否有效,是否具有一定的新颖性,是否能够真正解决这个问题,而不是通过表面的暂时搁置而可能演变为更大的问题。

(4)对变化的应变:受测者在准备阶段会对解决问题形成自己的思路,但在与主试的互动过程中却很可能会偏离原来的思路,或出现新的问题。受测者能否灵活应对这种变化,跳出自己原有的思路和框架,快速重新设计和修正沟通方案。

(5)主试的主观感受:人际沟通效果的好坏,往往取决于沟通对象的主观感受,如心理上的共鸣感和愉悦感等。主试是与受测者直接交流、互动的人,他的认可和感受,可作为评价沟通效果的补充。角色扮演结束后,考官重新阅读角色扮演过程中所做的笔记,并对受测者的言行进行分析和归类,把相关行为指标归入同类测评维度中,进行讨论并最终确定评价结果。

三、影响角色扮演法有效性的主要因素

采用角色扮演法进行人才测评时,需要对角色扮演各方群体的行为

模式和工作流程进行标准化控制,使不同测评组别的角色环境标准化。具体实施过程中,仍然需要注意以下几方面影响因素。

1. 主试行为

主试在角色扮演测评过程中需要与受测者进行大量互动。正式实施之前,主试必须经过专门培训和预演,对其语言、动作和表情等行为规范化,并尽量控制其行为的一致性,最大程度提高与每一位受测者互动过程中行为刺激的一致性。主试至少要设置一名,也可根据受测者的具体人数和情景模拟时间确定主试人数。

2. 情景任务

对情景任务设计要符合其受测者"接近真实"工作环境要求,提高情景与行为的关联性。情景任务设计时,要把工作中可能遇到的典型的困难事件凝练。选取的事件层次太低、问题太小、人物太少或不具有普遍意义,都可能影响应试者的现场表现,以致应试者的能力素质无法准确地展示。同时,对情景指导语实施标准化控制,更好地诱发受测者表现出真实的自我行为。

3. 扮演时间

由于受测者在工作经历、业务能力以及相关经验等方面的不同,对材料理解和情景模拟所需要的时间上可能存在差异。实际操作过程中,计时员须严格计时,确保每一位受测者的材料阅读时间和角色扮演时间一致。同时,允许受测者在规定时间内自行分配解决不同问题的时间。

4. 评价人员

根据组织性质和岗位特点,基于人岗相适、人与组织匹配的思路,测评小组成员应由人才测评专家和系统内部的组织人事相关领导组成,尽量保证测评专业性和科学性统一。同时,正式测评前应对评价人员进行相应培训,让评价者熟悉测评方法、掌握测评流程,明确测评要点和标准,提高不同评价者之间的一致性。

5. 压力测试

在角色扮演测试中加入压力测试,能有效降低受测者的掩饰效应,更真实地反映受测者在现实工作中的能力素质。压力测试集中体现在两个方面:一是在角色扮演过程中,主试可在兼顾公平的情况下,根据实际情况,通过改变说话语气、肢体动作和反复追问等方式适当增加现场压力;二是受测者在角色扮演完毕后,还需要向考官说明自己处理问题的意见和理由,考官可以对其不足和矛盾点进行追问,进一步施加压力,挖掘受测者的真实想法。

第二节 案例分析法

一、案例分析法的概念

案例分析法，是指先让被测者阅读一些材料（案例），了解并研究某个组织或个人所面临的问题，然后对所提出的问题进行分析，并形成一份报告的测评形式。

"案例"，就是所分析的材料，通常包括组织的背景信息和组织中的复杂情景，以及与问题相关的一些数据。例如，团队管理、财务报告、管理制度或管理过程等，根据测评对象和测评目的而定。案例分析最早用于商学院课程中，是一种培养职业经理人的综合训练方法。

案例通常应具备三个特点：第一，每个案例均是一个独立的实际决策问题。通常具有非确定性因素，无法依据一种固定不变的程序来解决，侧重考查能力而非理论知识。第二，一题多解。每个案例应该都有多种解决方案可供选择，每个方案均有利弊，甚至存在一定的风险，要求被测者进行权衡与取舍。第三，所使用的案例基本上都来源于实际工作，所阐述的情景条件与实际工作十分接近。

案例分析法侧重考查受测者的分析思维、问题解决、决策和书面表达等能力。跟公文筐测验材料中包含许多不同的问题，不同问题之间可能有关或无关，要求被测者对不同问题作出简洁回答不同，案例分析题提供的信息更翔实具体，且材料通常围绕一两个核心问题，要求被测者作出详细的分析和解答。可以说，公文筐测验注重受测者对多个问题的整体把握和统筹安排，案例分析则注重受测者对某一具体问题的深入分析。

由于案例分析题所提供的案例多为相关领域内的具体实例，能够考查被测者分析和解决实际问题的能力。案例分析题一般围绕一两个核心问题聚焦，有利于考查被测者分析问题的深度与广度，以及文字表达能力。另外，案例分析法对组织实施要求不高，且适用于大规模施测，具有较高的经济性和实用性。但是，与其他纸笔测验类似，案例分析法难以考查被测者的人际沟通能力和口头表达能力，且案例分析题的题目编制较为困难，对保密性要求也较高，一旦泄题，测评效果会受到较大影响。评分主观性较强，对评价者要求高，且评价容易受到卷面因素和文字表达能力的影响。

二、案例分析题目的开发

1. 搜集素材

案例分析题目来源较广，除了测验开发者自己去搜寻相关素材和资料外，也可以通过访谈任职者或其上级主管，请他们帮助提供工作中的实际案例。这样的案例，一方面接近组织的实际工作，具有较高的表面效度；另一方面，被测者的作答也可以为该问题的实际解决提供思路和办法。

2. 案例编写

对于搜集到的素材，不一定能完全符合测评要求，要根据实际需要进行适当的修改。一道好的案例分析题，应当叙述清楚、明确，要给出回答问题所需的足够信息，案例的内容不能对问题项目有直接提示，篇幅要适度，难度要适中，案例材料具有普适性，尽量避免争议性或敏感性主题。

3. 案例试测

通过试测，注意收集以下信息：指导语是否清楚、明确；所提供的信息能否帮助被测者作出全面分析；大部分应试者能否在规定时间内完成全部问题；是否需要作进一步修改；能否区分不同能力水平的答题者。

三、案例分析法的组织实施

1. 测评前的准备阶段

案例分析实施前，要准备清楚、详细的指导语。例如："请按要求对给定的案例材料进行分析，然后用钢笔或签字笔在答题纸规定位置作答。注意字迹工整，卷面整洁。总时间为 60 分钟。"还要为受测者准备案例材料、答题纸等，测评场地要保持环境安静、空气流通、光照适度、桌椅舒适，必要的话准备备用文具。

2. 测评开始阶段

主持人宣读指导语，介绍测评环节和要求，强调有关注意事项，回答关于测试要求的有关问题。

3. 正式测评阶段

通常要求被测者独立完成测试，不与外界或其他被测者交流。

4. 结果呈现阶段

案例分析的结果呈现，可以通过书面方式，也可以书面加口头汇报

的形式,还可以要求受测者解释说明这样处理的原则和理由。此外,可将案例分析与无领导小组讨论相结合,将案例作答结果作为无领导小组讨论的观点。

四、案例分析法的评分

案例分析法的评分有一定难度,评分者需有一定测评经验并接受过严格训练后方可担任,评分方法主要有题目评分法和维度评分法。

题目评分法是对照单个题目或问题的考查要点进行评分,主要评估被测者分析问题的能力和解决方案的可行性。题目评分法操作相对简单,但只能区分被测者的整体水平高低,而不能对每个测评维度进行比较。这是实际应用中最常用的一种评分方法。

案例分析题基本上是围绕着测评维度来设置的,因此,也可以按照维度进行评分,当一道题目考查的维度不止一个时,则要分解为不同维度上的得分。最后的总分为维度得分和或加权后的维度得分总和。维度评分法既能区分总体水平高低,又能对不同维度进行比较。但这种方法相对较难操作,对评分者的要求也更高,在实际中使用较少。

第三节 即席演讲法

一、即席演讲的概念

即席演讲(oral presentation),又称为即席发言、口头呈现,是指考官给受测者出一个题目,让受测者稍作准备后按照题目要求进行发言。在发言结束后,还可视情况对其发言进行有针对性的提问,如挑战受测者的演讲内容,指出他们结论或逻辑中的缺陷与不足,从而将受测者至于压力之下,观察其压力反应。

演讲与一般谈话有所不同,它是语言的一种高级表现形式,是一种有计划、有目的、有主题、有系统的视听两方面信息的传播。演讲的功能,一种是使见解一致的听众更坚定其原有信念,另一种则是使不同见解的听众动摇、放弃、改变其原有思想观点,心悦诚服地接受演讲者的意见。

之所以要做即席演讲,是因为管理者经常需要临时性地、即席向听众传达清晰、有效的信息,或者影响听众的行为,而且管理职位越高,越需要具备即席演讲的能力。

即席演讲一般具有针对性、即时性和高效性的特点。演讲内容一般都是针对具体的任务,通常只给受测者较短的准备时间,时间通常限定在 10—20 分钟,是一种效率较高的测评手段。

即席演讲主要用于考查受测者的语言表达能力、压力承受与应变能力,以及分析判断能力等。

(1) 语言表达能力:包括语言应用技巧、说服力和感染力等。语言应用技巧是指能否运用不同的语言技巧充分表达个人见解。说服力是指能否运用具体可信的事例和论据说服听众。感染力是指语言表达是否具有吸引力,能否掌控听众情绪,引发听众共鸣。

(2) 压力承受与应变能力:包括快速反应能力和压力承受能力。快速反应能力主要考查是否具备非常态情况下的快速反应能力。压力承受能力主要考查能否承受和应对来自听众、评价者的压力。

(3) 分析判断能力:包括专业能力和分析性思维能力。专业能力主要是指能否较好地掌握专业领域的内容。分析性思维主要考查能否抓住问题的本质,对问题的理解是否全面、准确;思维是否具有逻辑性、深刻性、条理性和创新性。

二、即席演讲的组织实施

1. 测评前的准备工作

测评前的准备工作,主要包括演讲题目开发、指导语设计、评分表制定、辅助材料、场地准备、评分者培训等。

(1) 演讲题目开发。

① 做好岗位分析:在实际工作中,不同岗位的典型即席演讲在场合、主题、听众群体方面往往差异较大。因此,即席演讲的岗位分析,主要是为了了解和收集关于岗位要求的特定信息。

② 确定演讲主题:在岗位分析的基础上,确定测验的主题与情景,使测验更接近实际工作,提高测评的针对性和有效性。

③ 确定测评维度和难度水平:在测评中应根据需要有所选择和侧重,可以通过演讲题目或实施程序设定进行一定程度的控制(见图 9-9)。

④ 形成正式题目:即席演讲所收集的资料都是从目标岗位的实际情况出发,其材料内容、情景很少会超出实际工作情景。因此,试测常

图 9-9　测评难度的控制

常可以省略，如确有必要，可在试测修改后应用到实际测评中。

（2）制定清楚、明确的指导语。

指导语中要明确关于任务、时间、条件等的有关要求。例如："假设你是 A 公司的副总经理。公司目前正在推行一项改革计划，但公司的很多员工对这项改革有很大情绪。你需要就此项改革向公司全体员工做一次 20 分钟的演讲，目的是解释并推行此项改革计划。现在给你 30 分钟的准备时间，在这段时间内你需要阅读一些背景资料，并准备发言材料。请独立完成。测试开始后，我们将不予回答任何有关测评题目的疑问。请在测试期间关闭通信工具。现在可以开始。"

（3）准备测验辅助材料。

包括电脑、纸、笔、白板、投影仪、语音设备等。

（4）安排测验场地。

即席演讲应该安排在宽敞安静、采光良好、空气流通的场所进行，考场的面积要求不大，但必须能够坐下 5—7 名考官。而且，受测者和考官之间要保持一定的距离（见图 9-10）。

图 9-10　即席演讲座位安排

（5）培训评分者。

为了提高即席演讲评价的准确性和一致性，需要对评分者进行行为观察和评价的相关培训。

2. 测评开始阶段

向受测者宣读指导语，让受测者熟悉测评程序和材料，准备个人演讲。在此阶段有不清楚的地方可以提问，但不能涉及题目或材料中的内容。

3. 正式测评阶段

受测者以演讲的方式展示自我能力和素质。若加入追问环节，则还需要受测者回答考官或听众所提出的问题。

4. 评分阶段

即席演讲的评分方法主要有维度评分法和总体评分法两种。维度评分法使用较为普遍。维度评分法，是指评分者根据受测者在各个维度上的表现，按照评分标准分别进行打分（见表 9-1）。

表 9-1　维度评分法示例

受测者	维度一	维度二	维度三	维度四
评分者 A	8	9	7	8
评分者 B	9	8	6	9
评分者 C	9	6	9	8

第四节　事实搜寻法

一、事实搜寻法的概念

事实搜寻（oral fact finding），也称为口头事实搜寻。在测验前，给受测者提供一个简单的背景描述，例如，一个需要作出决策的工作场景，或者一个受到挑战的决策。测验开始后,受测者要在有限时间内,通过提问的方式向"信息员"(由主试扮演)搜集详细的信息。"信息员"掌握着该工作场景中的丰富信息,如果受测者提出的问题恰当,就能获得"信息员"提供的进一步信息,直至最终作出决策。在阐述决策理由时,如果受到"信息员"补充信息的质疑,受测者还需要为其决策进行辩护,或者重新修改个人决策并阐述理由。

"信息员"是一个中立的信息来源,受测者可以从他那里挖掘出大量有效信息。"信息员"不扮演任何角色,只是回答受测者提出的问题。提问阶段结束后,受测者需要作出决策,此时,"信息员"可以变成"挑战者",抛出新信息,试图使受测者推翻自己的决策。

1. 事实搜寻技术的流程

事实搜寻技术的流程如图 9-11 所示。

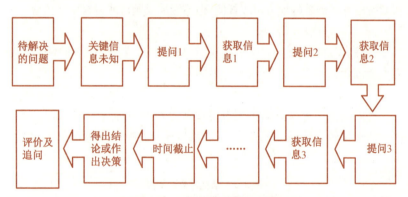

图 9-11　事实搜寻技术流程

2. 事实搜寻法测评维度

事实搜寻法的测评维度如图 9-12 所示。

3. 事实搜寻法的特点

受测者通过提问来收集和累积信息。如果问对了问题,他掌握的信息就会由少变多,反之则对解决问题无益。因此,事实搜寻技术尤其适合于测查问题分析、信息收集、决策判断、压力应对等能力和素质,能够展示受测者的"思维过程",还原其分析和解决问题的过程。而且,因为难于事先准备,所以能够较好地避免应试效应。

4. 为什么要使用事实搜寻技术

管理者的实际工作中,会有大量不完整、不确定或不准确的信息,而

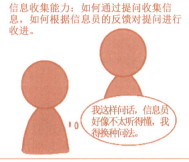

图 9-12　事实搜寻法测评维度

要作出判断决策,则不仅需要收集充足、真实、完整的信息,而且需要管理者决定收集哪些信息,如何收集信息以及对收集到的信息如何进行加工整合等。

与案例分析法从一开始就给被测者提供足够的信息,且测评过程中受测者所获得的信息量不再增加不同,事实搜寻在一开始只提供给受测者少量背景信息,随着测评过程的深入,信息量会逐渐增多。而且案例分析给每位受测者提供的信息完全相同;事实搜寻技术中,受测者获取信息的多少及有用性取决于受测者个人获取信息的能力。

二、事实搜寻技术的组织实施

(一) 测评前的准备工作

测评前的准备工作包括题目开发、指导语设计、评分表制定、"信息员"培训、场地准备等。

1. 事实搜寻题目开发

（1）明确测评目标：当我们需要了解受测者在面对决策情景时分析问题、收集信息并作出决策判断的能力时，可以采用事实搜寻技术。

（2）准备素材：了解目标岗位上比较难于决策的问题，并搜集相应的背景信息。

（3）确定维度和难度：可以根据目标岗位的实际需要，选择和组合测评维度。当需要提高测评的难度时，可以提供更多的反驳信息以挑战受测者的决策或批评受测者的决策。

（4）材料形成：事实搜寻技术的材料主要包括：给受测者的材料和给"信息员"的材料。为"信息员"提供的材料，信息必须十分充足，应涵盖受测者在有限提问时间内可能涉及的所有问题。信息必须包含支持正反两种观点的材料，以便能够挑战和质疑受测者（见图9-13）。

受测者的初始材料应简明扼要，要说明以下要点：

事件的简单描述	被测者的职位描述	信息员功能介绍	测验中各阶段的时限
经理助理建议不与供应商签订培训合同。经理要求你研究此事，并给出是否与供应商合作的建议。	你是一名咨询顾问，需要就此事提出你的建议。	信息员占有丰富的信息，他不能提示或拒绝任何询问。你可以通过直接、具体、明确的问题，向信息员发问。如果问题恰当，他能给你提供有用的信息。	你有10分钟进行准备，10分钟提问，然后有5分钟提出建议并陈述理由。

图 9-13　受测者的初始材料

（5）试测：事实搜寻技术的试测，主要目的是通过模拟演练，调整和改进测验，主要包括：在限定的时间内受测者可以收集到多少信息；为"信息员"提供的资料是否足够；受测者可能会提出哪些非预期的问题；"信息员"在回答问题时有哪些困难；"信息员"与受测者的辩论是否恰当。

（6）形成测验：正式的测验材料应包括指导语、受测者材料、"信息员"材料、理想问题列表、评分表等。

2. 其他准备工作

（1）"信息员"和评分者培训。

"信息员"和评分者的培训内容如图9-14所示。

信息员的培训包括	熟悉并牢记材料中的所有信息； 快速回答受测者提出的不同问题； 保持回答问题的中立性和对不同受测者的一致性。
评分者的培训包括	熟悉材料中的所有信息； 了解受测者和信息员所掌握信息之间的差异； 理想问题有哪些； 问题提出的逻辑顺序应该是什么。

图 9-14 "信息员"和评分者培训要点

（2）指导语：指导语要让受测者明确测评的要求。

例如：

你将有 10 分钟时间阅读一个关于在一家小型软件公司中发生的事件情形的简要描述，并准备向指定的"信息员"通过提问的方式，搜集更详细的信息。

你将扮演一名咨询顾问，受邀为该公司未来要采取的一系列行动提出建议。"信息员"由考官扮演，他是客观的信息提供者，掌握了大量的有用信息，并会回答你的问题。"信息员"不扮演任何其他角色，只是向你提供事实信息陈述。如果你的问题太笼统或与本任务无关，他将不予回答。准备阶段结束后，你将有 15 分钟时间进行提问和思考。然后，"信息员"会对你的决策提出相关问题，你需要决定是否修改自己的决策并阐述理由。

你必须独立完成测试。请关闭所有通信工具。

（二）测评开始阶段

当受测者对指导语完全理解后，进入阅读材料和准备阶段一般为 5—10 分钟。

（三）正式测评阶段

1. 信息询问与反馈阶段

受测者开始向"信息员"询问信息。如果所询问的问题具体明确，且在"信息员"的信息库中有相关资料，"信息员"向受测者提供相应信息；如果所询问的问题过于模糊笼统，则可提示其询问具体信息；如果所询问的问题不在信息库中，或者与任务无关，则告知其暂时没有相关信息。这个阶段一般在 10—15 分钟。如果受测者认为信息收集完全，无需继续，可提前结束。

2. 作出决策阶段

信息搜寻结束后,受测者根据已知的有关信息作出决策和建议,并解释理由。一般用时3—5分钟。

3. 接受挑战阶段

受测者作出决策后,"信息员"向其提供2—5条反向信息,对之前受测者所作出的决策和建议提出质疑和挑战。然后询问受测者是否改变之前所作出的决策,并给出理由。

三、事实搜寻技术的评分

事实搜寻技术常采用维度评分法。评分者观察并记录受测者在整个测评过程中的行为表现,对行为进行归类,并按照评分标准进行各维度的评分。

第五节 管 理 游 戏

一、管理游戏的概念

管理游戏(management game)是一种以小组游戏为形式,以完成"实际工作任务"为基础的模拟活动。在这类活动中,小组成员各分配一定的任务,必须合作才能较好地完成。有时还会引入一些竞争因素,如多个小组同时进行销售和市场占领。通过受测者在完成任务过程中所表现出的行为考查其能力素质。

管理游戏中涉及的管理活动范围广泛,可以是市场营销管理、财务管理、人事管理、生产管理等。在测评过程中,主试也可以各种角色身份隐蔽地参与游戏,使矛盾激化、冲突加剧,给受测者施加工作压力和难度,目的是更全面、更便利地评价受测者的应变能力、人际互动能力、组织协调等能力素质。

1. 管理游戏的特点

(1)管理游戏的目标明确而单一,针对性强:每个管理游戏都是为解决某个具体问题或达到某个具体目的而设计的,着眼于实际、具体的问题,而不是空泛的任务。

(2)管理游戏多为群体形式,受测者往往较多,他们需要合作才能完成任务。

（3）管理游戏操作很强，强调解决"实际"的任务。

（4）管理游戏任务非结构化，自由发挥的空间大。管理游戏中给出的待处理问题和情景结构性较弱，有利于考查受测者的潜在能力和创新精神。

管理游戏的实施过程与无领导小组讨论类似，但也有以下一些重要的区别。

（1）管理游戏需要配备的道具更多。除文本材料外，管理游戏还需要配备在游戏中规定使用和可能使用的各种道具，如象征性的原材料、车间、商品等。

（2）管理游戏测评场景更为"立体化"。如果说无领导小组讨论只能"坐而论道"，那么管理游戏中受测者的活动范围更自由更开阔，除口语表达外，还可以综合运用各种肢体语言，以达到最佳的人际互动效果。

（3）管理游戏能够考查到一些独特的能力素质。无领导小组讨论一般情况下只能单组进行，而管理游戏则可以采用多组同时进行，并增加组间对抗的游戏元素，在这种情况下，考官除了能观察到受测者的组内合作能力外，还能观察到个体通过团队形式参与竞争的能力素质。

2. 为什么要使用管理游戏

管理活动具有动态性，实行管理应遵循以下原则。

（1）权变原则：管理者根据不同的管理条件，选择符合实际的管理行为和方法，从实际出发。

（2）弹性原则：管理工作中应留有余地，富有弹性。

（3）创新原则：不要限于只做曾经做过的事，不要限于只用曾经用过的方法。

管理游戏的设计以实际管理工作为原型，巧妙融入游戏中，让受测者面临更多的实际管理矛盾，决策成功与决策失败的可能性并存，因而需要受测者采取创新、有效的办法去解决问题，赢得游戏胜利。

3. 管理游戏的测评维度

管理游戏主要用于测评三方面的能力素质。在管理方面，主要包括战略意识、领导力、授权能力、决策能力、计划能力等；团队协作方面，主要包括团队精神、组织协调能力、资源整合能力、沟通能力、人际敏感性、团队激励等；在工作执行方面，主要包括主动性、创新能力、执行力、问题解决能力、分析判断能力、敬业精神等。

4. 管理游戏的优点和缺点

（1）优点方面。

管理游戏能突破实际工作情景在时间与空间上的限制。许多行为实际工作情形中也许要几个月甚至几年才会发生一次，而这里几小时内就可以发生。其次，管理游戏的形式具有趣味性。由于它模拟内容真实感强，富有竞争性，又能使参与者马上获得客观的反馈信息，故能引起应试者们的浓厚兴趣。最后，管理游戏真实感强，更接近实际工作情况的管理游戏能帮助应试者对错综复杂的组织内部各单位之间的相互关系有一个更加深刻的了解。

（2）缺点方面。

管理游戏可能会压抑某些应试者的开创性，在游戏中，应试者可能会专心于战胜对方从而忽略对所应掌握的一些管理技术的学习等等。而且管理游戏对环境、道具的要求高，相对于其他方法会耗费更多时间和成本。另外，管理游戏的观察和评分对考官要求非常高，操作不便难以观察。因此，在测评的实际应用中采用较少，更多地应用于组织发展、团队建设、管理能力提升等方面。

二、管理游戏组织实施

（一）管理游戏前期准备阶段

1. 编制适合岗位的题目

对目标岗位的工作特点和能力素质要求进行了解和分析，立足于工作实际，开发有针对性的游戏题目。

一般而言，管理游戏题目包含游戏目的、游戏程序、游戏道具、游戏规则、注意事项、时间安排等要素。游戏目的是指通过管理游戏了解应聘者的指挥能力、协调能力、团队合作精神等。游戏程序是具体实施游戏的步骤，例如，给一组受测者一个滑轮及铁管、木板、绳索，要求他们把一根粗大的圆木和一块较大的岩石移到小溪的另一边。游戏道具是在游戏实施过程中需要用到的物品。游戏规则是对受测者在游戏中的行为作出明确规定，可以做什么、不能做什么。如果有角色分配，还要规定各角色的职责任务。注意事项是在游戏中应该把握的关键控制点。时间安排是游戏各环节的时间控制。

2. 其他准备

（1）场地准备：管理游戏对场地有较高的要求，需要根据受测者人数安排适当的场地。场地的设置要便于受测者进行模拟活动，确保受测者所受的干扰最小。受测者和评价者之间的距离要适当：距离太近，容易造成被监视的感觉；距离太远又不利于评价者观察。

（2）游戏材料准备：主要包括文字材料和道具等。

（二）管理游戏实施阶段

1. 测评开始

测评开始，考官向受测者介绍测评程序，就管理游戏的任务和规则作出明确的说明。因为管理游戏的任务相对复杂，考官在介绍后，应留出一段时间让受测者提问，对有关问题做进一步澄清，确保每位受测者都能正确理解游戏规则。

2. 测评正式实施

管理游戏形式灵活，受测者自由发挥的空间大，因此在游戏过程中出现预料之外情况的可能性比其他测评方法要大，较容易出问题的地方有以下几处。

（1）游戏所需道具。道具可能会在游戏过程中损坏，导致游戏无法继续进行。因此除在准备过程中尽可能提高道具的质量外，还应准备好备用道具。

（2）出现意外情况。管理游戏对场地有特殊要求的，要考虑场地可能出现的意外或突发情况，做好备份方案。

（3）游戏时间的把握。管理游戏中，受测者互动较多，因此可能出现预先设计的时间不够用的情况。考官在游戏过程中，可根据情况提醒受测者注意时间进程。

（4）游戏内容过于简单或复杂。游戏内容过于简单，会使受测者轻视测评，缺少思考和创新的空间。游戏内容过于复杂，则会使受测者无从下手，既会打击受测者的积极性和自信心，又不能达到区分受测者的目的。

（5）游戏题材选择失当。游戏题材选择应兼顾受测者的知识结构和工作背景，不应过分需要特定的专业性。

（三）管理游戏评价阶段

管理游戏通常同时对多名受测者进行测评，因此，评分程序设计与其他测评方法略有差异。如果要求每位评分者对所有受测者的各项测评维度进行评分,对于评分者而言,认知负担过大,也会降低评价的准确性。因此,对于管理游戏的评价,可选择使用以下交叉评分或单独评分方式。

1. 每位(每组)评分者只评价一部分受测者

这种方法能够使评分者将精力集中于部分受测者身上,减轻了评分者的认知负担。但这种方法容易产生评分者间误差,即不同评分者的评价结果难以进行对比。例如,有些评分者偏于宽松,而有些评分者偏于苛严。为了降低评分者间误差的影响,可以采取"锚"设计,即每位评分者与其他评分者之间存在评价对象的部分交叉和重叠(见图9-15)。

图 9-15 "锚"设计的交叉评分法

2. 每位评分者只评价所有受测者某个或某些方面的维度

这种方法能够使评分者在观察和评估时,只需聚焦于特定的评价维度,既能大大减轻评分者的认知负担,又能充分利用评分者的自身优势和专长。

第六节 360度评估法

一、360度评估法的概念

360度评估法(360 degree evaluation),也叫多源评价反馈法

(multisource feedback,简称MSF)、360度评价、全方位评价等,是人力资源管理领域应用比较广泛的一种工具,指由被评价人周围、与被评价者有密切关系的多人共同完成评价的方法,通常包括被评价者的上级、同级、下级、客户、本人等(见图9-16)。它通过反馈多个角度的不同评价者的评价,从而获得对被评价者行为表现的全面的、多角度的充分了解。

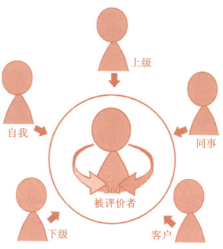

图9-16　360度评分主体

360度评估技术产生于20世纪40年代,最初被英国军方所用,20世纪50年代起开始被应用到工商企业中,企业主要用它进行工作岗位分析和对管理人员进行能力评价、筛选与安置。到了20世纪80年代,360度评估技术由美国学者不断完善。随着360度评估的概念传入中国,越来越多的国内企业开始运用360度评估。当今企业的组织结构向扁平化、分权化方向发展,员工的职权范围不断扩大,越来越多地参与管理,以客户为中心,员工职业生涯发展受到更多的关注。由于员工面对的情况更加复杂多变,从任何单一的角度,都不可能全面客观地了解员工的行为特点,传统的、自上而下的评价方式已不能满足管理实践的要求。360度评价的最大特点,就是充分利用了与被评价者相关的多方面资源进行评价,并且强调评价后的反馈,以促进员工的发展。在《财富》杂志评选出的排名前1 000位的企业中,有近90%的企业已将360度评估技术用于人力资源管理和开发,其中包括IBM、美国联邦银行等。

二、　360度评估法用于人才评估的独特优势

360度评估方法最早用于组织的绩效考核,但随着对方法研究的深入,逐渐被拓展应用到人才能力素质的评价中,并取得较好的效果,能够弥补其他人才测评方法的缺陷和不足。较之其他人员评估方法,360度评估法具有以下独特优势。

(1)克服单一评估来源所产生的偏差。

单一来源的评估可能会产生偏差,相对于大多数企业所采取的上级评估下级的传统方式,360评估能从多角度对被评估者进行评价,获得多角度的信息,最大限度地避免由于单一视角所带来的偏见或盲区。例如,上级通常较难了解到一名下属对待其下属团队成员的真实行为和效果,而下属通常也难以看到上级做决策的过程或评估决策效果。

(2)相对于人才测评抽样模拟的方法论,360度评估是对实际工作的全貌分析。

评价中心技术通常是由受过训练的测评师或管理者对受测者进行评估。评价中心的核心是工作样本模拟,但即使是再仿真的工作样本模拟,AC也只能在有限的时间内对工作全貌进行有限取样模拟,评估结论都是在一定误差范围内作出,即需要接受一定程度的风险和犯错概率。而在360度评估中,评价者是根据被评价人在工作场景的所有综合信息作出评价。相对于AC评估的"场景抽样"和"行为抽样",360度评估就类似于所有实际工作相关信息进行评估的"大数据"研究。

(3)360度评估满足了"他人眼中的你,才是真正的你"以及"真正能对组织绩效产生作用的,不是任职者的内在特质而是实际行为"这两个基本假设。

相对于评估员工的内在特质,评估员工的实际行为,对于组织的难度更小但意义更大。例如,如果某位员工认为自己非常追求完美,但每次交付给上级的工作总是不能符合领导的期望,上级认为他没有展现出追求卓越的行为。这位员工是追求完美还是敷衍了事的?这种评价不存在于员工主观内心,而存在于上级对他的认知中。又如,管理者批评一位下属,自认为是帮助下属认识到错误,但实际结果却是下属对他怀恨在心,这种怀恨同样也不存在于管理者的主观内心,而存在于下属对他的认知中。管理者认为有效的行为如果实际上导致了负面效果,那么管理者的行为事实上就是无效的。

(4)某些特定的测评维度,只有通过行为接受方的实际心理感受和行为应答,才能获得关于效果的准确信息。

管理工作中的大量人际互动因素,如同理心、有效沟通、影响说服他人等,行为与效果之间会受到多种因素的影响而呈现出复杂而模糊的关系,同样的行为在不同场景或对于不同的个体,效果可能差别迥异。例如,同样的沟通策略对于不同的员工产生了截然不同的效果。此外,组织中的大多数领导岗位都要求较高的客户导向（如：以客户为中心、客户服务意识等），采用其他测评方法测查此类维度时，一般难以向客户进行实际求证，通过外在的 AC 行为观察或面试中的自我陈述，通常难以准确判断。而从接受方的角度评估实际感受和应答行为，恰恰是行为效果的最佳信息来源和效度指标。

（5）360 度评估结果能间接反映出被评估者的组织影响力，而这正是有效管理的必要条件。

360 度测评结果本身从侧面折射出某种"民意"，或者是被评估者获得他人认可或接纳的程度，体现出被评估者的群众基础和组织（或团队）影响力。处理好上下级关系、内外部客户关系是管理者工作不可缺失的重要部分，管理者有效开展工作要高度依赖组织内复杂的人际系统。如何提高这种人际系统的关系质量，是管理者面临的新挑战，只有成功地应对这种挑战，才能在管理工作中拥有领导力。即使对于那些经验丰富的、成功的领导者而言，这种挑战可能也是非常艰巨的。有效管理既要关注"事"，也要关注"人"，两者不可偏废。360 度评价分数中体现着上级对下属的认可，也体现着下属对上级的追随，"利益分""人情分"通常是评价结果的有益副产品。

（6）360 度评估基于实际的工作行为表现，能够提高评估结果的可接受性。

在人才测评反馈环节，实践中经常发生被评估者对测评结论否认、不接受或质疑的情形，认为人才测评脱离工作实际，带有"表演"性质，不能准确反映出被评估者本人真实的能力素质。而 360 度评估结果，是由与被评估人有密切工作联系的上下级、同事和客户，根据其实际工作行为表现作出的统合评估，能够较好地消除被评估者的疑虑和质疑，增强评估结果的可信度和可接受度，对被评估者造成的心理冲击也更大，并成为重要的意见被接受或采纳。

由于这些优势，360 度评估方法越来越成为人才评估的新趋势，已被全球众多企业广泛用于绩效考评、内部人才选拔、领导力发展等领域。

三、360 度评估的实施程序

（一）确定评估维度

对于高潜质人才的 360 度评估，先是根据高潜质人才能力素质模型来构建360评估的维度。现实中，大部分组织的高潜质人才能力素质模型都会涵盖较多维度，在设计和使用360度评估时，也会希望能将所有维度纳入其中。然而，这种要求并不科学。任何一种人才测评工具都有其最适合用于测评的维度。360度测评问卷测查的维度应该或可以有哪些？以什么标准确定测评维度？

360度评估法作为一种依托于人际关系的评估工具，比较适用于以下情况。

（1）可被评估者观察到的外在表现，而不是内在的特质、动机或心理品质。例如，"计划与组织""协调能力""优化工作流程"等维度较适合于采用360度评估法，而"动机""需要""自我认知"等维度则不太适合。

（2）长期一贯且相对稳定的行为表现或品质，这类维度通常含有一定道德评价成分，具有他评可信度高而自评可信度低的显著特点。例如，"诚信正直""以身作则""敬业度"等。

（3）内涵较丰富，难以进行解析、拆分的具有综合性的能力素质。例如，"跨领域思考能力""大局观""商业洞察力"等。

（4）需要较长时间跨度才能显现成效的工作事件。例如，"战略性思维""决策质量""团队建设"等。

（5）直接作用于工作对象，且由工作对象实际感受为最佳评价标准的行为。例如，"客户导向""跨部门合作""影响与沟通""冲突管理"等。

（二）设计评估问卷

确定了评价维度后，就进入评价问卷设计阶段。由于素质模型的维度都比较抽象，人们对它们的理解也各不相同，因此需要对各个维度进行分解，并锚定到具体的行为。360度评估问卷一般为选择题，按照通常每个维度编制4—6题为宜。通常每个题目代表测评维度的一个角度，这些角度既要能全面准确表达素质项的内容和含义，构建完整的维度空间，角度彼此之间又要尽可能具有独立性，减少概念的相互重叠。例如，"团队合作"这一维度，就可以分解为尊重他人、真诚分享、支持团队、提供帮助、关系建立5个角度，再针对每个角度编写行为化题目。行为化是指题目要描述工作中可观察、可评价的具体行为。题目是否行为化决定了一份评估问卷是否能使评估者准确理解并作出评价。以表9-2为例。

表 9-2　团队合作维度出题角度与题目

	角度	题　目
团队合作	尊重他人	能接纳不同意见,合理和包容
	真诚分享	直言,分享他的观点和信息,使团队前进
	支持团队	支持团队(领导者)的决定,即使自己有不同意见
	提供帮助	愿意提供即使是不属自己工作职责范围内的帮助
	关系建立	与团队内外的人员都建立了良好的工作关系

题目编制过程中,可以反复依据如下 10 条标准检查题干描述,再通过小范围试测修正,以使评价者能轻松、准确地作出评价。

(1) 题目内容是否贴切,符合维度定义?

(2) 题目是否为典型、可观察的行为描述?

(3) 题目内容是否遗漏重要行为?

(4) 题目数量是否足够?

(5) 问题是否只描述或表达行为的一个方面,是否有两个行为点出现在一个问题里?

(6) 语句是否通顺,符合常规阅读习惯?

(7) 语句是否精炼简洁,降低阅读加工负荷?

(8) 是否应用陈述句式?

(9) 是否以第三人称描述,不出现人称代词?

(10) 是否所有问题都是正向描述?

(三) 评价关系设计

1. 选择谁?

评价关系指由谁对评估对象进行评估。即除"自评"外,还需要根据"熟悉"的原则,选择熟悉适当的"上级""下级""平级""客户"。

"上级"是指熟悉评估对象日常业务的直接上级和间接上级,通常为 1 人或以上。大部分情况下一位员工只有一位直接上级,因此很少存在选择困难。在当代的企业组织中,随着公司内组织形式逐渐向团队形式的过渡,许多公司不断地调整团队的结构和功能,促使团队向开放型、灵活化和虚拟型发展,团队不仅仅限于某种单独的功能,团队与团队之间的协作加强,吸收不同功能部门的人员加入某种专业团队的情况越来越多。例如在 IBM,组织结构是"三维矩阵式"的,产品线为 X 轴,行业与职能部门为 Y 轴,按地域市场划分为 Z 轴。每一个处于交叉点中的员工都受到产品、区域、行业及职能四个不同方向上的影响,每一个人的工作都和其他人有相互作用,多于 1 名上级的情况也变得越来越常见。

"下级"是接受评估对象领导或业务指导的直接下属或间接下属,下级的选取通常也比较清晰,一般选取直接下级即可。如果直接下级的人数过多,例如当分支机构较多且管理扁平化时,可以采用两种解决办法:一是选择其中与被评价者工作接触最多、了解程度最高的下属;二是采用分群或分组抽样的方式抽取下属,例如,在不同的销售分区按比例随机抽取一定人数的下属。

"平级"是与评估对象有密切业务往来的本部门或跨部门同事,通常随机抽取 3—5 人。相对于其他评估层级来说,平级同事的选择通常是 360 度评估中最不易把握的,应遵循两项原则:一是要与被评估对象有密切的工作接触,对被评估者有足够多的了解机会。例如,可以是本部门的同事,也可以是业务链上下游部门的同事,或者是 HR 等综合部门。二是能够客观、中立地对评估对象进行评价,如果存在利益关系或矛盾关系的,一般不宜选择。例如,如果是两个相互竞争的部门间或部门内,可能存在评价的主观偏差。

"客户"是与评估对象有密切业务往来的内部客户和外部客户,通常随机抽取 3—5 人,最好是与被评价者有直接业务对接关系的人员。

2. 谁来选?

在确定了评价人的选择原则后,还要考虑由谁来选的问题。有选择权的人包括:被评价者本人、上级、HR 部门。由被评价者本人自行选择评价者,评价对象自己最清楚哪些人在工作中与自己接触更多,对自己更了解,并且能够提供客观、真实的反馈。但在能力素质评估中,由于评估结果会直接影响到个人利益,很难避免人际因素的影响,评价对象一般会选择与其关系较好、能够提供高评价的人来为自己提供评估意见,导致评估结果虚高。而由 HR 部门指定评价者,虽然能够保证公平性和公正性,却可能由于 HR 对被评价者具体工作配合或工作接触了解不够而选择不当。

因此,实际操作中,可以采取 HR 先提供备选评价者,由被评价人从中选择,并经被评价人上级确认的方式。首先,HR 根据掌握的情况,为评价对象初步选择评价者或根据组织结构的员工关系随机为评价对象抽取评价者。其次,让评价对象本人对 HR 初选的评价人进行调整,如果评价对象认为 HR 选择的评价者不合适，或者还有其他更好的评价人选，可提出增删建议。再次，由评价对象的上级进行确认或调整。最后，返回 HR，确认正式的评价关系。经由三方共同确认的评价关系，既为评价的准确性提供了基础，也使得 HR 对评估活动整体有所掌控。无论采用哪种方式并不意味着选择评价者的人可以根据自己的喜好随意选取评价者。由于能力评估通常跟晋升、选拔等目的有关，因此，评价关系的选择与确认，最后以 HR 和被评价者上级的综合意见为主（见图 9-17）。

领导：

您好！以下是人力资源部根据组织架构和岗位职责梳理的关于被评价者XX的评价关系。请确认是否准确，如有遗漏或错误请指正，并在增改人员后简述您的理由。附上辅助问题供参考。

被评价者		评价关系	评价者		备注
姓名	部门		姓名	部门	
吴X波	GM	上评下	倪XX	GM	
吴X波	GM	上评下	Meisel	GM	
吴X波	GM	两级互评	孙X	DA	
吴X波	GM	两级互评	李X	GM	
吴X波	GM	两级互评	李XX	GM	
吴X波	GM	下评上	刘XX	GM	
吴X波	GM	下评上	严XX	GM	
吴X波	GM	下评上	王X	CS	
吴X波	GM	下评上	刘XX	GM	
吴X波	GM	下评上	王XX	MD	

- □被评价者的上级、同级和下级分别有哪些？
- □这些人与被评价者共事的时间分别是？
- □谁与被评价者日常接触最多，适合对其日常工作表现发表意见？
- □谁能观察到被评价者特殊情况下的工作表现并适合发表意见？
- □谁对被评价者的工作表现可能会有与众不同的看法？
- □谁与被评价者存在利益冲突，可能是无效的评价者？

图 9-17　人力资源部初选人员评价关系

（四）实施动员

360 度测评是一项面向全员进行大范围评价的工作，涉及人员多、方面广，参加测评人员的基本情况、能力素质、评价水平不尽相同，因此开展评价者动员，通过宣讲使每个评价者都能理解评价工作的目的、作用和意义，自愿地参加这项工作，把自己对被测评人最真实的看法表现出来，使测评的结果能较为客观公平。

很多企业采取项目启动会的形式开展组织动员。通常在评估开始之前，HR 需要召集项目启动会，阐明评估的价值和意义，明确各个角色之间的关键人物以及重要的时间节点，让所有评估者都能重视这次项目。另外对评价者的培训一般也合并在启动会中一起进行。

项目启动会的主要内容包括：

（1）介绍项目的目的和意义；

（2）介绍 360 度评估工具；

（3）介绍本次评估涉及的人员范围；

（4）说明评估结果的应用；

(5) 明确保密原则,清楚说明操作人员及接触人员的范围;

(6) 对评估者进行评估方法和程序的培训。

(五) 问卷填答

前期准备工作完成后,HR 就可以向评价者发送评估通知,邀请评价者进行评估了。360 度评估的实施方式有两种:现场纸笔作答和在线作答。使用纸笔问卷进行评估意味着非常大的工作量,因为要打印、装订、分发问卷,还需按照每个评价者要评价的人做好归类。例如评价者 A 要评价 1 位上级、4 位同事、5 位下属,还要进行自评,组织者就需要将 11 份问卷准备好发给 A。由于纸笔问卷耗时耗力,随着信息化技术的发展,目前越来越多以在线作答为主(见图 9-18)。

图 9-18　现场纸笔作答与在线作答环节比较

使用在线作答的 360 度评估,主要有以下步骤。

1. 选定评估网站

选定适合的在线评估网站,熟悉工具使用方法。

2. 导入评估问卷和评估关系

将 360 度评估问卷和评估关系导入在线评估工具。成熟的在线评估工具能根据评估关系,自动发送相关问卷给评价人,并在后台自动记录、汇总和导出评价数据。

3. 发送邀请邮件

通过发送电子邮件向参与评估的全体人员发送评估的相关信息,例如,网站链接、登陆方式、填答方法、完成时限、注意事项等。

4. 监督与跟进

HR 部门指定专人负责每日监督评估完成进度,及时提醒评价人在规定时限内完成评价,解答评价者的问题(但不涉及具体评价内容)。

必须强调,在组织实施 360 度评估时,务必做到严格保密。不论是由 HR 部门负责实施还是交由第三方组织实施,都要严格确保任何一个评价者的评价数据不被泄露。

(六) 数据回收与统计

虽然市面上流行的360度在线评估工具基本上替代了大部分人力工作,但仍有必要了解360度评估的数据分析原理与流程。对于回收的评估问卷,通常需要按照以下步骤对数据进行分析。

1. 对无效数据进行甄别、剔除

无效数据是指那些不能反映评价对象真实情况的数据。尽管在评估前做了宣讲、动员,但仍会有一些评估者出于某些原因,造成实际操作过程中出现一些固定的"评分模式",主要有以下几种情形。

(1) 评价者不认真作答,敷衍了事。表现在填答形式上,可能会出现选择情况雷同,答案有明显的规律。例如,某个评估者给所有人基本都打同样的分数,或者所有评估问题上的评分基本为同一分数,没有差异,或者习惯评中间分,例如5分制中习惯打3分,或者给同一对象在同一维度的正向题和反向题上的评分相互矛盾。

(2) 评价者出于对匿名性的担忧,或者基于利益关系,给被评价者打出了超出实际的分数。例如,和其他人相比,某一评估者给某个人的评分非常高,在很多评估问题上都评最高分。

(3) 评价者出于偏见或利益冲突,给被评价者打出了低于实际的分数。例如,给某个人的评分非常低,在很多评估问题上都评最低分。

为了避免以上几种现象干扰评估结果,在数据统计前,要剔除这些无效问卷。

2. 数据统计与分析

360度评估数据的计算过程相对简单,评价结果主要指两类,一类是计算被评价者各维度的结果,另一类是计算被评价者综合能力的结果。

(1) 被评价者各维度的结果计算。

① 分别计算出自评、上级、同级、下级和客户在各自题目的结果。

② 假设各个测评维度下的各个题目权重相等,计算出自评、上级、同级、下级和客户在各自维度的结果,便于对比自评和各评价群体的差异。

③ 按照上级、同级、下级和客户的权重,加权求和计算出被评价者各维度的结果。维度的结果主要是"他评"结果。

一般来说,各维度上,上级、同级、下级和客户的权重分配是相同的,

考虑到具体维度观察角度和话语权,可适度调整。

(2) 被评价者综合能力的结果计算。

按照各维度的权重,加权求和计算出被评价者综合能力的结果。如果公司没有特别的权重要求,可以假设各个测评维度权重相等;也可以结合公司的需要(如有明确的能力要求或变革引导需要),对不同测评维度设置不同的权重。例如,区分出核心能力和基本能力。

计算总分前,可以将分数汇总成如图 9-19 的形式,便于对比自评和他评的差异。

图 9-19 分数汇总表

一般情况下,分数结果可能会出现如下几种问题(见表 9-3)。

表 9-3 分数结果常见问题及改善方法

常见问题	表现	问题分析	改善方法
集中错误	员工评估的结果基本都是表现平平,几乎没有什么差别	1. 评估者对被评估者的工作或表现不是很熟悉。 2. 评估者责任心不强	1. 避免让评估者去评估不熟悉的同事。 2. 明确评估标准。 3. 强化直接上级责任
极端倾向	评估者得分在两个极端,不是失之过宽就是评定太严		1. 进一步明确评估标准。 2. 强化以事实为依据进行评估。 3. 对于高分和低分,均要求举例说明

续表

常见问题	表现	问题分析	改善方法
人情关系	由于能力评估涉及一定的利益关系,在评估过程中不可避免地存在讨好上级或员工之间打击报复的现象	主观评估方法固有弊端,一般采用一定的技术方法尽量降低	1. 增加评估者数量,采取去掉最高分和最低分的方法。 2. 评分过程建立严格保密机制。 3. 建立问题争议解决渠道。 4. 强化直接上级的责任。 5. 强化以事实为依据进行评估,对于高分和低分,均要求举例说明

(七) 结果报告与反馈

1. 360 度评估报告

360 度评估报告,主要分为以下几大部分。

第一部分:综合分析。重点得出优势能力素质条目和有待提高的能力素质条目。

第二部分:逐项反馈。重点得出表现比较好的评估项目和有待改进的评估条目,即个人优劣势,他评分数较高的指标、较低的指标。

第三部分:自评与他评结果的整体比较。重点分析自我认知偏差,即自评和他评的差异程度和原因(见图 9-20)。

第四部分:能力素质评分结果与全体均值的比较。重点得出有相对优势的能力素质条目和有相对劣势的能力素

图 9-20　360 度自评与他评结果比较

质条目,找到提升空间。以图 9-21 为例。

第五部分:提供发展建议。主要是为未来能力素质提升提出发展的建议。如图 9-22 示例。

	自评低	自评高
他评高	【潜能区】 客户导向 创新 自我发展 团队建设	【优势共识区】 承担责任
他评低	【待提升共识区】 —	【盲区】 —

优势共识区(自评高-他评高),建议抓住机会,充分发挥优势取得卓越成果。

潜能区(自评低-他评高),建议与上级及相关人员充分沟通,了解组织或内外部客户对具体能力行为的理解和要求,适度调整和完善自我认识,树立信心,发挥优势,并根据工作需要进一步发展能力优势;优化个人能力发展的目标和计划,将时间和资源优先分配到发展需求更迫切的能力上。

待提升共识区(自评低-他评低),请予以重视。建议与上级及相关人员充分沟通,明确不足,了解组织或内外部客户对具体能力行为的工作要求和标杆行为,制定计划进行针对性的提升。

盲区(自评高-他评低),请予以重视。建议客观深入地反思自身在对应能力素质方面的行为表现,包括具体工作情境下个体的态度与动机;与上级及相关人员充分沟通自身行为和组织或个人期望的行为差异,深刻理解贯彻目标行为的价值和意义;罗列行为盲区清单,学习并掌握正确的行为表现,在平时工作环境中有意识地改变行为习惯,模仿、训练并不断强化提升对应的行为。注意:自评高于他评且差距较大的素质也纳入盲区的范畴。

图 9-21 自评与他评四象限

> **四、领导力提升建议**
>
> 　　针对待提升共识区和盲区的素质，以及个人能力水平偏低的素质，提供如下提升建议供参考。
>
> 　　【客户导向】
> 　　1. 自我审视：
> 　　1）我的客户是谁？我对客户的了解和研究是否足够全面和深刻？
> 　　2）我做过哪些满足客户需求的行动？
> 　　3）我为客户提供的产品或服务，是否达到甚至超出客户的期望？
> 　　4）在满足客户需求的结果方面，我以什么标准来判定和检验？客户的感觉跟我一致吗？
> 　　5）我为客户提供的产品或服务还有哪些改进空间？
> 　　2. 行动提升
> 　　1）找准定位：从长远发展的战略层面和全盘工作的系统层面，准确理解和定位工作职责。了解客户需要我和我的部门做什么、提供什么产品，以怎样的形式和标准提供才能为客户所用。
> 　　2）挖掘客户需求与期望：精准把握客户的"显性"需求和期望，深入探索客户的"隐性"需求与期望，解决客户"痛点"。激发客户的潜在需要，实现超越客户的期望。从客户的角度看待问题和解决问题，兼顾客户的企业利益（如：提升企业形象、改进对其客户的服务、增进组织效率、降低成本、降低事故率、减少维修次数等）。不断改进客户服务的品质，为客户提供完整、有效的问题解决方案。

图 9-22　领导力提升建议示例

另外，如果有必要，还可以列出不同评估者的评估结果。如图 9-23 示例。

2. 360 度评估反馈

360 度评估的最大价值在于，通过了解分析不同评价者的评分差异以及他评和自评的评分差异，反思并进行有计划的提升。360 度评估中的"反馈"对于项目成功无比重要。通过来自各方的反馈，可以让被评估者更加全面地了解自己的长处和短处，更清楚地认识到公司、上级、下属和同事、客户对自己的期望及目前存在的差距。国外学者开展了一项关于 360 度评估反馈活动不同的反馈方式对于个人行为改善影响的研究。研究结果表明：如果反馈结果完全保密或者只提供分数结果不提供任何报告或分数的说明，那么活动结果对于个体行为改善的帮助是极其微小的；提供分析报告并且对报告内容进行集体的报告解读或一对一的报告解读，后期个体行为改善的可能性会高很多。从这个意义上说，360 度评估法也可以视为一种员工发展的方法。

附录一　不同评估者的评估结果

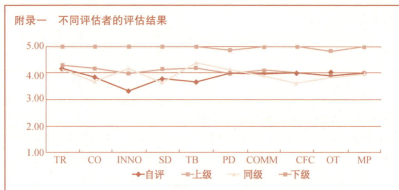

TR 承担责任　CO 客户导向　INNO 创新　SD 自我发展　TB 团队建设
PD 人员发展　COMM 沟通　CFC 跨部门合作　OT 运营与战略计划　MP 管理人员达成绩效

读图指引：

1. 该图用于呈现您在不同素质项上，不同评估者的平均分值对比。

2. 您可以了解某一类评估者（如：上级）眼中的相对优势和不足：观察某一类颜色的折线，对比平均分值，了解分值较高和偏低所对应的素质。依次顺延查看其他类评估者的评估结果。

3. 您可以了解自评与其他类评估者的整体吻合度：通过观察两条或多条不同颜色的折线，查看在不同素质项上自评与其他类评估者的分值差距。

	自己眼中	上级眼中	同级眼中	下级眼中
您的优势	承担责任 人员发展 跨部门合作 运营及战略计划 管理人员达成绩效	承担责任 团队建设 客户导向 ……	团队建设 创新 承担责任	承担责任 团队建设 客户导向
您的不足	创新 自我发展 团队建设	人员发展 运营及战略计划	客户导向 自我发展 跨部门合作	创新 人员发展 运营及战略计划

造成这一现象的原因有可能是因为不同的评价群体基于工作场景、强调行为要求和期望值的不同，造成评价存在一定差异；也有可能是因为您在具体的工作场景、对象和任务条件下表现出了差异化的行为。请您思考产生这种情况可能的原因，判断是否需要您采取行动以及采取何种行动。

图 9-23　不同评估者的评估结果

在实际评估中,员工的自评结果往往和他评结果不一致。Yammarino 和 Atwater 指出,自我—他人评价不一致性存在四种表现形式:自我高估者,自我低估者,一致但高于他人评价者,一致但低于他人评价者[1]。Waldman 和 Atwater 认为,尽管自评和他人评价都与工作绩效相关,但这三者之间的关系异常复杂,所以自评与他评不一致的原因也极其复杂[2]。Bass 指出,人们的自我宽容可能会导致虚假的赞扬,因此人们有高估自己的倾向[3]。进一步,为什么评价者在自评当中容易出现自我宽容现象,Taylor 认为,自我增强是自我宽容的主要原因,即人们更愿意积极正面地看待自己[4]。Farh 认为自评当中的自我宽容与高成就感和高社会自信相关。向被评估者提供反馈,直接决定被评估者能否客观看待和接受"他人眼中的我",特别是与"自我眼中的我"有差距时[5]。

反馈实施者必须先读透报告,才能给被评估者就报告的内容做必要的指导。反馈时间反馈要及时,评估启动与反馈间隔的时间不宜超过 2 个月。因为评估过程拉得太长,被评估者可能对此已经失去了兴趣,或觉得评估结果不再适用。建议在对评估结果进行回顾与分析时,应该选择相对安静、舒适的环境,尽量减少外界的干扰,让被评估者能集中注意力进行思考,同时,这也起到保护被评估者隐私的作用。被评估者更愿意接受正面的反馈,所以在提供负面反馈之前,可以先告诉被评估者哪些是值得他们继续保持和发扬的优点,然后再告诉被评估者怎样改善自己存在的不足,从而使被评估者更加容易接受那些相对负面的反馈。

反馈不是简单地将 360 度评估信息念给被评估者听。对员工进行反馈辅导时,各级管理人员要对被评估者的评估结果进行认真分析,找

---

[1] Yammarino F. J., Atwater L. E.. Do managers see themselves as other see them? Implications of self-other rating agreement for human resources management. Organizational Dynamics,1997,25(4): 35-44.

[2] Waldman D. A., Atwater L. E.. Power Of 360-degree Feedback. Houston Texas: Gulf Publishing Company,1998.

[3] Bass B. M.. Reducing leniency in merit rating. Personnel Psychology,1956,9(3):359-369.

[4] Taylor S. E., Brown J. D.. Illusion and well-being: A social psychology perspective on mental health. Psychological Bulletin,1988,103(2):193-210.

[5] Farh J. L., Werbel J. D.. Effects of purpose of the appraisal and expectation of validation on self-appraisal leniency. Journal of Applied Psychology,1986,71(3): 527-529.

准其优点与不足,并拟定改进建议。反馈过程中,善于观察员工的情绪变化,以艺术而智慧的沟通方式赢得员工的认同,帮助其改进不足。高效辅导还要注意及时性。在评估结束后,快速分析统计结果,制定面谈辅导计划,趁热打铁,会收到最佳的效果。360度评估通常采用一对一面谈的形式。

一对一面谈方式的最大优点是保密性好。反馈过程中参与的人越少,被评估者的"安全感"越强。企业通常倾向于从外部聘请专业人士来反馈评估结果。从企业外部聘请的咨询顾问可以让被评估者坦诚地说出自己的不足,并就所遇到的问题展开讨论,这是被评估者在面对企业内部人员时很难做到的。以一对一面谈方式进行360度评估结果反馈时,可以围绕被评估者个人的需要和兴趣进行。为了面谈过程的顺利推进,反馈实施者可以首先从被评估者最近四到六个月的工作表现谈起,验证其最近的表现是否影响了人们对其的评估;然后,再就被评估者所处的工作环境、个性和管理决策的风格展开详细的探讨。具体操作时,反馈实施者还必须清楚地知道,在什么时间应该让被评估者直接面对负面评价,在什么时间应该转换话题。

第七节 情境判断测验

一、情境判断测验的概念

情境判断测验(situational judgement test,简称SJT),是通过模拟工作中实际发生或可能发生的一些情境,要求受测者针对情境中的问题,对几种可能的反应做出判断、评价或选择,选出其中最有效(最无效)或最愿采取(最不愿采取)的行为反应,或对每一行为反应在有效无效、最愿意最不愿意的等级量表上评定等级,然后根据被试的判断、评价和选择的作答表现予以赋分,并推论其实有的解决社会工作(生活)问题实践能力水平的测验。

情境判断测验的理论假设是,个体在处理与工作相似的问题时的行为,可以很好地预测其工作中的实际行为;向受测者呈现与工作相似的场景,对他们的行为进行评价或对其行为的目的进行解释,能够有效地预测个体的工作绩效。

情境判断测验通常被研究者认为是一种"低度仿真模拟"（low-fidelity simulation）。对于入门级人员的选拔，情境判断测验可能包含一些应聘者未来可能遇到的情境，这些项目往往描述同老板或同事之间的问题。对于高水平职位，情境判断测验可能密切反映特定工作会遇到的问题（见图 9-24）。

图 9-24　情境判断测验情境示例

按照情境呈现的不同，情境判断测验可以分为基于纸笔的情境判断测验和基于影音的情境判断测验。纸笔的情境判断测验采用文字形式描述问题情境，优点是简洁明了，但当情境复杂性提高时，阅读量会大幅增加,延长了阅读时间,容易引起受测者疲劳。采用影音方式呈现问题情境,优点是信息量大,生动直接,有一种身临其境之感,但拍摄录像需要耗费大量的人力物力,而且从脚本设计、演员表演、拍摄和剪辑等环节都可能造成不必要的测验误差。

情境判断测验是纸笔测验的一种,其试题结构一般包括题干、选项、指导语。题干部分描述一个工作情境,并提出相关问题。选项部分针对题干所设置的问题,列出若干解决措施或办法,这些选项都能部分或全部解决题干所设置的问题。指导语确定作答要求,即对选项的判断或选择形式。常见的作答形式如图 9-25 所示。

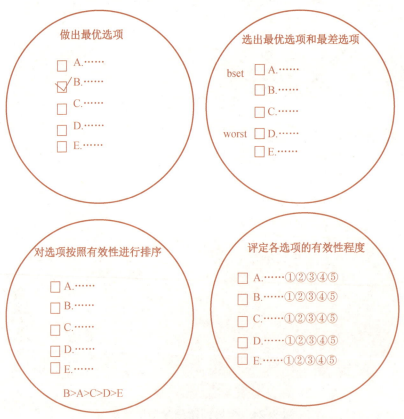

图 9-25 情境判断测验常见作答形式

情境判断测验与智力、人格以及工作经验、工作知识都有显著相关。研究发现,情境判断测验上得分高的人,一般而言智力比较高,通常具备某类个性特点,工作经验和工作知识比较丰富。因此,情境判断测验预测效度较高,尤其是针对管理岗位以及需要人际技能的岗位而言。而且情境判断测验内容直接与工作相关,有较高的表面效度,在直觉上有吸引力。跟其他评价中心技术相比,施测方便,可以大规模使用,使用成本低,且评价结果不受评分者主观经验的影响。但开发难度大,需要具备丰富的测评专业知识。作为一种纸笔测验,情境判断测验仍然不可避免地受到某些因素的影响,例如,受测者答题态度、工作经验、认知加工能力等,都可能导致测验结果产生误差(见图9-26)。

图9-26 情境判断测验影响因素

二、情境判断测验的题目开发

1. 岗位胜任特征分析

通过对岗位所应具备的胜任特征的分析,确定情境判断测验的测评维度,即高绩效的胜任人员应当具备的能力素质。

例如,请分析,这位"王总"需要具备哪些胜任特征?(见图9-27)

2. 收集和编写情境试题

关键事件法是最常用的情境收集方法,关键事件法要求职务专家针对给定的胜任素质,描述工作中遇到的一些工作情境;在描述每个工作情境时,可以采用结构化的格式。例如:"请讲述工作中最困难的一次沟通事件。当时的情境是怎样的?要达成什么任务?您是如何处理的?结果如何?"

职务专家可以是在岗员工和直接主管,也可以是熟悉该岗位工作的

图 9-27 情境判断测验岗位胜任特征分析示例

其他相关人员。关键事件要具备事件关键性、事件典型性和信息完备性。事件关键性是指提供的情境对工作绩效有重要的影响,能很好地鉴别受测者的胜任力。事件典型性是指该事件应当围绕着职务的关键职责展开,以工作行为为基础。信息完备性是指情境所描述的应该是一个相对完整的事件,对于问题解决给出了比较充足的信息。

在收集到关键事件后,测验开发者需要对职务专家讲述的"关键事件"进行整理,通过筛选、编辑和修订,使它们成为关键事件,并且可读性强,容易理解。对于相类似的关键事件,需要进行合并,用适合于多种工作岗位的语言来综合描述,使关键事件具有普遍性。然后,以这些关键事件为基础,构成测验的情境部分。

3. 收集行为反应项

通过关键事件法设计出情境部分后,要收集针对该情境的可能反应。行为反应项的收集方法主要采用主题专家法(SMEs),包括以下三种路径。

(1) 采集职务专家在讲述关键事件过程中,有关措施和策略的行为描述。

(2) 对一批在岗人员进行施测,要求他们用较好的处理办法作答情境问题,也可以要求他们同时写出较好的和较差的两种解决方法,以增加可能的反应项目。

（3）为了提高反应项目的区分度，让绩效优秀和绩效平平的两组在岗人员针对情境中的问题，填写工作中可能的处理方式。

测验开发者要对收集到的行为反应项进行编辑和整理，剔除与情境无关的可能反应；将相似或相同的行为反应进行归类、合并；去除社会称许性高的项目；好的反应项必须与所设置的情境有关；具有区分性，能鉴别出高手和普通者；数量恰当，一般应有4个以上的反应项，并且按强度可排序。

4. 选定答题方式

情境判断测验要求受测者针对给定的情境，对有关的行为反应项作出判断。

5. 选择赋分标准

对于"迫选法"，选对最佳选项为1分，选错为0分；或选出最佳和最差选项得1分，选对两项得2分，均选错得0分，将最佳项选为最差项得－1分，反之也得－1分。对于"排序法"和"等级评定法"，事先由专家和熟手将每一行为反应在"最有效至最无效"的等级量表上评定，计算受测者的判断与专家判断的离差或相关系数，离差小或相关系数大者为优。

三、情境判断测验的组织实施

情境判断测验的组织实施较为简单方便。

1. 测评前的准备工作

准备工作包括测验题本、答题纸、指导语、测试场地等。

2. 测评开始阶段

测评开始前，由考官向受测者宣读指导语，如果有不清楚的地方，允许受测者提问。例如，对于采用"等级评定法"答题方式的情境判断测验，应该向受测者清楚说明与一般"迫选法"答题方式的差异，给出实例，并让受测者进行试答。直至所有受测者都对测试要求完全明确后，方可开始正式施测。

3. 正式测评阶段

在此阶段，考官不得回答受测者有关测试题目的任何问题。

4. 评价阶段

对照标准答案，对情境判断测验进行计分，并作出分数解释。

第十章 心理测验

本章导读

心理测验是心理测量的一种工具,是通过观察人的少数有代表性的行为,对贯穿在人的全部行为活动中的心理特点作出推论和数量化分析的一种科学手段。科学有效的心理测验能够准确地评估个体的各项心理特征,为人才评估和决策提供辅助和参考。本章主要介绍人才测评实践中常见的心理测验类型,主要包括认知能力、人格测验、工作动机测验、职业兴趣测验和情绪智力测验等。

知识重点

第一节 心理测验的概念

心理测验是通过观察人的少数有代表性的行为,对贯穿在人的全部行为活动中的心理特点,作出推论和数量化分析的一种科学手段。

第十章 心理测验

心理测验是心理测量的一种工具,是根据一定的法则对人的行为用数字加以确定的方法。

要了解什么是心理测验,就要先了解什么是心理测量;要了解是什么心理测量,就要先了解什么是测量。

一、什么是测量

测量,就是根据一定的法则,用数字对事物加以确定。"一定的法则"是指在测量时所采用的规则或方法。"事物"就是我们所感兴趣的东西,确切地说,是引起我们兴趣的事物的属性或特征。"测量"就是确定这些属性或特征的差异。

测量包括两个要素——"参照点"和"单位"(见图 10-1)。参照点是计算事物的量的起点,分为绝对零点和相对零点。绝对零点表示所要测量的属性是"无",例如,长度、重量等都有绝对零点,长度为 0 表示"恰恰没有一点长度",重量为 0 表示"恰恰没有一点重量"。相对零点是指人为确定的零点,例如,海拔、温度等只有相对零点。心理测量中的参照点,一般都是相对零点。

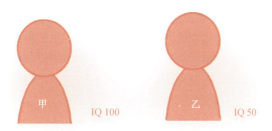

不能说"甲的智商是乙的智商的2倍"

图 10-1 测量的参照点和单位

单位是测量时用来进行比较的标准量。理想的单位必须具备确定的意义和相等的价值。例如,同样是"一碗饭",由于没有明确碗的尺寸、容积,饭盛装的高度、紧实度,就无法确定数量(见图 10-2)。

二、什么是量表

要测量某个事物,必须有一个定有单位和参照点的连续体,把要测量的事物放在这个连续体的适当位置上,看它距离参照点的远近,以此得到一个测量值。这个连续体就叫量表。

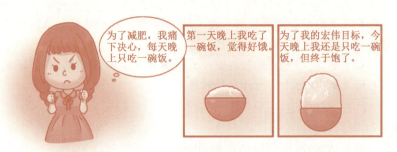

图 10-2 测量单位

根据测量的精确程度不同,量表由低到高分为四种。

(1) 名称量表:也叫命名量表、类别量表。用数字代表事物或把事物归类。例如,1 代表男生,2 代表女生。

(2) 顺序量表:也叫等级量表,数字既代表类别,也指明类别大小或程度。顺序量表具有区分性和序列性,但不具有等距性,也没有可加性。顺序量表不能做加减运算。例如,比赛或考试中的名次就是顺序量表。

(3) 等距量表:等距量表具备名称量表和顺序量表的性质,不仅有大小关系,而且有相等单位,可以做加减运算。等距量表没有绝对零点,不能做乘除运算,无法求得数值之间的比例。等距量表在心理量表中最常见。等距量表中相邻数值之间的差距是相等的,1 和 2 之间的差距就等于 2 和 3 之间的差距,也等于 5 和 6 之间的差距。例如,常见的温度计刻度就是典型的等距量表。一般来说,心理测量是在顺序量表上进行的。但是,由于等距量表适合于大量的统计分析方法,所以人们总是试图将心理测量的结果放在等距量表的背景下去解释。为了避免使分数的解释和推论发生错误,人们常采用的统计方法是把原始分数(测验分数)转换为标准分数(见图 10-3)。

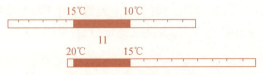

图 10-3 等距量表示例

(4) 等比量表:又称比率量表,既有相等单位又有绝对零点。既能做加减运算,又能做乘除运算。例如,在物理测量中,长度、重量等都是等比量表。由于心理测量难以确定绝对零点,因此很难达到这一量表水平,心理测量的等比量表不常见。

三、什么是心理测量

心理测量就是根据一定的法则,用数字对人的行为加以确定。即根据一定的心理学理论,使用一定的操作程序,给人的智力、能力、个性等心理特性和行为确定出一种数量化的价值。

心理测量的特点如下。

(1) 间接性。

心理测量是一种间接测量,人们无法直接测量人的心理,只能测量人的外在行为。通过一个人对测验题目的反应来推论他的心理特质(见图10-4)。

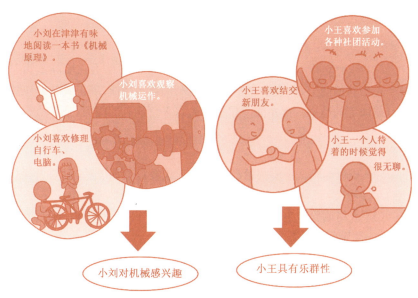

图 10-4　心理测量的间接性

(2) 相对性。

人的心理特质没有绝对零点,只有以一个有单位的连续体作为参照,将个体放在此参照系中比较,看每个人处在这个序列的什么位置上,因此,位置具有相对性。例如,测量一个人智力水平的高低,是将与其所在群体的人的行为或某种人为确定的标准相比较而言的。例如,小强参加智力测试,得了 85 分。但从这个分数我们对小强的智力水平无法做出判断。只有当确定了小强在参照人群的相对位置,才能对其智力水平做出判断:如果人群平均分是 50,只有 1% 的人成绩超过 80,可以认为小强是个智力超群的天才;如果人群平均分是 80 分,而 80% 的人分数在 75—90 之间,说明小强的智力是一般的正常水平;如果人群平均分是 100 分,80% 的人分数在 90—110 分之间,可以认为小强的智力水平相对较弱。

(3)客观性。

心理测验的编制、实施、计分、解释等程序具有标准性。广义的心理测量不仅包括以心理测验为工具的测量,也包括用观察法、访谈法、问卷法、实验法、心理物理法等方法进行的测量。心理测验是用来测量"心理"的工具和方法之一。

四、心理测验的种类

1. 按测验的功能分类

(1)能力测验。能力可以分为实际能力和潜在能力。实际能力是指个人当前的能力,代表个人已有的知识、经验与技能,是正式与非正式学习或训练的结果。潜在能力是指个人将来可能有的能力,是在给予一定的学习机会时,某种行为可能达到的水平。实际上两者很难严格区分。

(2)成就测验。主要测量经过某种正式教育或训练后,对知识和技能的掌握程度,因为多集中在教育领域,因此又称为学绩测验。

(3)人格测验。主要用于测量个体心理差异中除能力以外的部分,如性格、气质、兴趣、态度、情绪、动机等。

2. 按测验的对象分类

(1)个别测验。每次仅以一位被测者为对象,通常是由一位主试与一位被试面对面进行。

(2)团体测验。在同一时间内由一位主试对多人施测。

3. 按测验的速度和时限分类

(1)速度测验。主要测量被试的反应快慢程度,题目数量多,并严格控制时间。这种测验题目较容易,只要给予充足的时间,所有被试都能完成。但因时限短,被试几乎不可能完成所有题目。主要考查工作速度,以完成题目的正确数量作为成绩指标。

（2）难度测验。主要用于识别个体在某方面能够达到的最高水平。作答时间相对较充裕，但并非所有人都能全部回答（见图10-5）。

图10-5　速度测验与难度测验的对比

4. 按测验的要求分类

（1）最高反应测验。答案有正确和错误之分，要求被试尽可能做到最好，因为分数是由能否成功完成任务决定的。例如，成就测验、能力测验。

（2）典型反应测验。要求被试按照通常的习惯方式作出反应，没有正确和错误之分。人格测验、态度测验等多为典型反应测验。例如，周末的时候，你大多数是这样度过的：A. 跟朋友聚会；B. 在家看书。

5. 按测验结果的标准分类

（1）常模参照测验。这种测验关注的不是一个人能力或知识的绝对水平，而是他在群体中的相对位置。个人要跟团体进行比较之后才有意义（见图10-6）。

图10-6　常模参照示例

(2) 标准参照测验。将被试的分数与某种固定的标准进行比较来得出解释(见图 10-7)。

图 10-7　标准参照测验示例

五、心理测验的优点和不足

心理测验操作比较简单,可以对大批人同时进行施测,计分和解释较客观,结果反馈比较快捷,可以借助计算机、互联网等信息手段。但心理测验开发周期长,需要耗费大量的人力、财力和物力,一些能力和个人特点(如组织管理能力、沟通能力等)比较难以测量。心理测验还容易受到社会称许性的影响,难以获得受测者的真实回答。另外,心理测验变通性较低,不能根据测量的具体情况对测验进行随意调整。

第二节　人才测评中常用的心理测验

一、认知能力/能力倾向测验

1. 为什么要考查认知能力

认知能力/能力倾向测验主要考查应试者思维的敏捷性、思考和解决问题的逻辑性和清晰性,以及学习能力等方面信息。既显示出个人的认知能力现有水平,也显示出个人进一步提高和发展的潜力。能力高不代表工作绩效一定好,但是能力低工作绩效一定不好。认知能力对于管理工作绩效的预测效度达 0.58,对于高难度技术工作的预测效度达 0.56,中等难度技术工作的预测效度为 0.51,低难度技术工作的预测效度为 0.40,非技术工作的预测效度为 0.23(Schmidt & Hunter,1998)①。

2. 认知能力主要考哪些方面

(1) 言语能力。运用语言文字进行交流和思考、迅速而又准确地理解文字材料内涵的能力。例如:

> 微博实时、便捷,与旅游"在路上"的状态_____。微博提供"社会加媒体"平台,用户乐于在此交流信息、分享感受,也容易接受他人的推荐。旅游属于体验型服务,即是消费型产品,人们在消费前往往会_____别人的评价,两者再次找到契合点。
> 依次填入划横线部分最恰当的一项是(   )。
> A. 一拍即合 搜索   B. 殊途同归 借鉴
> C. 不谋而合 参考   D. 相辅相成 听取
>
> 人口的激增,让地球的粮食供应面临严峻的考验,有科学家预计,到 2050 年,需要增加 70% 的耕地,人类才能养活自己。但地球上根本没有这么多可增加的耕地。于是,科学家转向海洋求助:在远离海岸的开阔海域中养鱼,可以给人类提供足够的营养。我们可以大胆地预计,人类食物的蓝色革命即将拉开序幕。根据这段文字,"人类食物的蓝色革命"是指(   )。
> A. 对海洋产品进行深度加工,提高其利用率
> B. 海水养殖业将逐渐取代传统农业的主导地位
> C. 加大深海养殖的力度,弥补近海养殖的不足
> D. 海洋鱼类资源将在人类食物结构中占较大比重

(2) 数理能力。理解、把握事物间的量化关系和解决数量关系问题的技能,主要是对数字的良好理解,正确把握数字所代表的实际内容含义,并能对数字作出加工和运算。例如:

---

① L. Schmidt, E. Hunter. The validity and utility of selection methods in personal psychology: Practical and theoretical implications of 85 years of research findings. Psychology Bulletin,1998,124(2):262-274.

> 大伟、小李、老刘、老张合租了一套房租为7 200元的公寓,大伟支付的租金是其他三人所支付租金的1/4,小李支付的租金比其他三人少50%,老刘支付的租金占其他三人所支付租金的1/3,则老张支付的租金是( )元。
>
> A. 1 440　　　　　　　　　　B. 1 560
> C. 1 800　　　　　　　　　　D. 2 400

(3) 推理判断能力。对事物本质及事物间关系的分析推理能力,涉及对图形、语词概念、事物关系和文字材料的理解、比较、组合、演绎和归纳等。例如:

> 1. 近几个月来,离开"北上广"前往二、三线城市发展的人越来越多。这表明,更多的人放弃了在大城市就业而是选择回家乡发展事业。为使上述结论成立,以下哪项陈述必须为真?( )
>
>   A. 离开"北上广"人数的增加并没有同时伴随其他大城市就业人数的减少
>   B. 选择在大城市发展的人数并没有大的增减变化
>   C. 在"北上广"发展事业比其他大城市更难
>   D. 只有当在大城市没有发展空间时,人们才会选择去二三线城市发展
>
> 2. 把下面六个图形分为两类,使每一类图形都有各自的共同特征或规律,分类正确的一项是( )。
>
>
>
> A. ①⑤⑥,②③④　　　　　　B. ①②④,③⑤⑥
> C. ①③④,②⑤⑥　　　　　　D. ①④⑤,②③⑥

(4) 知觉速度与准确性。对数字、字母和汉字等视觉符号快速而准确的觉察、比较、转换和加工的能力,反映感觉、知觉、短时记忆和识别、判断等心理过程。例如:

> 方法　自然　产品　模型　成熟　规律　技术　研究　通讯　判断　科学　理想
>
> 1. "试验理想领域通讯物质"上述词表中出现了（　　）个？
>   A. 1　　　　　　　　　　　　B. 2
>   C. 3　　　　　　　　　　　　D. 4
> 2. "办法迅速现实研究自然"上述词表中出现了（　　）个？
>   A. 1　　　　　　　　　　　　B. 2
>   C. 3　　　　　　　　　　　　D. 4
> 3. "理想根据刺激研究科学"上述词表中出现了（　　）个？
>   A. 1　　　　　　　　　　　　B. 2
>   C. 3　　　　　　　　　　　　D. 4
> 4. "成熟事实方法模拟信息"上述词表中出现了（　　）个？
>   A. 1　　　　　　　　　　　　B. 2
>   C. 3　　　　　　　　　　　　D. 4

（5）空间判断与形状知觉能力。对立体图形、平面图形与立体图形之间关系的理解能力，以及对实物或图形细微差异或细小差别进行正确知觉和辨别的能力。例如：

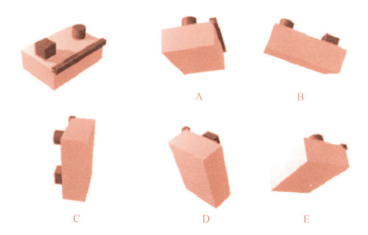

（6）思维策略。思维过程的逻辑严密性、思路清晰性，以及思维的创新性、发散性、灵活性等等，反映了人们快速、巧妙、准确解决问题的能力。例如：

下面这个图形是用砖堆起来的,还需要几块砖,就能使它成为一个三角锥?

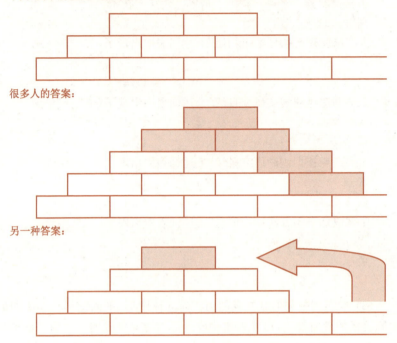

不同行业从业者的能力要求组合举例如图10-8所示。

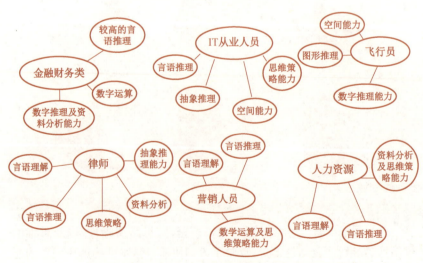

图10-8 不同行业从业者的能力要求组合示例

二、人格/个性测验

1. 什么是人格

人格是个体所具有的、与他人相区别的、独特而稳定的思维方式和行为风格。例如:郭靖生性憨厚、思想单纯,韦小宝八面玲珑、见风使舵,令狐冲放浪不羁、重义轻利,乔峰大气磅礴、正义凛然。

不同人格特征的人会在工作和生活中有不同的表现:

(1) 人格会影响人对事物的理解。如有些人看待事物比较乐观,有的人比较悲观;有些人比较独立,有些人容易被别人的意见所左右。

(2) 人格会影响人们处理事物的方法。如有人果断,做事雷厉风行,有人优柔寡断,犹豫不决;有些人情绪稳定,心平气和,有些人喜怒无常。

2. 人格在人力资源管理中的作用

个性-因素论认为,如果个性适宜于某种职业,那么个体就能感到满足,并能创造出良好的工作绩效(见图10-9)。

图10-9 个性与职业匹配性示例

大量研究发现,自信、有竞争性、情绪稳定、有责任意识的外倾者容易获得高的工作绩效,责任心和情绪稳定性与工作绩效始终呈现出稳定的关系。认知能力更能预测任务绩效,个性因素更能预测周边绩效(周边绩效是指对组织、社会和心理环境的额外工作,包括自愿承担分外的工作任务、在工作中始终保持热情,经常帮助别人与别人合作共事,严格遵守组织制度与程序,支持和维护组织目标,它有助于组织上下沟通畅通,减少工作紧张和不良工作情绪)。人格能够与企业文化构成一种特定的匹配,从而有效地预测员工的工作满意度。对于组织来说,了解员工的人格特质,不仅有助于解释及预测员工的行为,而且可以作为人员甄选、雇佣、调职以及晋升方面决策的辅助工具,以增加组织运作的效益,促进员工的工作满意度。

3. 描述人格的两种理论

(1) 类型论。

根据某种标准把人格划分为多个类型。一个人只属于其中的某个类型。类型论的两个假设:一是每个人都适合于一种人格类型;二是同一类型的人基本上都是相似的,某一类型的人的行为与其他类型的人的行为明显不同。

(2) 特质论。

用多个基本的特质来描述人格,每个特质都是对立两端联系起来所构成的一个维度。任何人在这个维度上都有一个确定的位置。

特质论关注人格和预测行为,而不是解释人们为什么会表现出这样的行为(见图10-10)。

图 10-10　特质论关注人格和预测行为

4. 人才测评中常用的类型论测评工具

人才测评中常用的类型论测评工具包括:MBTI 人格测验、DISC 个性测验、职业倾向性测试、冲突管理风格测验,等等。

以 MBTI 人格测验为例,MBTI 是由 Katherine C Briggs 和她的女儿 Isabel Briggs Myers 共同开发的。

从四个维度考查个人的偏好。

- 能量倾向:Extraversion　　(E) vs. Introversion
  (I) 外向/内向

- 接受信息：Sensing (S) vs. intuition (N) 感觉/直觉
- 处理信息：Thinking (T) vs. Feeling (F) 思考/情感
- 行动方式：Judging (J) vs. Perceiving (P) 判断/知觉

（1）人们与世界的相互作用方式。

内向 I：

关注外部环境的变化对自己的影响。将心理能量和注意力聚集于内部世界，注重自己的内心体验。例如：独立思考，看书，避免成为注意的中心，听的比说的多。

外向 E：

关注自己如何影响外部环境，将心理能量和注意力聚集于外部世界和与他人的交往上。例如，聚会、讨论、聊天。

（2）人们获取信息的主要方式。

感觉 S：

关注由感觉器官获取的具体信息，看到的、听到的、闻到的、尝到的、触摸到的事物。例如，关注细节、喜欢描述、喜欢使用和琢磨已知的技能。

直觉 N：

关注事物的整体和发展变化趋势，灵感、预测、暗示，重视推理。例如，重视想象力和独创力，喜欢学习新技能，但容易厌倦、喜欢使用比喻，跳跃性地展现事实。

（3）人们的决策方式。

思考 T：

重视事物之间的逻辑关系，喜欢通过客观分析做决定评价。例如，理智、客观、公正。

情感 F：

以自己和他人的感受为重，将价值观作为判定标准。例如，有同情心、善良、和睦、善解人意，考虑行为对他人情感的影响。

（4）人们的工作方式。

知觉 P：

灵活，试图去理解、适应环境，倾向于留有余地，喜欢宽松自由的生活方式。例如,重视过程,随信息的变化不断调整目标,喜欢有多种选择。

判断J:

喜欢做计划和决定,愿意进行管理和控制,希望生活井然有序。例如,重视结果,按部就班,有条理,注重时间限制,喜欢做决定。

四种方式组合成为16种人格类型,如图10-11所示。

ISTJ 检查员型	ISTP 冒险家型	INFJ 博爱型	INFP 哲学家型
ESTJ 管家型	ESTP 挑战者型	ENFJ 教导型	ENFP 公关型
ISFJ 保护者型	ISFP 艺术家型	INTJ 专家型	INTP 学者型
ESFJ 主人型	ESFP 表演者型	ENTJ 统帅/CEO型	ENTP 智多星型

图10-11 MBTI16种人格类型

5. 人才测评中常用的特质论测评工具

人才测评中常用的特质论测评工具包括:大五人格测验、卡特尔16种人格测验、加州心理量表,等等。

以大五人格测验为例。

- 外向性:爱交际,精力充沛、乐观、友好和自信 VS 含蓄、自主与稳健。
- 宜人性:乐于助人、可靠、富有同情心 VS 敌意、多疑。前者注重合作而不是竞争;后者喜欢为了自己的利益和信念而斗争。
- 尽责性:做事有计划,有条理,持之以恒 VS 马虎大意,见异思迁,不可靠。
- 情绪稳定性:因压力心烦意乱 VS 自我适应良好,不易于出现极端反应。
- 开放性:不墨守成规、独立思考 VS 传统、喜欢熟悉的事物多过喜欢新事物。

三、工作动机测验

1. 什么是动机

动机是在需要的刺激下直接推动人进行活动以达到一定目的的内部动力。工作动机就是人为什么而努力工作。

为什么要测评工作动机？美国心理学家威廉·詹姆斯经研究发现，在一般情况下，人们只需发挥 20%—30% 的能力，就可应付自己的工作。但当其受到激励的情况下，其能力可以发挥到 80%—90%。

研究表明，工作绩效的高低，取决于能力和激励水平两个因素：

$$工作绩效 = f(能力 \times 激励水平)$$

2. 人才测评中常用的动机测评工具

人才测评中常用的动机测评工具包括：马斯洛（A.Maslow）的需要层次理论、阿尔德弗（C.F. Alderfer）的 ERG 理论、麦克里兰（P.C. Meclelland）的成就需要理论、赫茨伯格（F.Herzberg）的双因素理论。

以麦克里兰的成就需要理论为例，如图 10-12。

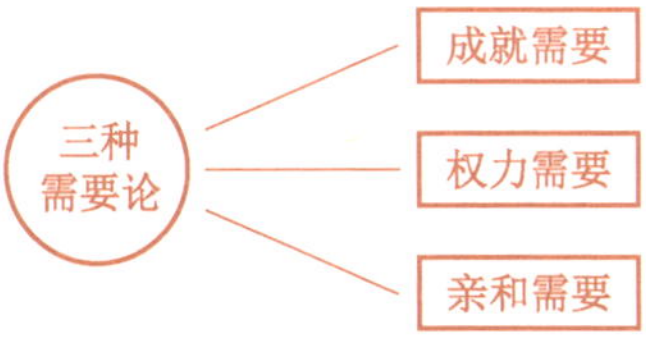

（1）高成就动机者的特点：寻求成功，自己设定挑战性的目标；喜欢通过自己的努力解决问题；要求立即得到反馈信息，弄清工作结果。

图 10-12 麦克里兰提出的三种需要

（2）高权力动机者的特点：寻求获得、保持和运用对他人的影响和支配。

（3）高亲和动机者的特点：寻求与人群保持密切的联系；倾向于与他人进行交往；对失去某些亲密关系的恐惧和对人际冲突的回避。

成就需要强烈的人难以成为有效的领导者。成就需要强的人，首先会考虑自己如何做好；权力需要强的人，首先会考虑让谁去干更好。亲和需要强烈的人也难以成为有效的领导者。个人化权力强的人无法成为有效的领导者，社会化权力强的人才能成为有效的领导者。

四、职业兴趣测验

1. 什么是职业兴趣

人们对某种职业活动具有的比较稳定而持久的心理倾向，伴有浓厚的情绪状态。

为什么要测评职业兴趣？（见图10-13）

图10-13　职业兴趣示例

首先，对于个体而言，职业兴趣是人们进行职业选择的重要依据，从事自己感兴趣的职业，可以使人更快地熟悉并适应职业环境和职业角色，发挥个体的主动性和创造性，开发个体的潜力。当个人的职业兴趣与职业环境一致时，更容易导致更多的职业投入与更高的职业成就，充分发挥个体的才能。还可以长时间保持高效而不感到疲劳，有利于个体身心健康。其次，对于企业来说，从事自己感兴趣的职业的员工不仅工作效率高，而且满意度高，不易产生工作倦怠，离职倾向低，能够保持工作的长期性和稳定性（见图10-14）。

图10-14　职业兴趣与离职倾向

2. 人才测评中常用的职业兴趣测评工具

以霍兰德职业兴趣量表为例，如图 10-15。

图 10-15　霍兰德职业兴趣类别

五、情绪智力测验

1. 什么是情绪智力

情绪智力就是识别和理解自己和他人的情绪状态，并利用这些信息来解决问题和调节行为的能力。在某种意义上，情绪智力是与理解、控制和利用情绪的能力相关的。

情绪智力（情商），由两位美国心理学家约翰·梅耶和彼得·萨洛维于1990年首先提出。1995年，丹尼尔·戈尔曼出版《情绪智力：为什么情商比智商更重要》一书①。

为什么要测评情绪智力？

（1）高情绪智力者的管理绩效显著高于低情绪智力者（Slaski & Cartwright，2003）②（见图 10-16）。

图 10-16　情绪智力与管理绩效

（2）情绪智力能够正向预测组织承诺，情绪智力使个体在面临工作中的沮丧和冲突时仍能承担组织赋予的责任（Abraham，1999）③（见图 10-17）。

图 10-17　情绪智力与组织承诺

---

① Daniel Goleman. Emotional intelligence：Why it can matter more than IQ. New York：Bantam Books，1995.
② Mark Slaski, Susan Cartwright. Emotional intelligence training and its implications for stress, health and performance. Stress & Health：Journal of the International Society for the Investigation of Stress，2003，19(4)：233.
③ Abraham R . Emotional intelligence in organizations：A Conceptualization. Genetic, Social & General Psychology Monographs，1999，125(2)：209-214.

(3) 情绪智力能够部分预测工作满意度(Bar-on，1997)①。情商高的人，工作满意度通常比较高。

(4) 具有高情绪智力的个体，具备较好的社会技能，工作晋升有更多的可能性(Higgs & Dulewicz,2014)②。

(5) 情绪智力缓冲了职业压力与消极健康间的关系(Oginskn-Bulik,2005)③。

(6) 情绪智力与领导力有显著相关(Barbuto & Burbach,2006)④。
领导工作是那些需要高度社会互动的工作，而情绪智力恰恰反映了这方面的内容。

2 人才测评中常用的情绪智力测评工具

人才测评中常用的动机测评工具包括：Mayer-Salovey-Caruso 情绪智力测验(MSCEIT)⑤、情绪智力量表(EIS)，等等。

以 Mayer-Salovey-Caruso 情绪智力测验(MSCEIT)为例，如图 10-18。

(1) 认识自身情绪：能认识自己的感觉、情绪、情感、动机、性格、欲望和基本的价值取向等，并以此作为行动的依据。

(2) 管理自身情绪：对自己的快乐、愤怒、恐惧、爱、惊讶、厌恶、悲伤、焦虑等体验能够自我认识、自我协调。

(3) 自我激励：指面对自己欲实现

图 10-18 MSCEIT 测量维度

---

① Bar-On R.. Emotional Quotient Inventory: Technical Manaual. Toronto, ON : Multi-Health Systems Ins, 1997.
② Higgs Malcolm, Dulewicz Victor. Antecedents of well-being: A study to examine the extent to which personality and emotional intelligence contribute to well-being. International Journal of Human Resource Management,2014，25(5):718-735.
③ Oginskn-Bulik N. Emotional intelligence in the workplace: Exploring its effects on occuptional stress all health outcomes in human service workers.International Journal of Occupational Medicine and Environmental Health,2005,18(2):16-175.
④ Barbuto J.E. Jr., Burbach. M.E. The emotional intelligence of transformational leaders: A field of elected officers. The Journal of Social Psychology, 2006,146(1):51-64.
⑤ Mayer J D, Salovey P, Caruso D R. Mayer-Salovey-Caruso Emotional Intelligence Test (MSCEIT V2.0) user's manual. Toronto, ON: MHS,2002.

的目标,随时进行自我鞭策、自我说服,始终保持高度热忱、专注和自制。

(4) 认识他人情绪:指对他人的各种感受,能设身处地地、快速地进行知觉判断,了解他人的情绪、性情、动机、欲望等,并能作出适度的反应。

(5) 人际关系管理:容易认识人而且善解人意,善于从别人的表情来判读其内心感受,善于体察其动机想法(见图10-19)。

图10-19 情绪智力在管理情境中的表现

第十一章 评价中心技术组合、结果整合与使用误区

本章导读

评价中心技术是一系列方法的组合,按照评价中心技术的组合原则,要了解受测者是否具备拟任岗位的胜任能力和素质,至少要结合使用两种以上的测评工具。依据岗位特点和测评维度,选择适合的测评工具并进行组合。而通过测评得到的结果,需要做整合,包括单个评价者的评价信息汇总和多个评价者的评价信息汇总。本章将介绍技术组合的原则和方法,评价结果整合的方法,并对评价中心设计及使用中常常出现的一些误区进行剖析与澄清。

知识重点

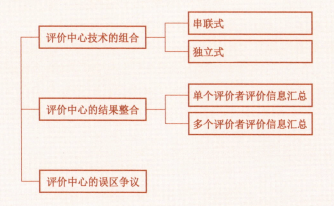

第一节　评价中心技术的组合

一、评价中心技术的组合原则

按照评价中心技术的组合原则,要了解受测者是否具备拟任岗位的胜任能力和素质,至少要结合使用两种以上的测评工具。依据岗位特点和测评维度,选择适合的测评工具并进行组合。

对评价中心的各种技术进行组合,需要遵循以下原则。

(1) 异质性原则。

按照工作方式的不同,评价中心技术可以划分为三种典型工作场景,即个人工作、一对一沟通和一对多互动。在进行工具组合时,应尽可能涵盖多种类型的测评技术(见表 11-1)。

表 11-1　评价中心技术的三种典型工作场景

个人工作情景	一对一沟通情景	一对多互动情景
文件筐测验	角色扮演	无领导小组讨论
案例分析	口头事实搜寻	管理游戏
情境判断测验	结构化面试	即席演讲

例如,在条件相同的情况下,与其采用"2LGD+1 管理游戏",不如改为"1LGD+1 角色扮演+1 公文筐测验"。

(2) 针对性原则。

每种测评工具所诱发的行为类型都是有一定区别的,不同测评维度需要用有针对性的测评工具来测量。例如,对"组织协调能力"的测量,无领导小组讨论就是比较适合的工具,如果将其用于创新思维的测评就不太合适。

(3) 重点突出原则。

在设计与开发评价中心技术时,要考虑到目标岗位对哪个测评维度要求较高,并选用适合测量该维度的工具。测评工具使用错误,会对测评结果产生很大的影响(见表 11-2)。

(4) 效率与准确性并重原则。

不同测评工具的复杂性不同,测评时间也有很大差异。不同测评工具的复杂性不同,测评时间也有很大差异。例如,无领导小组讨论实施

表 11-2　情景模拟测验与岗位层级对应关系

情景模拟测验	一般员工	中层管理者	高层管理者
案例分析		√	√
口头呈现	√	√	
无领导小组讨论	√	√	
角色扮演	√	√	√
文件筐测验		√	√
口头事实搜寻	√	√	√
管理游戏			√

时间需要大约 1.5—2 小时,公文筐需要 1—1.5 小时,角色扮演需要 20—30 分钟,即席演讲需要 10—20 分钟。应该平衡好测评的时间成本与测评的准确性。每一位受测者的全部测评时间不应持续太长,过多的测评形式和内容会加重受测者的负担,过度疲劳和压力过大可能会造成测评工具无法反映受测者的真实能力水平。一项实证研究表明,4 种评价中心工具组合的预测效度为 0.25—0.30,而到了 6 个以上的工具组合时,预测效度将不再随着工具的增加而增加。

(5) 效度增量原则。

评价中心技术包括多种测评工具,这些工具分别侧重于不同的测评维度,评价中心工具组合中每新增加一种工具,都要发挥其价值,测量已有工具不能很好地测量到的维度。

公文筐测验能够较好地测查受测者的系统思维,但难以测查出团队合作和领导力,而无领导小组讨论则能够较好地考查到团队合作和领导力。

二、评价中心技术的组合形式

1. 串联式

不同的技术方法共用同一背景材料,如组织描述、操作规则和规范、多个职位上的不同人物、岗位说明等,称为串联式(见图 11-1 和图 11-2)。

串联组合形式的优点主要有:(1)表面效度高,近似于真实的工作和企业,真实的工作情境中,所有事件都是相互关联的。(2)可以测量被测

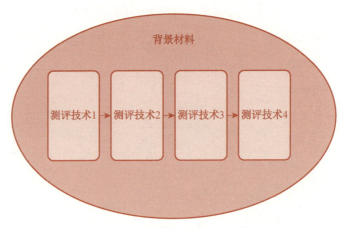

图 11-1　串联组合形式示意图

图 11-2　串联组合形式示例

者利用整合信息的能力。没有信息是真正独立的。(3)如果被测者在先前的测试中表现不佳,有机会进行自我反省和修复。

2. 独立式

独立式是指不同测评相互之间没有关联(见图 11-3)。

独立组合形式的优点包括以下几点。

图 11-3　独立组合形式示意图

（1）管理者的职责通常是零碎的，由短暂、分离的交互过程构成，因此，一系列独立、无关的测评与管理者的日常工作更接近（见图 11-4）。

图 11-4　独立组合形式示例

（2）在公文筐测验中表现不佳，还有机会在小组讨论中重新开始。

（3）单独的测评能够对测评维度进行独立测量。如果评估基于几种不同的、彼此非虚假相关的观察上，那么它会更稳定、更准确。

3. 选择串联式还是独立式

需要根据你的测评目的而定,不能一概而论。如果测评目的是对管理技能进行准确的评估,那么选择独立式比较好,这样我们就能获得若干个独立的测量;如果测评目的是要被测者熟悉企业的运作流程,那么做一个企业一天生活的演练就不错。

三、主观性测评与客观性测评的组合

需要评价者作出主观评价的,统称为主观性测评,比如小组讨论、角色扮演、即席演讲之类的;把基本不需要评价者作主观评价的,统称为客观性测评,比如纸笔测验、背景访谈、情景判断测验等。

1. 主观性测评和客观性测评平行施测

在平行程序中,纸笔测验、背景访谈等客观性测评跟主观性测评以相同的方式进行施测,并同样提供给测评师信息,让他们同时考虑并形成指标评分(见图11-5)。

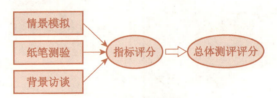

图11-5 平行程序评分流程

平行程序的优点在于,所有信息都会被充分利用,从而得到指标得分。这种程序的不足在于,提前获知的信息会造成评价者先入为主的印象,或者过于依赖纸笔测验得分。

2. 主观性测评和客观性测评序列施测

序列程序的优势在于其信息的主要来源在测评早期阶段保持独立,不会相互影响或"污染"(见图11-6)。

图11-6 序列程序评分流程

第二节 评价中心的结果整合

一、评价中心结果整合的理论基础——社会认知的两种理论

1. 行为导向理论

行为导向理论认为，社会判断是一种客观的过程，在此过程中人们将收集许多具体的事实信息片段，然后以一种系统和有逻辑性的方式整合这些信息，从而形成一种准确的判断。即人们能够注意到他人的行为细节，记忆特定事件，并在事实的基础上形成客观的判断。

2. 图式导向理论

图式导向理论认为，人对行为的观察会受到主观偏见的影响，人们有选择地存储和使用特定的信息，而且人们记忆先前的事件并作出准确判断的能力是有限而且有缺陷的。即我们对他人行为的思考受到我们先前知觉、记忆和推断的影响，难以客观看到许多细节行为，我们的记忆很大程度上是由对他人的整体印象和宽泛的评价所构成的。

所谓图式，是人脑中已有的知识经验的网络，如图11-7所示。

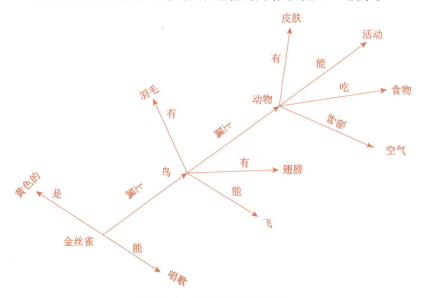

图11-7 动物和鸟的图式

个体过去的经验不同,对相同对象的认知也会有不同的结果。现代社会心理学用"图式"概念来解释这一现象。

进行社会知觉时,图式对新觉察到的信息会起引导、组合的作用。为了节省时间与精力,人们常常用图式化的方式去处理大量的信息。图式的重要性就在于它有助于我们快速而经济地处理大量信息。但同时图式化也常常导致认知上的主观、简化、片面和顽固坚持原有看法,妨碍人们对信息的全面准确接收。评价中心假设评价者能够系统地观察和使用活动中所产生的行为信息。

二、单个评价者的评价信息汇总

几乎所有评价中心都需要评价者当场做笔记,记录被测者的"行为"(见表11-3)。

表11-3 单个评价者的评价信息汇总表

行为方向	维度	行为1	行为2	行为3	
+	领导力	清楚地界定工作目标	两次表示希望加强下属小张的技能	纠正小张的缺点	……
+	敏感性	向李强问好并握手			
-	敏感性	并没有直接回答问题			
+	领导力	表示他希望李强清晰地理解该程序			
……	……	……			

根据行为观察记录,进行行为归类(见图11-8)。

三、多个评价者的评价信息汇总

在对照测评行为观察记录的基础上,每个评分者都会对每个受测者的每个维度作出初步评分。把所有这些评分汇总在一张表格上(见表11-4)。

1. 整体测评指标评分

怎么才能知道每名受测者的总体评价情况呢?这涉及两个问题:一是不同评价者间的评价整合;二是不同维度间的评价整合。

第十一章 评价中心技术组合、结果整合与使用误区

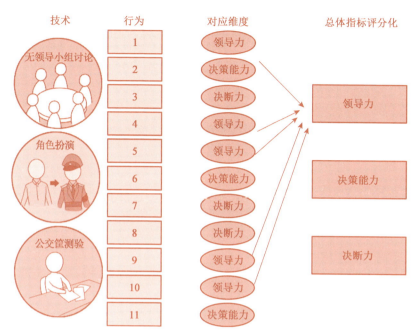

图 11-8 行为观察分类

表 11-4 多名评价者的评价信息汇总

测评维度	评价者 1	评价者 2	评价者 3
领导力	4	4	4
决策能力	2	2	2
判断力	2	3	3
语言沟通	3	4	3
计划组织	2	2	4

评价者应该就每个维度评分进行充分的讨论,并达成一致。例如,经过充分的讨论,小 A 的各维度最终得分如表 11-5 所示。

表 11-5 小 A 的评价信息汇总

测评维度	评价者 1	评价者 2	评价者 3	最终评分
领导力	4	4	4	4
决策能力	2	2	2	2
判断力	2	3	3	3

续表

测评维度	评价者1	评价者2	评价者3	最终评分
语言沟通	3	4	3	3
计划组织	2	2	4	4

每个维度的最终得分,既不是求平均分,也不是少数服从多数。

2. 整体测评得分

对于是否有必要计算出每个人的测评总分,要看测评的目的而定。如果用于选拔或晋升的目的,那么测评总分是必要的;如果用于培训或发展的目的,单单一个整体评分显然是不恰当的。

3. 结果整合的两种方法

(1) 讨论法。

讨论法要求评价者依据他们对每一条信息的重要性的评价来整合信息,经过讨论达成一致并作出判断。

评价者通常依次对受测者在每个测评项目中、在所有标准上的表现给出一致分数。Boyle 等人(1995)总结了两种讨论方法:第一,评价者报告证据,给出自己的评定,其他评价者讨论证据,同意或修改。这是最传统的方法。第二,评价者报告证据,其他评价者讨论证据,小组达成一致评定[1]。Knapp 等人(2011)认为,第一种方法更合适,争议更小,可对不同观点公开讨论。解决讨论中的争议,重点在于评价者达成一致的判断标准[2]。

通常讨论法会用"晋升的可能性"或"此人是否应该晋升"来给出结论。

(2) 统计法。

用一些数学公式来"整合"信息,每个维度赋予不同的权重。例如:整体测评得分=4×决策能力+2×领导力+敏感性+客户导向。这种方法的关键,在于权重的确定。这就需要用一些诸如多元回归的方法。多元回归是一种统计方法,简单地说,就是 A 对 B 的影响到底有多大。

---

[1] 马庆霞.评价中心技术的设计实施策略和研究进展.中国人力资源开发,2015(12):54-60.

[2] Knapp, P. R., Mujtaba, B.G.. Strategies for the design and administration of assessment center technology: A case study for the selection and development of employees. Journal of Business Studies Quarterly, 2011, 2(2):154-171.

第十一章 评价中心技术组合、结果整合与使用误区

讨论法和统计法孰优孰劣？这个问题不可一概而论。这两种技术都有理论研究和实践的支持。Thornton 和 Rupp(2006)研究发现,不管一致讨论还是统计整合方法都能导致总体评估等级和表现标准间的更高相关。如果企业已经做过足够多的测评,并且能够通过研究分析得出一个可靠的公式时,统计法可能更合适。在大多数企业,讨论法还是用得更多些。也有企业尝试将两种方法结合使用,以图 11-9 为例。

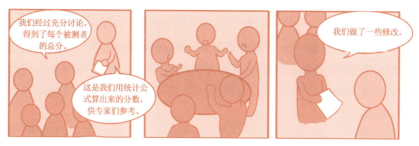

图 11-9 统计法与讨论法的结合

第三节 评价中心的误区争议

评价中心设计及使用中常常会出现一些误区,本节将对这些误区进行剖析与澄清,帮助读者客观、全面地看待评价中心技术,并减少评价中心使用中的随意性和主观性,提高技术使用的准确性。

(1) 在评价中心测评中,使用的测评指标和方法越多越好吗？

企业总希望获得最准确的测评结果,往往认为评价的指标和所采取的评价方法越多越好。实践中,一个典型的评价中心项目一般使用 5 项左右的技术,但有些企业使用了多达 10 项或 11 项技术。使用大量和多样的技术,确实会在一定程度上提高评价中心的准确性。但同时,评价中心的长度并不影响它的预测准确性。也就是说,将评价中心加长增多,确实能使评价更准确,因为给了考官更多的机会观察、评价和修正评价结果;然而,这种评价结果的准确性,对于评价中心预测效度的增益是有限的。

能力素质是无穷尽的,评价中心所采用的评估模型体现的是最能预测目标岗位绩效高低的核心或关键能力素质,其他能力素质对预测绩效

的贡献度相对较低。当测评掺杂进与绩效预测相关度较低的能力素质时，核心能力素质在整个综合评价中所占的比重则会相应降低，这反而会影响预测的准确性。对于选择评价方法也是如此，当采用2—3种方法从不同角度对测评对象的某项能力素质进行评价后，已经完全可以有效把握该项能力的状况，此时若再增加其他方法，也只是对现有评价结果的反复验证，不仅浪费时间和精力，过多的测评必然导致过长的测评时间，可能引起被测者的疲劳或反感，从而影响测评的准确性。

因此，重要的是选择核心的评价指标和最适合的评价方法。这里强调多种类型和数量。为什么需要多种类型和数量的技术？因为根据交互推断理论，我们通过寻找他人行为中固定的、跨情境的品质来解释行为。如果观察到跨情境的行为具有一致性，则可推断某种特质的存在（见图11-10）。

多种技术是有必要的，但不代表需要两个以上同一类型的技术，例如：在一次人才测评中，设计四场无领导小组讨论，不如采用小组讨论、角色扮演、公文筐测验和即席演讲的组合更好。

（2）测评结果绝对可靠吗？

相对而言，评价中心的测评结果具有较高的准确性和有效性。但由于评价中心是一种主观性测量而非物理测量，因此结果必然包含一定的误差。而且，评价中心结果仍然不必避免受到多种因素的影响，例如，测评程序设计、实施流程、工具质量、考官评分水平、受测者动机等，因此测评结果不可能绝对可靠，存在一定的偏差或误差。因此，对于测评的设计、实施与评分，需要按照规范化、科学化、标准化的流程进行，确保测评具有足够的科学性和准确性。对于测评结果的接受和使用，也需要作出综合的考量和决策。

（3）测评结果能代替人事决策吗？

人事决策是一项复杂的决定。评价中心只是评价了他的胜任素质，至于人与岗位、人与组织的匹配，还需要通过结合其他方式的信息（见图11-11）。

（4）评价中心可以随意应用吗？

评价中心技术的方案设计、试题开发、组织实施和观察评估都要求很强的专业性，不应随意应用，否则只是浪费了组织的人力、物力、财力，甚至使得受测者对组织的人才测评和选拔的严肃性产生质疑和抵触，进而对组织的人力资源管理活动减少信任（见图11-12）。

第十一章　评价中心技术组合、结果整合与使用误区

图 11-10　跨情境行为的一致性

图 11-11　人事决策复杂性示例

第十一章 评价中心技术组合、结果整合与使用误区

图 11-12　评价中心随意应用

(5) 评价中心技术对什么岗位都能用吗？

岗位不分高低，但岗位的价值和贡献度有所不同。评价中心的成本较高，在使用时应考虑投入产出比，不宜盲目使用。评价中心传统上应用于经理人员，在实践中逐渐扩展到不同层级的员工，包括新进员工和非管理层员工。由于岗位层级低、人数众多，一些组织在使用评价中心时进行了简化或降低难度。这类简化评价中心的准确性和有效性的研究证据目前积累得还不多，有待进一步验证。另外，评价中心的所有方法并非都适用于所有岗位类型，例如，对于财务人员的选拔和评估，无领导小组讨论这种需要较多人际互动的方法就不太适用。

(6) 购买评价中心题目或题库就等于获得评价中心技术了吗？

在一些企业看来，评价中心技术无非是题目，只要有题目谁都能使用评价中心技术，构建企业自己的评价中心只要购买一套为企业定制的评价中心题目即可。实际上，评价中心技术转移是一个极为专业的过程。测评专家在帮助企业构建内部评价中心时，必须根据企业的实际情况，综合把握企业的发展战略、用人理念等相关信息。对需要进行评价的岗位进行深入研究，从工作分析入手，把握每个目标岗位的关键职责和能力素质要求，建立相应的素质模型或评估模型体系。此后的内部评价中心构建项目，都应该在这一套评估模型的指导下进行。将系统化、标准化的评价中心框架和流程传递给企业，教会企业如何操作评价中心，如何准确地完成人才评价工作，才是评价中心技术转移的核心目的。此外，还应注意的是，企业内部评价中心一旦构建完成也并非永远有效，随着企业的发展，企业的战略目标、组织架构、岗位职责和能力素质要求、人员整体能力素质变化等都会相应地发生变化。因此，评价中心体系也需要做出相应的动态调整与更新，包括胜任力模型的调整、评价方法的变化、题目更换、常模修订等。

测评专家在帮助企业构建内部评价中心时，必须遵循科学严谨的流程（见图11-13）。

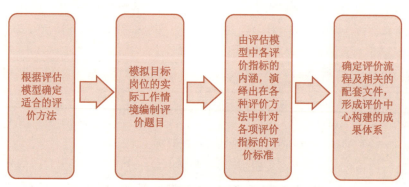

图11-13　企业构建内部评价中心的流程

第十二章 评价中心技术的新趋势和新发展

本章导读

随着计算机科学的发展,计算机领域的技术逐渐进入心理测量的视野,这些新方法同心理测量结合后形成了一些令人耳目一新的心理测量方法。心理学领域的相关研究也为心理测量开辟了新的应用思路。本章将分为认知神经科学、人工智能、大数据三个部分进行展开介绍。由于新方法的出现,评价中心技术也呈现出新的发展趋势,如发展导向、电子化、非正式化、重新重视心理测验等。发展中心是为了开发员工潜力而进行的素质测评,相对测评而言,更重发展。评价中心技术与信息技术、多媒体技术等电子化技术结合起来即评价中心的"e化",有助于降低施测成本和时间上的消耗。此外,评价中心在技术上也更加灵活,即非正式化。本章我们还提出企业在人力资源管理实践中的应用忠告。

知识重点

第一节　人才选拔的新方法概述

随着计算机科学的发展,计算机领域的技术逐渐进入心理测量的视野,这些新方法同心理测量结合后形成了一些令人耳目一新的心理测量方法,这些新的测量方法既有采用网络数据对人进行分析的,也有对语言进行分析的,还有采用图像处理方法对人进行鉴别。这些新方法的出现主要基于内部和外部原因。

一是传统心理测量的弊端。传统心理测量中的纸笔测验一般采用自陈式问卷,要求候选人将自己代入这种情景,然后依据自己的(或可能的)行为反应进行填答。影响纸笔测验效度的一个重要因素是候选人会受到社会称许性的影响,有一定的自我掩饰性,即候选人会揣测出题人的真实意图并按照社会期待的标准填答,导致测验失效。另外,心理测验基于统计学进行推论,对题目数量和测验长度有一定要求,可能引发答题者的疲劳和抗拒效应。近年来企业在进行人才选拔时对所使用的纸笔测验常有抱怨和不满。

二是计算机科学的蓬勃发展。计算机科学领域最令人瞩目的可谓是机器学习。机器学习(machine learning,简称ML)是一门多领域交叉学科,专门研究计算机怎样模拟或实现人类的学习行为,以获取新的知识或技能,重新组织已有的知识结构使之不断改善自身的性能。机器学习最基本的做法,是使用算法来解析数据、从中学习,然后对真实世界中的事件做出决策和预测。与传统的为解决特定任务、硬编码的软件程序不同,机器学习是用大量的数据来"训练",通过各种算法从数据中学习如何完成任务。人工智能三大奠基人之一、机器学习开创者、开辟机器学习子领域"深度学习"的"神经网络之父"Geoffrey Hinton在深度学习方面做出突破性的贡献后,机器学习迎来了第三次崛起,也就是我们现在看到的人工智能(artificial intelligence,简称AI)的兴起。人工智能与商业需求结合后产生了很多具体应用,比如专家系统(无人驾驶)、计算机视觉(人脸识别)、自然语言处理(语言识别、融合、统计分析)。

三是网络数据的积累。网络出现仅有几十年的时间,但在这几十年的时间中积累了大量的数据,数据中蕴含了丰富的信息和资源,近几年崛起的大数据处理和分析对传统数据分析和处理产生了巨大的冲击。在社会科学领域,传统的研究方法是基于理论和模型。大数据出现后则动摇了依赖理论的研究思路,变为强调数据+理论驱动的研究思路,随着数据处理和分析手段的发展,数据驱动的思路会占据优势地位。

近年来,计算机科学在大数据挖掘和机器学习方面取得的巨大突破,同心理测量碰撞之后产生了新的思想火花,催生了心理测量新方法、新理论的诞生。

心理测量在本质上讲,是对人外显的行为信息依靠心理学家的专业背景进行二次加工,依据心理学理论,对行为背后的心理做深层次解释的方法。对心理测量进行深入研究,可以看到,传统心理测量是典型的理论驱动,其对结果的推断是基于两大基础:一是理论基础,二是数据模型基础。理论模型是指心理学家对行为与心理之间的关系进行深入研究之后,对行为与心理之间的关系所做出的因果解释,理论是基于对经验的总结,来源于经验而高于经验。应用在工业组织心理学领域的理论是指能够阐明行为与心理之间的因果性的说明,商业界通常使用这些理论对人进行辨别和分析。

数据模型是指进行结果推断所依赖的数学模型。量化研究是任何学科实现科学化的必经之路,量化也是心理学的必然。心理学最早是隶属哲学范畴,1879年冯特创造了实验心理学,使得心理学脱胎于哲学的母体成为一门独立的科学,其本质是将人类的心理数字化、客观化的过程。心理测量也是在将人类的心理数字化,通过进一步的统计计算拟合出心理某一方面的统计模型,该模型是心理学家对人类心理进行判断分析的重要基础,也是唯一基础,脱离了统计模型通过心理测量所获得任何结果都不具有比较意义。

计算机科学和统计学的发展,也为心理测量带来了新的发展动力。计算机科学同数据科学的结合所产生的新的研究思路——数据驱动,数据驱动催生了心理学研究的变革。心理学研究以往所采用的统计抽验的研究方法是面对海量数据不得已而为之的方法,大数据出现后为心理学揭示"真实"提供了一种解决方案。数据驱动是指对研究对象的判断不再依靠理论模型的限定,而是把研究任务完全依托于数据,用数据代替科学家的经验。例如在语音识别领域,二代人工智能试图将人类理解语言的经验赋予计算机,进而让计算机实现对人类语言的识别,但是这个办法以失败而告终,同时也带来了人工智能发展的第二次低潮。近年来人工智能在语音识别方面获得了巨大发展,除了计算机算法的突破性进展之外,另一重要原因在于计算科学家在语音识别的算法层面改变了以往了思路,而转求其他的途径实现这个功能,那就是数据驱动加统计分析。让计算机从数据分析的角度去结构人类的语言模型,从概率的角度来判别人类的语音,至此语音识别获得了巨大进展。语音识别研究的思路能为心理测量所用吗?答案是肯定的,目前世界范围内采用数据驱动的心理测量产品已经有了很大的发展。除此之外,人工智能、大数据与心理学也产生了新的研究方法。

心理学领域的相关研究也为心理测量开辟了新的应用思路。下面我们将分为认知神经科学、人工智能、大数据三个部分进行展开介绍,虽然我们将新的心理测量技术分为了三个部分,但是从本质上讲这个三个部分又都是交织在一起,之所以分开是因为他们侧重点不同,也便于我们展开论述。

第二节　人才选拔与认知神经科学

神经科学(Neuroscience)是采用无损的研究方法——神经科学技术研究心理现象的新兴学科。认知神经科学的研究目的是解释心理活动的脑机制,研究的对象包括分子、细胞、脑区和全脑去实现各种认知活动的脑机制,神经科学的研究对象不单单是人类,也包括动物。最早的神经科学就是以动物为实验对象,采用有损技术(单细胞记录技术)进行研究。后随着神经科学研究方法的发展,出现了无损的技术(EEG、MEG、PET、fMRI),对人类神经的研究才开始大规模出现。

神经科学是对大脑进行的研究,狭义地讲是研究解神经系统内分子水平、细胞水平、细胞间的变化过程,以及这些过程在中枢功能控制系统内的整合作用而进行的科学,广义地讲是研究大脑的结构和功能的科学。随着心理学研究的发展,各个领域的心理学家逐渐发现行为水平对心理的研究远远不能解释人类心理的发生和发展的机制,因此神经科学成了众多心理学家关注的焦点,各个心理学分支同神经科学结合形成了众多的交叉研究领域。

对人类神经的研究具有重要的意义和价值,大脑是人体最重要的生理器官,是人的行为中枢和思维中枢,是决定人是最高级动物的最重要的因素。大脑约由140亿个细胞构成,成年人的大脑重约1 400克,皮层厚度约为2—3毫米。大脑主要由灰质、白质、脑脊液构成。灰质由神经元胞体构成，覆盖在端脑的表面，主要负责人类心理的高级功能；位于灰质下面的是白质，主要由神经纤维构成，主要负责神经元细胞之间的联系。人类的大脑是在长期进化过程中发展起来的思维和意识器官。从功能上讲，大脑被分为左右两半球，左脑主要负责分析思维，右脑则主要负责想象、直觉思维、发散思维，左右大脑之间有胼胝体，负责信息的传递。大脑是人类核心的器官，大脑每天消耗的能量占全部消耗的70%—80%。大脑是一切心理现象的物质基础，对大脑机能的研究将彻底揭示人类心理工作的机制。

神经科学对心理测量也产生了一定的影响。人类的心理现象是大脑的产物，一切心理活动都与生理有关，一切心理现象都和生理现象有关。理论上讲可以通过获取生理层面的反应数据反应出人类的心理活动。普通心理学通过生理数据反应心理活动的研究已经相当普遍，例如通过眼动技术来反应兴趣取向、通过监测皮电信号来反应是否说谎、更有研究通过功能性核磁扫描技术来求取大脑激活模式同智商的相关。这些研究都说明通过生理研究是能够获得现象学层面的心理活动的。理论上讲，使用生理指标能够拟合出心理测量所关注的素质维度。相关探索性工作，在美国和英国已经有了一些进展。美国和英国的某些公司开创性了采用认知神经科学研究惯常采用的研究范式，采用AI引擎，基于大数据构建素质模型。

采用认知神经技术为企业招聘服务的流程一般是：通过游戏首先收集一家公司优秀员工的神经行为数据，通过算法评估候选人的记忆、情感能力、风险偏好、公正性和专注力等内容，并将心理特征与特定职业角色之间建立联系。根据在官网上公布的信息，该公司所使用的机器学习的算法能够保证在预测性招聘过程的客观性和无偏性，能够排除传统测量方法的主观性。无偏性是指：(1)获取的数据是神经行为数据，候选人的神经行为数据不受其主观意志的影响而改变；(2)由于其对数据的处理采用了定制机器学习算法最大化预测和提高效率，采用AI引擎进行数据分析能够有效消除面试官对候选人的好恶；(3)由于其所使用的游戏式任务测评的形式，在游戏的过程中候选人卷入程度要远远高于自评式问卷，更容易展示出真实的自我。

传统的纸笔测验是通过语言来进行自评，这种评价方式受很多主观因素的影响，例如社会称许性，候选人会按其对测验目的的猜测进行作答，作答的结果与其说反映了候选人的真实情况，不如说反映了他对测验的猜测。人的行为表现都是源于神经活动,采用认知神经科学的范式收集客观行为数据可以将这些主观因素排除掉。

对数据的处理引入了机器学习方法,可以排除掉对结果评价的主观性。面试官对候选人的评价受面试官自身以及面试官与候选人之间的交互作用的影响,例如晕轮效应、相似效应等,这些效应无疑会使评价结果出现偏颇。定制的机器学习算法中保留了专家经验,这样一来,一方面既能够保证评价结果的专业性,另一方面则排除掉了面试官的主观因素,保证了评价结果的无偏。

心理测量中的表面效度一直是困扰心理学家的问题,虽然表面效度并不算是一个心理测量指标,但是表面效度却能够显著影响候选人的动机,进而影响测量结果。完美的心理测量是候选人通过题面猜测不到测量的目的,能够按照自己的实际情况进行作答,通过对作答结果的分析能够分析出候选人的心理特征。任务式游戏测量是一种很好的方式:一方面,候选人在进行游戏的过程中由于要求及时反应所以几乎没有时间进行二次加工,去猜测游戏的目的;另一方面,行为反应具有客观性,候选人即便是猜测了游戏目的,其表现也会与其真实的行为水平相符合。

例如,采用神经科学的任务式游戏测评应用了任务切换范式,该范式要求候选人在两种不同的任务间,依据不同的线索进行任务转换。在呈现蓝色箭头时,要求候选人按照箭头指示的方向进行按键反应;在呈现绿色箭头时则要求候选人按照箭头所出现的位置进行按键反应;蓝色箭头和绿色箭头随机呈现,候选人要进行又快又准的按键反应。候选人在任务切换范式下所表现出的反应速度和准确性,通过数据推演可以拟合出候选人在不同任务下切换能力的高低,这种任务切换能力在不同的情景下能够展现出不同的表现。在社交情景下,配合对情绪、情景线索的理解能力,任务切换能力就能表现为社交能力的高低。任务切换能力制约了候选人社交能力的高低,任务切换能力低的人其社交能力不会太高。通过语言途径获得社交能力的评价受到多种因素的影响或多或少会出现偏颇,但通过使用机器学习对神经行为数据的拟合,评价结果的客观性就能获得很好的保证。目前,采用神经科学范式进行的测评产品已经有几十种,能够测量多种认知神经指标,通过不同项目之间的组合,以及基于 AI 引擎对数据的拟合能够对上百种维度进行测量。

也有研究机构甚至计划将脑电技术运用到选拔过程中来。脑电技术是指采用采集脑电信号来揭示人类的心理。目前该技术已经应用到出租车司机的选拔上。对地图的存储和应用能力是考核出租汽车司机的一项重要能力，空间认知能力是衡量这项能力的重要指标。人类对空间信息的加工能力能够与大脑的激活直接相关，该公司通过脑电设备测量候选人的大脑激活模式，并能够直接测量其空间加工能力。

随着数据收集手段的丰富和完善，将会有越来越多的指标加入到测量的体系中，比如眼动指标，皮电指标等。当然，还有没有被纳入到这个体系中来的。相信随着技术手段的完善，依靠神经行为数据对人进行测量的手段也会越来越丰富和多样。

第三节　人才选拔与人工智能

从上一节可以看到，基于认知神经科学的选拔工具有一项重要的技术基础——机器学习，也被称为人工智能。人工智能对各行各业都产生了巨大的冲击，《纽约客》曾刊出过一篇文章，警醒大家未来人工智能对人类的冲击。对于人工智能的议论褒贬不一，但是人工智能是科技发展的趋势，它的到来是必然。

人工智能获得第三次飞跃式发展是源于 Hinton 在深度学习方面所做出的卓越贡献，深度学习突破了语音识别等的技术瓶颈。近几年来，各国对人工智能的研究都有了相当大的投入，中国仅在 2017 年在人工智能方面的投融资总规模达到 1 800 亿人民币，在人工智能方面的专利申请数量超过 30 万件。人工智能到底是不是洪水猛兽？我们得深入了解一下人工智能的内涵和外延。

人工智能是一门新兴的科学，它包含研究、开发用于模拟、延伸和扩展人的智能的理论、方法、技术及应用。人工智能是计算机科学的一个分支，从模拟人类的智能出发，以研究能以人类智能相似的方式作出反应的智能机器为目标，人工智能目前所研究的领域包括机器人、语言识别、图像识别、自然语言处理和专家系统等。人工智能所涉及的学科十分广泛，除了以计算机科学为基础外，还涉及了信息论、控制论、自动化、仿生学、生物学、心理学、数理逻辑、语言学、医学和哲学等多门学科。人工智能的研究起步较早，到目前为止共经历了五个发展阶段。

第一阶段:人工智能的兴起

20世纪50年代人工智能概念被首次提出,相关的研究获得了迅速的推进,在机器定理证明、跳棋程序、通用问题求解程序、LISP表处理语言等领域获得较大的进展。然而第一代的人工智能所使用的是消解法,随着研究的深入这一方法并不能有效解决人工智能所面临的问题,最终导致人工智能发展进入低谷,机器翻译就是一个例子。这一阶段的特点是:重视问题求解的方法,忽视知识重要性。

第二阶段:以专家系统为代表的人工智能

人工智能研究沉寂几年之后,随着算法的改进,以专家系统为代表,人工智能在20世纪60年代末再次崛起。在专家系统中,以DENDRAL化学质谱分析系统、MYCIN疾病诊断和治疗系统、PROSPECTIOR探矿系统、Hearsay-II语音理解系统为代表,标志着人工智能技术由研究转向实用。

第三阶段:计算能力的提高

20世纪80年代,计算机技术的发展是人工智能发展的推动力量。日本1982年开始了"第五代计算机研制计划",第五代计算机是指知识信息处理计算机系统KIPS,该计算机处理系统目标是要突破逻辑运算的瓶颈,使逻辑运算达到数值运算的速度。计算机技术的革新与发展形成了第三次人工智能研究的热潮。

第四阶段:神经网络算法

人工智能在这个阶段的发展源于算法的发展。20世纪80年代末,神经网络算法获得了极大的发展,神经网络算法给人工智能研究加入了新的发展动力。1987年,在美国召开的第一次神经网络大会标志着神经网络这一新学科的诞生,也为人工智能注入了新的活力。

第五阶段:基于网络的分布式计算

20世纪的最后十年,是人工智能研究高速发展的十年,这得益于网络技术的进步。早期的人工智能的计算能力是由一台计算机赋予的,随着互联网技术的发展,使得分布式计算成为可能。人工智能开始由单个智能主体研究转向基于网络环境下的分布式人工智能研究。不仅研究基于同一目标的分布式问题求解,而且研究多个智能主体的多目标问题求解,将人工智能更面向实用。此外Hopfield所提出的多层神经网络模型,也推动了人工神经网络研究与应用的发展。

目前人工智能经过几十年的发展,其在很多领域都得到应用,在日常的生活中也出现了人工智能的身影,例如大家熟悉的人机对话、面孔识别等等。人工智能被主要应用于以下领域。

1. 模式识别

模式识别是通过计算机用数学技术方法来研究模式的自动处理和识别。这里的模式是指需要识别的对象,既包括客观的环境也包括识别的物体。人工智能技术使得人类有机会借助机器实现对模式的识别。用计算机实现模式(包括文字、声音、面孔、物体等)的自动识别,是开发智能机器非常关键的一步。汽车自主驾驶技术是集模式识别、智能控制、计算机学和汽车操纵动力学等多门学科于一体的综合性技术。模式识别是实现汽车的自动驾驶功能最重要的一步。要实现汽车的自动驾驶需要摄像机将路况(包括道路情况和车辆情况)信息录入到信息系统,而后对录入的图像信息进行图像处理和识别,才能进行后续操作。

2. 专家系统

专家系统是一种模拟人类专家解决领域问题的计算机程序系统。专家系统包含一个某领域的专家水平的知识与经验的数据库,并且该系统能够运用这个数据库对要解决的问题进行推理和判断。根据专家系统处理的问题的类型,把专家系统分为解释型、诊断型、调试型、维修型、教育型、预测型、规划型、设计型和控制型等 10 种类型。目前专家系统已经在多个领域进行了应用,例如血液凝结疾病诊断系统、电话电缆维护专家系统、电力系统专家系统等等。实现专家系统最关键的是建立专家知识库,该知识库存储有某领域中进行过总结和分析并按照某种模式整合起来知识体系,以及模拟专家解决实际问题的推理逻辑。目前,专家系统主要采用基于规则的知识表示和推理技术。

3. 机器翻译

国际交流日益频繁,语言不畅是沟通的一大障碍,以往语言的转换通常是由人来执行的。自然语言处理技术的发展催生了一种新的技术——机器翻译。机器翻译采用计算机设备将一种自然语言转换成另一种自然语言的功能,自然语言处理是实现机器翻译的关键。在自然语言处理技术获得突破之后,机器翻译也获得了巨大的进展。目前,国内在自然语言处理方面技术实力强的企业已经研发出民用的机器翻译设备,不但价格低廉而且翻译效果可以接受。

4. 人机智能接口

智能接口技术是研究如何使人们能够方便自然地与计算机交流。

为了实现这一目标,要求计算机能够看懂文字、听懂语言、说话表达,甚至能够进行不同语言之间的翻译,而这些功能的实现又依赖于知识表示方法的研究。因此,智能接口技术的研究既有巨大的应用价值,又有基础的理论意义。目前,智能接口技术已经取得了显著成果,文字识别、语音识别、语音合成、图像识别、机器翻译以及自然语言理解等技术已经开始实用化。

5. 大数据挖掘

数据挖掘就是从大量的、不完全的、有噪声的、模糊的、随机的实际应用数据中提取隐含在其中的、人们事先不知道的、但又是潜在有用的信息和知识的过程。数据挖掘和知识发现的研究目前已经形成了三根强大的技术支柱:数据库、人工智能和数理统计。主要研究内容包括:基础理论、发现算法、数据仓库、可视化技术、定性定量互换模型、知识表示方法、发现知识的维护和再利用、半结构化和非结构化数据中的知识发现以及网上数据挖掘等。

从上面的内容可以看到,人工智能的本质是算法,其来源于机器学习。人工智能的研究希望能以机器替代人类的某些工作,尤其是机械重复类的工作,比如柜员、保险员等等按程序处理的岗位。

理论上讲人工智能可以替代选拔过程中的某些环节,如面试。面试的过程是面试官提出面试问题,候选人作答,面试官对答案进行分析,提取能反应胜任特征的信息,依据信息对候选人的表现打分。这个过程对面试官的依赖程度非常大,它要求面试官能在交流过程中捕捉到候选人的心理特征,也要求面试官能根据自己的经验对这一心理特征进行评定。本质上来讲,面试官的分析过程是一个函数,候选人的表现是函数的输入项,面试官的判断则是这个函数的输出。从这个角度来看,只要输入项足够充分,人工智能可以实现面试官的一部分功能,例如颜值判断(长相好看程度)——人工智能在图像识别领域的发展已经实现了这一功能。

除此之外,语言也是面试的一个重要媒介,自然语言分析(NLP)技术的发展为分析候选人的语言也提供了可能。语言是人类进化的产物,语言中蕴含了大量的信息,人的社会化是通过语言媒介完成的。已有研究发现语言同人类的认知、人格都存在显著的关联。

候选人展示给面试官的信息是模糊的,面试的过程是面试官在模糊中寻找相对的精确,这有赖于人类"神奇"的认知能力,但是这种"神奇"

的能力也存在瓶颈。这要从人类的进化谈起,人类是已知生物中智慧性最高的动物,在长期的进化过程中人类所拥有的认知能力是帮助人能够适应环境的一种复杂能力,服务于生存的认知能力也就必然存在瓶颈——它只对那些对于生存来说具有较大影响的信息敏感,例如在人通常对刺激性大的、运动的、新异的刺激倾注更多的关注。同样,出于本能人类也会忽略某些信息,然而被忽略的信息并不是没有意义的,而是这些信息对生存并不是至关重要的,这些被忽略的信息中的一些能够为理解事物提供更多的价值。

人工智能技术在数据分析方面的强大能力则能为精确而全面地分析信息提供强力支持。剑桥大学的一项研究表明,仅仅通过一个人5张不同角度的面部照片人工智能分析系统就可以分辨出其是否为同性恋。性取向是一项个人非常隐秘的特质,而且非常稳定。在该项研究中,人类对相同的对象的正确识别率仅略高于几率水平(50%),而人工智能系统对人的识别率则为90%左右。可见,被识别对象包含了丰富的信息,但人类对于信息的处理能力是十分有限的,机器的信息加工能力则远远强于人类。

英国一家公司,开发了的基于神经行为数据进行心理测量的产品,该产品中服务中包含了视频分析的功能——AI视频面试功能,通过对候选人视频信息的分析能够得出他的领导潜力高低。在这项分析功能中,候选人通过手机端录入视频,该视频包含了候选人1分钟对面试问题的作答,经过人工智能分析引擎对这段视频数据分析之后,根据后台的数据库能拟合出候选人的领导力的高低。人工智能处理的数据维度并不是传统测量所能涵盖的,传统的测评过程一定会依据理论模型首先确定能够预测某一特质的维度,而问题恰恰就在这里"这些维度是充分的吗?""被忽略的信息是无用的吗?"人工智能分析能够预测领导力,并没有依靠传统的理论模型,而是数据驱动。把丰富的信息交给计算机,让人工智能从尽可能多的维度去预测领导力。也许在人看来毫无意义的信息,在人工智能分析过程中就变成了有价值的信息。

除了对视频进行分析,也有采用语言模式对比分析的方法进行人才选拔。对语言模式的分析同样需要一个语言特征的数据库,有的公司宣称他们的数据库拥有超过15 000个特征可用于识别和发现候选人。这些特征涉及候选人所使用的语言模式、词汇、做题的速度,声音的大小等等。基于语言分析的人才选拔系统能够分析每个问题的答案,提取出答案的关键词、语调等信息。除了可以通过和数据库的信息进行比对,还可以依据客户的需求进行个性化的人才选拔。例如,招聘电话销售就可以采用这种技术,具体步骤是首先收集了公司内部优秀的电话销售的语言数据,将候选人的语言数据与优秀电话销售的语言数据进行比对,找出那些相似对最高的候选人。采用这种方式的招聘比传统的招聘效率提高很多,据统计可以将以往两周的招聘周期缩短为3天。

人工智能还可以帮助个人生成简历,网络爬虫技术能够从网络上获取个人的数据,经过分析和处理之后可以将这些信息汇总成一份个人的简历。人工智能技术不但可以形成简历,还能够对现有简历数据进行分析,实现快速筛选。依据人才选拔的条件对简历进行初筛是人力资源部门经常从事的工作,同时筛选简历也消耗了人力资源部门的大量时间和精力。但就是筛选简历本身而言,筛选的过程是一个有章可循、有法可依的过程。目前采用人工智能筛选简历服务的公司,已经实现了筛选简历智能化。智能化极大提高了筛选的效率,人工智能系统仅用了2.3秒就从100份简历中挑选出人力资源经理所需要的候选人简历。

相信在未来,人工智能技术会越来越多的介入到选拔过程中来,是招聘选拔变得简单也变得精确。

第四节 人才选拔与大数据

21世纪是信息时代,掌握信息就是掌握未来。互联网的出现使得世界进入高速发展阶段,信息的流动越来越密切,每个人都会或多或少的在网络上留下足迹。大数据就是在这样一个背景下应运而生的。马云曾在演讲中提到,未来的时代将不是IT时代,而是DT的时代,DT就是Data。

大数据(big data)是信息时代的产物,更是信息时代的财富。"大数据"概念最早由维克托·迈尔·舍恩伯格和肯尼斯·库克耶在《大数据时代》中提出,大数据指不用随机分析法(抽样调查)获取的数据,而是采用所有数据进行分析处理。大数据并不是传统意义上数量庞大的数据,而是指具有volume(体量大)、velocity(更新速度快)、variety(多样性强)、value(价值高)特点的数据。大数据并不能依靠传统的统计方法进行统计和分析,而是需要新的处理方法和思路才能充分挖掘出数据的

第十二章 评价中心技术的新趋势和新发展

价值。

大数据中所蕴含的价值是巨大的。有人把大数据比喻为蕴藏能量的矿藏。但同矿藏不同的是，矿藏是自然资源，大数据是人类社会活动产生的价值。而且，大数据的价值一方面由数据本身决定，另一方面由挖掘数据的方法决定。也就是说大数据的价值并不在"大"，而在于数据中所蕴含的价值高低和数据挖掘成本的大小。在信息时代，如何利用以及用好大数据是企业生存与发展的关键所在。

大数据挖掘能得到很多超出我们想象的结果。让我们以《人民的名义》为例了解一下大数据能揭示什么样的结果。《人民的民义》的人物关系错综复杂，其中涉及的人物关系链众多，我们通过剔除出场率较低的人物对关系图谱进行简化，选取在网民议论中提及频率最高的前30%和10%关系链，得到了《人民的名义》中涉及的人物关系图谱。

通过大数据的分析研究者能够发现，电视剧的关键人物不是美女高小琴，不是帅哥陆亦可，而是李达康书记。"大数据"的意义在于，通过对海量数据的整合和分析，发现新的知识，创造新的价值。这也就是大数据的魅力，从纷繁复杂的数据中找到具有规律性的信息，为人类的活动提供指导在信息社会大背景下，网络招聘是企业人才招聘的常见方式，因此出现了大量的互联网招聘平台。互联网招聘能够形成了大量的数据，这些数据对于企业优化招聘起到重要作用。传统的招聘选拔主要依靠人的经验。现在依靠数据挖掘技术能够极大优化企业的招聘，对大数据的充分重视和合理使用能够提高企业在对候选人进行筛选工作时的工作效率降。应用大数据技术分析应聘者数据中潜在的规律，以判断应聘者与空缺职位胜任素质匹配性，有助于企业做出正确的招聘决策，进而提高人力资源管理的运行效率。大数据技术对于招聘的改善主要表现在以下方面。

一、招聘流程的改进与优化

网络招聘不是一个新生事物，然而基于互联网数据的大数据招聘则是一个崭新的事物。如果传统的互联网招聘是"撒网捕鱼"，基于大数据的招聘则是"定位找鱼"。在传统的网络招聘过程中，企业将岗位招聘信息发布在互联网上，然后被动等待求职者投递简历，这样的网络招聘方式，虽然使用了网络，但并没有充分使用网络，企业和求职者之间的沟通并不充分有效。大数据背景下的互联网招聘，则能实现企业主动寻找潜在的候选人,并且能根据数据分析进行精确定位。当锁定招聘对象后,例如应届毕业大学生,企业可以借助互联网产生的大数据对潜在的招聘对象进行分类,从而更近一步将招聘对象的范围缩小。大数据挖掘大大减少企业招聘的无用功,极大提高了招聘的效率和效果。

大数据对互联网招聘流程的优化工作主要体现在三个方面。

(1) 大数据要求数据是结构化的,结构化程度越高,其后期挖掘的成本越低,价值越大。大数据背景下获得的结构化数据,优化了求职者信息,方便了企业后期的筛选工作,使得招聘工作的针对性、目的性更强,效率更高。

(2) 大数据挖掘技术给招聘工作赋能。结构化的数据使得深度数据挖掘变成可能。运用数据的处理和集成工作,采用人工智能引擎,对大量的求职信息进行了有目的的筛选,可以帮助企业得到空缺岗位最需要的人才,对求职者的信息进行第一轮的筛选。

(3) 大数据挖掘有助于人岗的精确匹配。传统的人岗匹配并不能实现人与工作之间的最优匹配,利用数据挖掘对求职人员和空缺岗位进行最后的匹配,可以将人类能力所不能考量的因素作为最后匹配的要素,显著提高选拔出最优秀人才的命中率。

二、招聘标准的数字化

数字时代候选人的行为标签数字化,人才选拔可以借助数据挖掘的方法进行。人才雷达就是数字标签挖掘的一种方法,人才雷达是一款基于云端、利用大数据定向分析和挖掘,实现人力资源配置的数字化。数字化招聘从数据分析的角度依据性格、知识、技能、行为、行业关系等多个特征对目标岗位进行建模。当招聘选拔时,首先基于网络对候选人的社交网络数据进行深度挖掘,提炼出候选人的价值观、兴趣爱好、个性特征等信息,然后将候选人的胜任力矩阵同之前建立的目标岗位模型进行比对,从而确定候选人与岗位的匹配度。

以五维度评价矩阵为例,该矩阵包括性格、知识、技能、行为、行业五个维度,每个维度又分别细化为几项因素。性格维度细化为社会实践经验、特殊奖励、性格特质三项;知识维度包括学历层次、专业课程成绩、专业学习时间三项;技能维度包括职业资格证书、特别专业技能、外语水平三项;行为维度包括团队精神、沟通能力、应变能力、领导能力四项;行业维度包括职业转换频率、专业从业时间、人脉活跃度三项。对于每个维度的每一项分析，数字化的招聘都可以通过网络获得信息进行评价并给予量化，最终形成该岗位的胜任力评价矩阵。

人才选拔是企业发展的刚需，招聘数字化正在变革整个招聘行业，如何使用互联网数据为招聘服务是很多企业都在关注的一个课题。一些企业已经将招聘技术的数字化作为企业的战略目标完成了布局。例如，Facebook。Facebook 可谓是数字人力资源管理的先驱，它将员工的工作行为数字化，对员工绩效的考核也从对结果的考核，变成了对过程的监控，不是只关注结果而是关注整个工作的流程。Facebook 对员工行为操作的数据流进行统计分析，及时全面地关注员工的工作进度和效率，通过数据收集不但形成了岗位的胜任力评价矩阵，也能发现员工的短板并进行及时的培训。

随着数字化进程的不断完善，相信未来全面实现人力资源全流程数字化管理会是必然趋势。

第五节　评价中心的新趋势

一、从评价中心到发展中心

评价中心因具有较高的预测效度而主要用于录用或晋升决策，但评价中心易使"失败者"产生强烈的挫败感，他们中有些"表现"较差者因此受到打击，更谈不上自我成长与提升。因此，当评价中心越来越被广泛使用时，人们对它潜在的发展功能缺失开始关注。

发展中心（development centre，简称 DC）指用评价中心的方法发现个体的优势和不足，以形成促进个体和组织绩效提升的发展计划及其持续改进的过程。发展中心更多关注个体能力发展的具体过程和方法。它不是一个成功或失败的决策事件，而是一种持续时间更长、投入成本更大、参与者层次更高的活动。发展中心被认为是能够将评价中心价值最大化的有效方法。

发展性评价中心技术在企业管理绩效方面有着积极显著的效果，而且这种效果可持续很长时间。发展性评价中心主要在于反馈和发展。

1. 发展中心与评价中心的联系与区别

发展中心应该被视作发展的开端，而并非结束。在评价中心里，评价是目的；而在发展评价中心里，评价只是手段。因此，与传统评价中心相比，发展中心的主要特点是：它不是一个成功/失败的人事决策事件。而是持续时间更长，参与者可以分享资料的所有权，评价与反馈相结合，能力评价与发展指导共同进行的过程。发展评价中心的重点在于学习和自我提高，这对咨询指导或支持帮助的要求更高。与评价中心关注所有与岗位相关的能力标准相比，发展中心主要关注可发展的能力标准，相应地设计评价前、评价后的有关活动，并积极给予反馈，以系统提升可发展的能力素质。因此，发展中心旨在通过基于评价中心的方法，发现个体的优势和不足，促进个体能力提升和组织绩效改善。

在选拔的过程中，其目的是找出拥有合适技能的候选人并配置到合适的岗位上；而在发展过程中，其目标是在工作中找到合适的人并判定出其缺乏的一些技能，在某些方面给予其发展。

(1) 采用与评价中心类似的工具；
(2) 以胜任力发展为主要目标；
(3) 人本主义的操作范式。

评价中心是基于特质论的心理测量范式，强调个体心理特点的相对稳定性，并根据个体特点与工作的匹配程度将个体分类。因此，它强调对人的行为按照评分维度进行正确归类，并对测评对象在每一个维度上的水平作出定量的评价，通常会决定个体在组织层级内能够上升的最大高度。而发展中心是基于人本主义的范式，强调个体自我提高和改变的能力，以及通过反馈调整个体行为以及个体和组织的目标，这两种范式上的冲突可能是发展中心难以同时实现挑选和发展目标的内在原因（见图 12-1）。

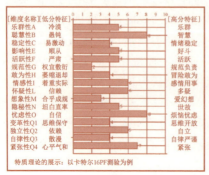

图 12-1 人本主义操作范式

针对不同的目的，评价中心和发展中心所运用的模拟练习通常项目相同，如都可以用公文筐、小组讨论以及模拟单独面谈等方式，但模拟练习的内容和对受测者的要求是不同的。换句话说，评价中心和发展中心所运用的模拟练习是相同的，但在技术上存在差别。

评价中心和发展中心的比较总体上可以得出以下区别，如表 12-1 所示。

表 12-1 评价中心与发展中心的区别

区别	评价中心	发展中心
目的	选拔	开发
对象	具有潜质的内部员工或外部应聘者	有需求的内部员工
指标依据	目标岗位需要的技能	当前岗位或未来岗位需要的技能
所需时间	相对较短	相对较长
演练数量	一个类型是使用一次	一般一个类型使用一次以上
报告类型	短，具有描述性	长，详尽
测评师	多为管理上级和 HRM 部门	多为 HRM 专家
反馈对象	主要为管理上级或决策层	主要为测评对象
反馈次数	一次	多次
反馈作用	为管理层做出人事决策提供依据和支持	对员工的行为变化进行指导或强化
目标岗位	特定工作	当前或高级别工作
仿真程度	中或低	高

和评价中心相比，发展中心有如下几个特征。

（1）时间更长，费用投入更大。

评价中心的主要目的是预测候选人将来获得成功的可能性，不太需要对其综合素质进行非常详尽、具体的描述，而发展中心的目的是提升管理者的能力，因而需要对受测者的能力、素质、个性等进行细致的、深入的洞悉，才能真正帮助管理者了解到自己具体的优势和不足。因此，发展中心需要更多的时间来设计诊断工具、收集信息。另外，评价中心的工作在得到了候选人的综合素质信息、做出人事决策之后就完成了，但发展中心还需要将这些信息反馈给本人，并以这些信息为基础发展自

己。这都需要更多的时间和更多的资源投入。

（2）更强调参与者本人对数据的掌握和使用。

在评价中心，主要是由组织来掌握评价数据，并据此进行人事决策，不强调将这些信息对候选人的反馈。但在发展中心，参与者本人则是掌握和使用这些数据的主体，在评价者的帮助下，充分利用评价信息来指导自己的领导力发展计划。

（3）分配在学习和自我发展的时间更长。

如果把发展中心分为评价和发展两个阶段的话，应该在发展阶段花费更多的时间。

（4）以可改变的能力为重点。

在发展性评价中心里，测评维度主要指那些可能得到发展或容易得到发展的特质，这些特质在实际工作中可表现为绩效的提升。不能训练或很难训练的能力不是发展中心关注的重点。

（5）更具有开放性。

在评价中心中，不对候选人详细介绍评价的标准是什么，而发展中心则需要参与者详细了解评价标准，并可能会请他们参照这些标准进行自评，有时还会用360度反馈问卷来收集这些信息。

（6）需要事后采取配套措施。

在评价、反馈和练习之后，组织要帮助参与者继续发展潜力，提供资源支持，如轮岗、导师和课程安排等。参与者本人也要通过自身努力，达成发展中心确定的目标。

2. 发展中心的设计与实施

Rupp 和 Thornton 等人（Gibbons & Rupp, 2004; Rupp & Thornton, 2003; Rupp, Thornton & Gibbons, 2004; Thornton & Rupp, 2005）受评价中心研究的启发，总结了发展中心的模型，这个模型说明了如何设计发展中心（见图 12-2）。

发展中心包括一组相关的活动：评价、需求诊断、反馈、发展计划。

（1）从对象上来说，受成本所限，参与者一般都是企业的中高层人员或组织的高潜人才。

（2）从程序上看，在开始前都会给每个人操作指引，每个人都在事前被告之，将被按某种方式进行素质测评。

（3）发展中心强调发展讲师在不同阶段使用相应技巧，出于角色的特殊性，发展讲师一般应由企业外部的专业人士担任，内部人员如高级

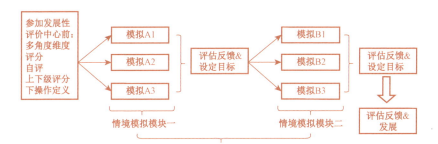

图 12-2　评估者通过设定一系列模拟练习进行观察、记录评价和反馈

资料来源：Assessment Centers in Human Resource Management, p. 60, by G. C. Thornton and D. E. Rupp, 2005, Mahwah, NJ: Lawrence Erlbaum Associates, Inc. Copyright 2005 by Lawrence Erlbaum Associates, Inc.

经理等则主要提供支持和协助。发展讲师不但要对学员有严格的要求，给他们必要的质疑、冲击和震撼，关键是要扮演好镜子的角色，利用自己丰富的阅历、专业的技巧包括咨询、暗示、解释、示范、干预、剖析等，引导学员相识，形成信任关系，促进他们总结经验、探索自我，以诱发出学员深层次、内隐的潜能因素。

（4）给参与者的反馈文件是书面报告，是评估者与专业心理学家等一起进行反馈讨论的结果。

（5）从结果角度看，发展中心通常提供以下要素。

① 向参与者详细反馈他们的行为表现。
② 和参与者共同回顾组织的有关素质模型，确认发展方向。
③ 鼓励参与者考虑如何开发目前自己缺乏的能力。
④ 鼓励参与者之间，参与者和他们的上司共同讨论未来的发展计划。
⑤ 根据发展中心得出的结论，使高级人力资源管理人员或直线经理人员考虑未来可以安排给参与者的任务和训练。
⑥ 识别可能符合未来快速发展计划的合格人员。

3. 影响发展中心运行的因素

（1）组织的资源支持。

组织的资源支持包括技术方面的要求、人才方面的要求（企业需要培养优秀的内部培训师，配合外部专业人士开展此项工作）、硬件方面的要求（企业需要专门的场地和一些设备）、管理方面的要求（企业需具备一定的人才标准和人才管理体系，如胜任特征模型、职业生涯路径等）。

(2) 个体参与的意愿和方式。

为提高个体的参与质量,建议使用事前的探测工作坊(exploration work shops),通过心理量表、结构化的群体活动,了解参与者的倾向、潜在优势和发展需求。

一般来说,在发展中心过程中,参与者需要做的事情有:详细了解发展中心所要使用的能力标准;从其他渠道获取信息,如360度问卷、同事反馈等;对在发展中心中的自我表现进行回顾;完成学习风格问卷,了解自己学习的特点;准备以开放的心态接受评价者的反馈;填写工作手册,为获得学习资源打好基础;观察自己在模拟练习中的表现,寻找更好的行为方式。

(3) 明确的发展计划和行动方案。

建议发展方案中包括长短期胜任力发展目标;经过推敲的时间表,具体发展活动,项目学习,教练或指导人等内容。在策略上应注意与其他职业生涯发展系统、工具之间的整合以及在个体发展计划和员工年度业务计划之间建立关联(见图12-3)。

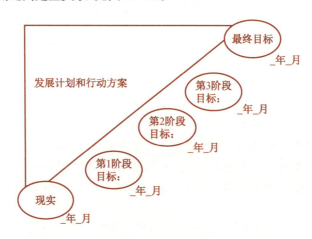

图12-3 发展中心的发展计划和行动方案

(4) 指导和监控策略。

发展计划需要通过适当的监测程序进行支持,直线经理和教练的跟进指导和提供建议对发展中心实施具有重要作用。

二、评价中心的"e化"

在信息化和经济全球化的今天,组织为了获得更好的发展,需要对外界的变化作出快速的反应。因而,对人力资源管理与开发工作也提出了更高的要求,特别是希望人事测评工作进度更快、更加有效并且节约成本。

在此背景下,评价中心技术不断吸收快速发展的信息技术、网络技术和多媒体技术等新兴电子化技术,出现了评价中心技术电子化的新趋势。

心理学家开发出一种计算机模拟情景测试,即"e 化"。测评对象根据不同的模拟场景扮演相应的角色,解决模拟情境中呈现出的现实中存在的复杂问题,并提出解决方案。

由于计算机模拟情景测试具有使用成本小、测评界面统一以及能够及时获得测评结果等方面的优点,因此,这种计算机模拟情景测试目前在德国比较盛行。情景模拟测试的复杂性体现在当中的一些情景信息是未知的,所面临的形势在不断变化,需要实现多个可能存在相互冲突的目标,而且目标常常模糊不清。

那么,测评对象要在模拟情境中完成什么?测评对象扮演其中的公司管理者或行政官员的角色,测评对象对问题必须仔细全面地加以考虑并提出动态的解决方案。这种复杂的测试能够较好地反映出测评对象的行动智力和处理复杂问题的能力。

1. 电子邮件公文筐测试

为了更好地反映现代网络办公环境,提高评价中心的表面效度,可以用更加逼真、更具复杂性的电子形式的情境判断测验取代纸笔形式的情境判断测验。电子公文筐成功替代了传统书面文件,使用电子邮件来传递信息,不仅能够实现无纸办公,而且能够更好地反映现代办公环境,提高测验的仿真性,进一步提高评价中心的表面效度。

先向应聘者提供一些关于企业组织结构、工作职位和角色等方面的信息,然后让应聘者对邮箱中的 20 份电子邮件进行处理,最后依据事先拟定的评分表对应聘者的表现进行评分,考察应聘者如何确定事情的轻重缓急,如何组织信息,以及如何决策和授权。

随着人机交互技术的进步和移动互联技术的发展,还可以实现公文所描述的情形随着时间变化而任务实时动态变化的模拟。例如,在初次呈现时,受测者看到的是"某员工因突发工伤入院"的报告文件,如果受测者选择延后处理,随着时间发展,可追加一份情况变化的文件,如"家属因情绪激动到公司闹事"或"病情突然转危"等。这是以往采用固定纸

质的公文筐测试所不能实现的。

2. 虚拟测评师团队

评价中心是由多名测评师进行评价的,为了尽量减少评价误差,在测评原理、评分标准、记分技巧等方面对于测评师的专业性要求较高。将网络技术应用于评价中心,有助于缓解这一难题。因为将网络技术应用于评价中心时,可以实现测试情景的远距离传输,测评师远程参与评价,可将分散在各地的测评专家组成一个网络虚拟的测评师团队。

测评师们可以在其所在地通过授权的账号登录,观看传输过来的视频,从而对应聘者进行评价;测评专家亦可凭借网络实现对应聘者进行适时提问,以及与其他测评师进行讨论等活动。

3. 多媒体技术的应用

随着多媒体技术的发展,评价中心方法也越来越多地得到运用。由于情景模拟测评是评价中心的一个显著特点,为了更好地使用评价中心技术,可以利用多媒体技术创造出更加逼真、更为丰富、更具复杂性的情境。例如,可以采用视频方式呈现无领导小组讨论的案例资料和测试规则测评师可以在自己方便的时候观看应聘者的录像,对其进行行为评估,而不必在固定的时间、地点进行。

三、评价中心的技术发展趋势及应用忠告

(一)评价中心的技术发展趋势

较高的时间成本和人工成本影响了评价中心技术的广泛应用。为了克服传统评价中心技术的这一弊端,拓宽评价中心的应用范围,评价中心不断开发新技术,如简化评价中心、互动模拟测验技术、整体模拟测验技术等,使评价技术逐渐趋于"非正式化"。

所谓评价中心的"非正式化"是指传统评价中心的标准因素将变得更加灵活,评价中心的"非正式化"使得该技术不仅仅局限于选拔高层管理人员,而已经扩展应用于对普通员工的选拔和培训。是在传统评价中心基础上的进一步发展,但仍然符合传统评价中心的操作原则。

(1)强调模拟的互动性(interaction simulation)。

在这种测验中,给予被测评者需要与其交往的个体的背景信息(如下属、同事、顾客),然后被测评者就与这个经过培训的角色扮演者进行交往。角色扮演者根据标准的步骤和标准的回答与被测评者进行交往,

评价者由此观察被测评者的行为。

相较于无领导小组讨论,为什么一对一的互动模拟现在变得更受欢迎呢?这种变化反映了个体领导技能不一定与群体领导技能相关。另一原因是一对一的互动模拟测验由一位受过培训的主试与一位被试进行互动,可以确保测验情境的一致性,避免了被试之间的相互作用,使被试间更具可比性。

(2) 强调"全面模拟"(total simulation)。

越来越多的组织开始采用"全面模拟"的方法进行评价。与以往采用许多有区别、独立的测验相比,许多组织开始把这些模拟整合在一起,形成一个共同的工作情景,简化了测评过程(见图 12-4)。

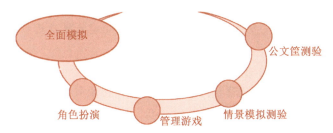

图 12-4　全面模拟示意图

全面模拟的创新在于在整个评价过程中,候选人只扮演一种角色。通过这种"全面模拟"可以在一定程度上减少被评价者不断转换工作角色,增加测验的连续性,使被测评者能够更全面地表现自己,提高评价的准确性。

(3) 简化评价中心。

简化评价中心是针对传统评价中心技术耗时长的不足,所做的改进。简化评价中心主要体现在以下两个方面。

一是测评过程简化,面对面的情境模拟的规模趋于小型化,施测的时间变得更分散,测评师和测评对象时间也变得更少。

二是测评结果整合简化,测评师们整合测评信息不再需要开会讨论,只需要提交经过电脑编辑的报告和评价结果,专门的电脑程序就会根据测评指标的相对重要性和测评师的不同评价意见,对不同分数给予不同的权重并进行加权处理。电脑处理结果将返回给测评师,由测评师对总体评价结果划分等级,这些评价等级再经过集中处理、编辑,最后反馈给管理层和测评对象本人。

随着评价中心的发展和实际的需要,人们重新重视心理测验(尤其是一般认知能力测验和个性测验)在评价中心的补充作用,将心理测验与评价中心结合起来使用,尤其对于关键岗位的招聘、选拔、晋升测评,往往以行为观察法为主,以心理测验法为辅。

研究发现,智力测验和评价中心测评指标共同使用,在预测方面要比使用单一方法更有效。共同使用可以预测管理者是否能够成功。通过行为观察的方法可以评估那些心理测验难以测量的资质,如组织能力和坚韧性等;而通过心理测验的手段则可以测量那些行为观察难以评估的资质,如成就动机和价值观等。

(二) 评价中心的应用忠告

1. 注意跨文化差异评价中心在不同国家管理人员选拔中具有可转移性和某种普遍意义

研究表明,在预测效度方面,我国企业与美国企业有相近的结果。但由于社会制度和文化背景的差异,在测评指标及其结构等方面有一定差异。

中西方的主要差异表现在:

(1) 国外评价中心多被用来预测如潜力等一般的能力,而国内使用其目的多是测查具体工作岗位所要求的独特的具体能力,以预测未来业绩的好坏。

(2) 相对而言,国外的企业更看重人格,而国内的企业更看重具体能力。

(3) 国外评价中心重在积极热情,非常强调软性技能,相比之下,国内企业认为专业技能和相关经验更重要。

(4) 国内的企业在使用评价中心这一"舶来品"时,通常需要注意哪些方面呢?

首先应对评价中心的测查项目进行修改,然后研究其对不同岗位的预测效度是否相同,关键是根据使用评价中心的目的具体分析、具体对待。

在评分过程中,需要根据国内岗位的工作内容,相应地设定国内的行为样本,并使评分指标进一步量化,更要考虑预测效度随测评师变化而变化的情况。例如有些企业,以英文来做无领导小组活动,由于各岗位被试者的英语水平参差不齐,某些对英语水平要求并不高的职位上被试者的发挥就会受到影响,从而降低了评价中心的使用效果,况且评价中心不应被当作考察语言能力的工具。

总之,实施评价中心时,应注意不同地区文化背景在管理风格和组织环境、心理气氛等方面造成的差异,因而必须修订完善测评标准。同时,也不宜将这种差异绝对化。

2. 注意不同员工类型差异

评价中心传统上应用于经理人员.现在扩展到应用于不同类型的员工,包括新进员工和非管理层员工,因此评价中心的要素组合、工具组合、施测过程也应有针对性差异。

3. 注意不同的施测目的

注意要根据不同的施测目的进行不同的设计。对于招聘或晋升决策,依据测评指标数量、岗位级别和效度要求等决定评价中心设计的复杂性;对于诊断培训需求,通常设计大容量的评价中心,以达到充分、全面地衡量测评对象资质的目的;对于职业生涯规划、继任计划和人岗匹配等项目,则将素质—角色匹配模式融入评价中心的施测过程(见图12-5)。

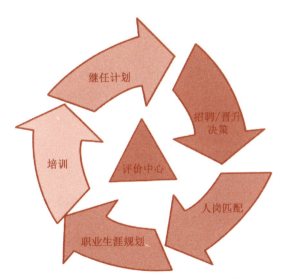

图12-5　用于不同目的的评价中心技术

4. 确保评价中心成功实施的关键点

(1)要得到高级管理人员的支持。

在长期的测评实践中,我们发现:

① 确立评价中心的测评目标时，需要高层领导根据组织发展核心能力进行定位。

② 评价指标构建过程中，高层领导必须关注和参与各指标权重的制定。

③ 高层领导的参与决策、鼓励宣导和资金支持，可以增强员工对评价中心的接受度，员工势必会更有热情参与到测评过程中。

④ 领导参与测评过程，使得评估选拔的客观性和公正性得以体现，使员工产生公平感。

（2）充分做好前期准备工作。

某些评价中心还没有正式开始就失败了，这通常是因为前期的准备工作没有做好。主要原因是：

① 初期的讨论会没有请到合适的人参加，或参加的人员始终怀有疑虑。

② 没有认真挑选和培训主试人员。

③ 没有基于企业人才规划，慎重决定哪些人进入人才评价中心接受测评。

④ 没有进行工作分析、胜任特征建模来确定评价内容、评价工具选择。

⑤ 没有针对性地设计试题，而是不加区别地把别家企业的题目拿来直接应用。

⑥ 整个测评过程缺少严格的时间计划，细节安排不到位，事前演练不足，对考场突发情况预案不足，造成混乱、被动。

（3）客观、科学地看待测评技术。

① 切勿追求评价中心的结果100%精确，评价中心是以科学的测量、评价工具为手段对测评对象进行分析，但评价中心是相对的心理测量，而不是绝对的物理测量。

② 评价中心采用科学的测评工具，标准化的测评方法，保证了测评过程的公正、公平、透明，大大提高了选人效率，取代了领导的个人决策。

③ 评价中心的测评结果为人事决策提供决策支持信息，使得决策的正确率更高。但是测评本身并不能取代人事决策，更不是人事决策的唯一标准。

④ 评价中心活动要求"中立"立场，从过程开始至结束，不对被测评对象的行为发生实质性的影响。（不同于人事考核管理、监督、指导、教

育、激励等功能）

⑤ 切勿迷信测评软件,测评软件仅仅是提高测评效率、减少计算量,但它与测评工具是否科学是两码事。比如当前比较先进的情景模拟测验,对测量管理人员素质很有效,但是却很难编成软件。

有些企业不能正确看待测评结果的预测作用,导致从最初的完全依赖评价中心到最后放弃使用评价中心。

正是如此,某公司用评价中心甄选员工,其中一位得到的评价很低,但由于种种原因,他还是被录用了。后来,他的工作业绩却非常好。

于是,这家公司便不再相信评价中心了。

（4）正确使用测评结果。

① 有些企业往往将诊断或发展项目中的测评结果错误地用于晋升决策,为领导的决策提供佐证,从而毁坏了评价中心的信度水平。

② 有些企业运用评价中心找到了有能力的人选,也诊断出相应的培训发展需求,但是,迟迟未能付诸行动,致使测评结果根本得不到利用。

③ 有些企业在利用评价中心的测评结果时,仅仅为满足领导的掌控欲,无视被试员工对参加评价中心的某种期望与感受,引起员工的不满。

第三部分 高潜质人才选拔评价与人才供应链应用案例

第十三章 以人才供应链管理模式为框架的高潜质人才选拔评价应用案例

本章导读

评价中心技术作为一种新型的人才素质测评方法,具有传统人才测评技术无可比拟的情景模拟性和预测性,对受测者的未来工作表现具有较好的预测效果。如今,评价中心技术在人力资源管理领域得到了广泛的应用,并逐渐凸显出其独特的应用价值。它不仅可应用于人员的招聘与选拔,利用其独特的优势发挥高预测性的价值,帮助组织锁定合适候选人,解决人才选拔的燃眉之急;同时,可应用于组织内部的人才盘点,识别不同类别的人员,从而建立人才管理的长效机制,为组织的快速发展解除后顾之忧。评价中心应用于不同目的,其设计思路和操作程序也有所不同,实践中我们应根据应用目的,设计满足要求的特色评价中心。本章通过四个案例,介绍评价中心基于不同应用目的的设计思路和操作方案。

知识重点

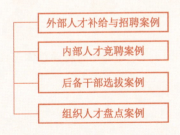

- 外部人才补给与招聘案例
- 内部人才竞聘案例
- 后备干部选拔案例
- 组织人才盘点案例

第一节 外部人才补给与招聘案例

××公司招聘销售经理素质测评案例

一、案例背景

××有限公司是国内知名的医药广告代理公司,其各项业务主要由五位项目主管负责。这五位主管在日常工作中各负其责,并向总经理直接负责。鉴于这种组织结构的弊端日益严重,因此需要一位销售经理统管公司所有的销售事务。人力资源部决定对公司内部的五位项目主管和外部的三位应聘者进行科学、公正的素质测评后,确定最后人选,以提高人才选拔的有效性。

二、测评思路

图 13-1 外部招聘测评总体思路

三、工作步骤

(一)确定测评要素

(1)将测评要素分为个人内在素质、人际关系能力、组织管理能力三大类(见图 13-2)。

(2)通过问卷调查各个要素的相对重要性,以便确定需要重点测评的素质(见表 13-1)。

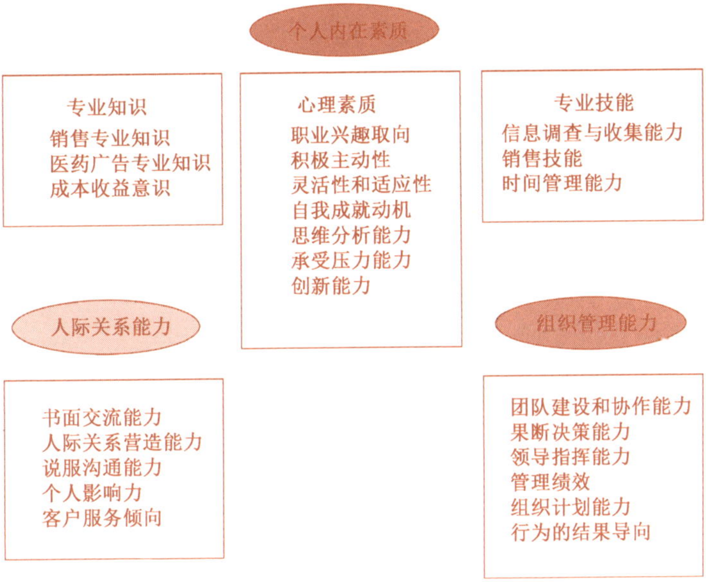

第十三章 以人才供应链管理模式为框架的高潜质人才选拔评价应用案例

个人内在素质

- 专业知识
  - 销售专业知识
  - 医药广告专业知识
  - 成本收益意识

- 心理素质
  - 职业兴趣取向
  - 积极主动性
  - 灵活性和适应性
  - 自我成就动机
  - 思维分析能力
  - 承受压力能力
  - 创新能力

- 专业技能
  - 信息调查与收集能力
  - 销售技能
  - 时间管理能力

人际关系能力

- 书面交流能力
- 人际关系营造能力
- 说服沟通能力
- 个人影响力
- 客户服务倾向

组织管理能力

- 团队建设和协作能力
- 果断决策能力
- 领导指挥能力
- 管理绩效
- 组织计划能力
- 行为的结果导向

图 13-2 测评要素

表 13-1 胜任素质要求重要程度调查表

测评维度		胜任素质要素	重要程度调查评分		
			1—6 分	6(含)—8 分	8(含)—10 分
个人内在素质	——专业知识	销售专业知识			
		医药广告收益意识			
		成本收益意识			
	——心理素质	职业兴趣取向			
		积极主动性			
		灵活性和适应性			
		自我成就动机			
		思维分析能力			
		承受压力能力			
		创新能力			
	——专业技能	信息调查与收集能力			
		销售技能			
		时间管理能力			

续表

测评维度	胜任素质要素	重要程度调查评分		
		1—6分	6(含)—8分	8(含)—10分
人际关系能力	书面交流能力			
	人际关系营造能力			
	说服沟通能力			
	个人影响力			
	客房服务倾向			
组织管理能力	团队建设和协作能力			
	果断决策能力			
	领导指挥能力			
	管理绩效			
	组织计划能力			
	行为的结果导向			

测评专家统计、分析调查所获得的数据,取分数最高的8项素质作为最终测评要素,并对此8项测评要素的行为进行分级定义(见表13-2)。

表13-2 销售经理胜任素质要素的分级定义表

重要程度得分	胜任素质要素	级别	测评得分	各级别的行为定义
8	组织计划能力	较弱	1	能够调动组织成员的积极性,相互启发补充,懂得运用工作进度表
		中等	2	善于发挥团队作用,能够发现并运用他人的优点 善于运用工作进度表、考核表等工具安排工作计划
		熟练	3	有目标、系统化地协调工作,能够为自己和下属拟订必要的工作计划,有计划地运用材料和资源;擅长于组织和安排各种活动,协调活动中的人际关系
		出色	4—5	根据工作要求和现有资源制订出合理的工作计划,对工作的优先顺序做出准确判断和安排;考虑各种可能出现的危险和问题,制定工作考察表、工作进度表,并严格执行

第十三章 以人才供应链管理模式为框架的高潜质人才选拔评价应用案例

续表

重要程度得分	胜任素质要素	级别	测评得分	各级别的行为定义
7.5	说服沟通能力	较弱	1	观点鲜明,能明确表达自己的立场,阐述的内容有一定的针对性
		中等	2	论证严密,通过有力的辩驳维护自己的观点,并能把握适度让步和坚持己见之间的分寸
		熟练	3	能够以理服人,并接受合理的建议,善于理解他人的建议与意见
		出色	4—5	能够坚定不移地维护自己正确的观点,能够处理一对多的辩驳
7	人际关系营造能力	较弱	1	维持正式的工作关系,偶尔在工作中开始非正式的关系
		中等	2	在工作中与同事、客户进行非正式地接触,刻意建立融洽关系
		熟练	3	在工作之外的俱乐部、餐厅等地与同事、客户进行接触,与同事、客户进行相互的家庭拜访
		出色	4—5	与同事、客户变成亲密的私人朋友,并能对人际资源进行归类管理、开发运作,能利用私人友谊扩展业务
6.5	团队建设和协作能力	较弱	1	运用复杂的策略提升团队的士气和绩效,以公正的态度运用职权
		中等	2	保护组织的声誉;取得组织所需的人员、资源和资讯;确保组织的实际需要得到满足
		熟练	3	将自己定位为领导者;确保他人接受自己提出的任务、目标、计划、趋势、政策;树立榜样,确保完成组织任务
		出色	4—5	拥有真实的号召力,提出令人折服的远见,激发下属对团队使命的兴奋感
6	思维分析能力	较弱	1	能够进行因果关系分析,发现问题的基本关系,确定需要执行的活动的先后顺序
		中等	2	能把复杂的问题、过程或项目进行系统分析,化繁为简;能够把资料中大量的信息进行归类,为决策提供参考

续表

重要程度得分	胜任素质要素	级别	测评得分	各级别的行为定义
6	思维分析能力	熟练	3	考虑讨论问题中各个方面之间的联系；能识别出问题产生的若干原因，并分析相应的对策及可能的结果
		出色	4—5	在两难问题的讨论中，将正反两方的优缺点分析得很透彻，能抓住问题的实质；能预见性地分析各种可能出现的问题，并寻找出最佳的解决策略
5.8	果断决策能力	较弱	1	对存在的问题有一定的理解，能够分析正反两个方面的结果；在他人的帮助下能对情况做进一步的分析
		中等	2	能较全面地分析问题，能够分析决策的各种结果，能够提出一些建议供他人参考
		熟练	3	能够运用决策，客观地分析存在的问题，采取措施；积极与他人探讨，提出合理化建议，为组织提供有力的支持
		出色	4—5	善于根据具体情况进行正确判断和果断决策，为组织在关键问题上的发展方向提出有导向性的建议
5.5	客户服务倾向	较弱	1	为客户设想，使事情变得更加完美，表达对客户的正面期待
		中等	2	收集有关客户的真正需求，找出符合其需求的产品或服务，并让客户随时能找到自己
		熟练	3	重视组织的长期效益，以长远的战略眼光解决客户问题；站在客户的角度思考并做出短期内对组织不利但在长期实则有利的决策
		出色	4—5	成为客户信赖的顾问，依照客户的需要和问题，提出独特见解的意见，深入参与客户的决策过程，指导客户如何解决艰难的问题
5.2	成本收益意识	一般	1—2	有一定的成本意识，但未采取措施控制成本
		中等	3—4	掌握一定的财务知识，有控制成本的意识，并运用于管理过程中
		熟练	4—5	熟练运用自己掌握的财务知识，采取措施控制成本，从投入、产出的角度来处理销售业务和管理等各个业务部门

第十三章 以人才供应链管理模式为框架的高潜质人才选拔评价应用案例

(3) 最后根据每个素质项调查得来的数据,运用加权平均法计算各个要素的权重(见表13-3)。

表13-3 销售经理8项胜任素质权重表

胜任素质要素	重要程度调查得分	权　重
组织计划能力	8	8/51.5 = 15.53%
说服沟通能力	7.5	7.5/51.5 = 14.56%
人际关系营造能力	7	7/51.5 = 13.59%
团队建设和协作能力	6.5	6.5/51.5 = 12.62%
思维分析能力	6	6/51.5 = 11.65%
果断决策能力	5.8	5.8/51.5 = 11.26%
客户服务倾向	5.5	5.5/51.5 = 10.68%
成本收益意识	5.2	5.2/51.5 = 10.10%
总分	51.5	100%

(二) 选择测评方法,设计测评方案

测评实施方案的流程如图13-3所示。

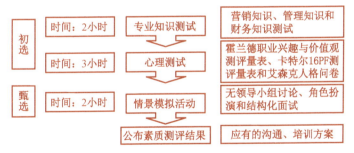

图13-3 测评实施方案简图

(三) 测评实施

首先以专业知识测试和心理测试从八名候选人中选四人进入第二轮,再组织四人开展无领导小组讨论、角色扮演、公文筐测验,最终决定胜出者。若遇到平分秋色的两位候选人,可运用结构化面谈来甄选。

第1轮:专业知识测试和心理测试(见图13-4)。

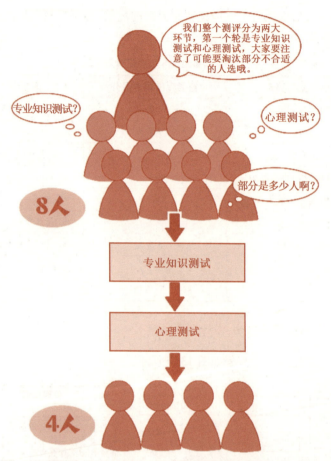

图 13-4　专业知识与心理测试流程示意图

第 2 轮：情景模拟活动（见图 13-5）。

图 13-5　情景模拟流程示意图

第十三章 以人才供应链管理模式为框架的高潜质人才选拔评价应用案例

(四) 测评数据处理

1. 初选阶段数据处理

将8位被测者(A、B、C、D、E、F、G、H)的专业知识测试和心理测试的测试总得分进行排名,剔除不合格人员。

2. 甄选阶段数据处理

分别汇总测评人员对入选的被测者A、B、D、F在无领导小组讨论、公文筐测验、角色扮演及结构化面试中的表现评分,填入评分表中。例如,被测A在无领导小组讨论中的表现由其中四位评委评分,表13-4即是他们的评分统计表(以5分制为例)。

表13-4 评委对被测者A在无领导小组讨论中的评分统计表

测评项目:无领导小组讨论　被测人员姓名:被测者A　　测评日期:　年　月　日

测评要素(权重)	评委1	评委2	评委3	评委4	平均分
组织计划能力(15.53%)	5	4	4	5	4.5
说服沟通能力(14.56%)	5	5	5	5	5.0
人际关系营造能力(13.59%)	4	4	4	5	4.5
团队建设和协作能力(12.62%)	4	4	5	3	4.0
思维分析能力(11.65%)	5	4	3	4	4.0
果断决策能力(11.26%)	5	5	5	5	5.0
客户服务倾向(10.68%)	5	5	4	4	4.5
成本收益意识(10.10%)	5	4	4	5	4.5
8项胜任素质加权得分(S平均分×权重)					4.507

汇总所有评委对被测者A、B、D、F在无领导小组讨论、角色扮演及结构化面试中的表现评分(见表13-5)。

表13-5 被测者A、B、D、F在评价中心项目中的得分汇总表

被测人员	无领导小组讨论	角色扮演	结构化面试	总分	名次
被测F	4.611	5.000	4.600	18.761	1
被测A	4.507	4.500	4.551	18.120	2
被测D	4.450	4.450	4.533	17.973	3
被测B	4.410	4.430	4.511	17.851	4

最后，经过所有测评人员及测评专家商议，确定被测 F 为销售经理。但最终还是要将结果和个人评估报告提交给企业用人决策者，由他们根据实际情况做出最终的用人决定。

(五) 撰写评估报告

综合分析上述数据和图表，将本次素质测评中各参与测评者的素质特点，结合销售经理的岗位标准，形成书面报告。此报告应详细地说明被各参与测评者落选或入选的原因(见图 13-6)。

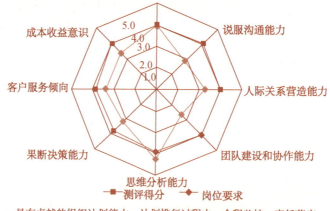

图 13-6　报告模板示例

第十三章 以人才供应链管理模式为框架的高潜质人才选拔评价应用案例

第二节 内部人才竞聘案例

一、案例背景

XX商业银行成立于1996年,是该省第一家城市商业银行。总部下辖百余家支行网点,分布于各城区和主要郊区(市)县。目前,该商业银行资产规模位居中部城市商业银行第一。为优化企业管理干部队伍,实现人力资源的最佳配置,该商业银行特将国际业务部总经理职位在全公司内实行公开招聘、竞争上岗。此次竞聘拟引入人才测评手段,以保证竞聘工作能够客观公正、高效有序地进行。

二、测评思路

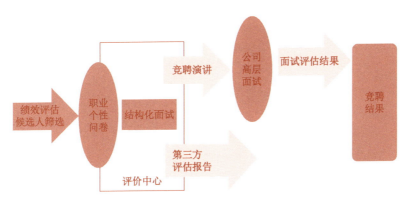

图 13-7 内部竞聘测评思路

三、工作步骤

(一) 确定测评指标

总经理胜任力的测评指标模型如表13-6所示。

(二) 选择测评方法

(1) 职业个性问卷。

测评个人在工作情境中如何行动、如何与人打交道、如何思考问题和如何处理工作相关的问题(见图13-8)。

表 13-6　总经理胜任力模型

维度	定　义	特　　质	
内驱力	指向个人的态度、动机和观念等	服务意识 协作精神	敬业精神 自律意识
判断力	指向思维的方向和深度	创新改进 分析决策	战略思考
执行力	指向结果促成和事情推动	沟通表达 过程监控	计划组织
凝聚力	指向关系建立和团队管理	冲突管理 授　　权	团队合作 人员培养

问卷样例
- 他是具有团队合作意识的人吗？
- 他的思维模式适合管理/销售/技术工作吗？
- 他在团队内可能的工作方式会是什么？
- 他能承受工作压力吗？
- 他在什么样的组织文化下会觉得最不舒适？
- 什么东西可以激励他？
- 他与该职位管理者的理想剖析图比较，结果怎样？

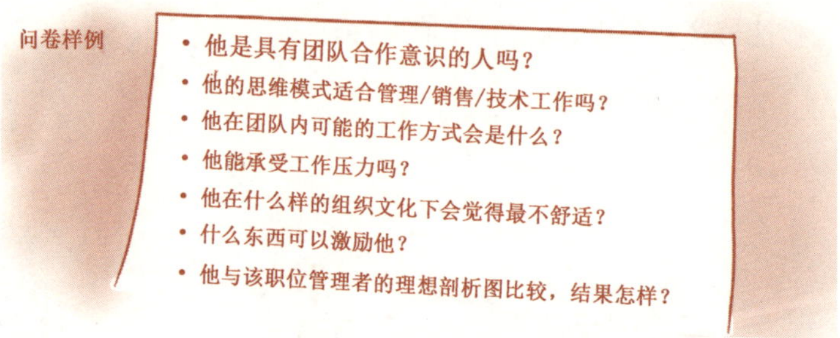

图 13-8　结构化面试问卷样例

（2）结构化面试。

对被测者进行结构化面试（见图 13-9）。

图 13-9　结构化面试现场示例

第十三章　以人才供应链管理模式为框架的高潜质人才选拔评价应用案例

评估报告：

结束心理测评和结构化面试后,第三方测评机构出具独立的评估报告(见图13-10)。

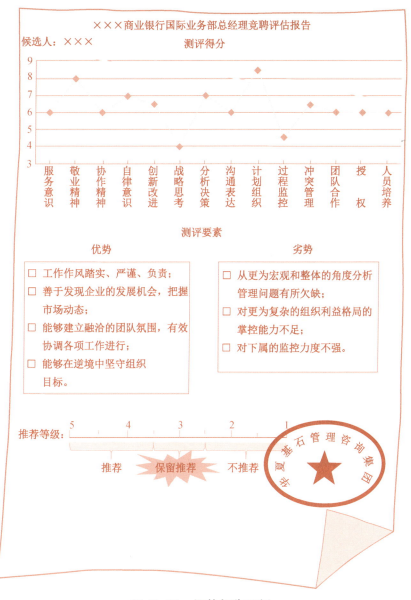

图13-10　评估报告示例

（3）竞聘演讲。

由公司高层和第三方测评专家组成竞聘演讲小组，对候选人进行评估。竞聘演讲主要有两种形式：一种是有准备的竞聘演讲；一种是即兴的竞聘演讲。

有准备的竞聘演讲，即竞聘者在演讲之前将演讲内容做充分准备后，进行演讲。演讲内容一般包括以下五个步骤。

第1步，竞聘者开门见山讲自己所竞聘的职务和竞聘的缘由。

第2步，竞聘者简洁地介绍自己的情况：年龄、政治面貌、学历、现任职务等情况。

第3步，竞聘者列出自己优于他人的竞聘条件，如政治素质、业务水平、工作能力等。

第4步，竞聘者提出假设自己任职后的施政措施。

第5步，竞聘者用最简洁的话语表明自己的决心和请求。

国际业务部总经理竞聘演讲大纲示例：

① 我与 xxx 银行；

② 我对国际业务部的现状分析；

③ 我对应聘岗位的认识；

④ 我任职后的施政措施；

⑤ 我的奋斗目标。

即兴竞聘演讲事先不让竞聘者知道演讲的主题和内容，而是采用随机抽选题目的方式，来确定竞聘者当场演讲的内容。一方面可以考察经营思路，例如："离年底越来越近，为保障本部门业绩如期达成，有何策略及具体措施？请准备10分钟后，进行即席演讲"，从竞聘者的回答中，分析其是否对本部门现状进行通盘考虑，目标导向是否能够体现在关注部门整体业绩的达成上，以及经营能力如何。另一方面也可以考察创新改进，例如："您认为着眼于本部门整体业绩的提升，哪些关键领域改进、创新的空间比较大？是否有落实这些想法的进一步思考？请准备10分钟后，进行即兴演讲"，从竞聘者的回答中，分析其能否突破现有局限，洞察未来可能的变化中增进业绩的机会，是否关注微观层面的具体行动（即停留在思考，还是习惯于实践）。

3. 汇总测评结果

竞聘决策环节采用"排名计分法"。决策机制体现着"管理思想"和"价值导向"，它并非只是一个"算分"的问题。

第十三章 以人才供应链管理模式为框架的高潜质人才选拔评价应用案例

（1）每个候选人竞聘答辩结束后，每位评委填写"答辩评估表"，按评估要项对候选人现场表现进行点评（见表13-7）。

表13-7 竞聘演讲答辩评估表

_____（姓名）竞聘_____（岗位）答辩评估法（公司领导使用）							
第一部分：素质表现（请根据以下四个评价维度对竞聘者的四项基本素质表现进行评价，在相应档次字母处划出）							
管理能力表现	1	内驱力	指向个人的态度、动机和观念等	A.表现突出	B.表现较好	C.表现尚可	D.表现平平	E.表现不佳
	2	判断力	指向思维的方向和深度	A.表现突出	B.表现较好	C.表现尚可	D.表现平平	E.表现不佳
	3	执行力	指向结果促成和事情推动	A.表现突出	B.表现较好	C.表现尚可	D.表现平平	E.表现不佳
	4	凝聚力	指向关系建立和团队管理	A.表现突出	B.表现较好	C.表现尚可	D.表现平平	E.表现不佳
第二部分：现场表现（请根据以下分级描述对竞聘者在竞聘演讲及答辩的现场表现进行评价）							
岗位认知	A.对组织阶段和发展趋势理解准确，对所竞聘岗位价值和贡献点认知到位，呈现出与该岗位很好的匹配度			B.对组织阶段和发展趋势理解良好，对所竞聘岗位价值和贡献点认知较好，呈现出与该岗位较好的匹配度	C.对组织阶段和发展趋势理解认知，对所竞聘岗位价值和贡献点认知尚可，基本符合该岗位的要求	D.对组织发展阶段和发展趋势理解很少，对所竞聘岗位价值和贡献点认知较浅，不太符合该岗位的要求	E.对组织发展阶段和发展趋势缺乏理解，对所竞聘岗位价值和贡献点认知不清，基本上不符合该岗位要求	
问题分析	A.能站在全局角度对问题进行系统分析，准确把握问题本质，发现问题背后深层原因			B.能够从多个角度对问题进行深度分析并探询原因，较为准确地把握问题本质	C.能够发现主要问题，能从多个角度对问题进行相对深入的分析	D.能发现问题，并从某个角度/侧面进行分析	E.对问题的理解比较平面，或者分析问题仅停留在现象/表象	
点评	此栏用于评委对竞聘者进行点评： |||| 总评	A(1.2) 非常胜任	B(1.1) 比较胜任	C(1.0) 胜任	D(0.7) 不太胜任	E(0) 基本不胜任
公司领导签名：				评估日期： 年 月 日			

（2）所有候选人竞聘答辩结束后，每位评委填写"候选总经理推荐表"，每位候选人的"答辩评估表"可作为参考依据，每位评委可推荐两位候选总经理，同时对推荐的候选人划分推荐档次——"A档：非常适合岗位""B档：比较适合岗位"。

（3）对所有评委的投票（推荐人选）进行统计，统计出每位候选人所得"推荐票数"，其次按"A=3，B=1"的计分方式对每位候选人的得分进行统计，得分最高者为竞聘胜出人选。

第三节 后备干部选拔案例

一、案例背景

XX轿车股份有限公司的主营业务为开发、制造、销售乘用车及其配件。公司业务快速发展，生产产量逐年大幅攀升，这在客观上要求公司秉持生产发展与人才发展并重的理念，抓好公司后备干部队伍培养，为未来公司发展源源不断提供人才。与此同时，公司内部正在展开数量和种类众多的项目，一些业务骨干得到较好的业务能力锻炼，年轻业务骨干的个人能力特别是管理能力得到一定提升。为了支持公司的进一步快速发展，公司将内部后备管理人才的评估和选拔作为构建企业可持续竞争力的重要工作。公司拟进行后备干部选拔，将内部人员的晋升和发展评估体系建设工作推向新的水平。

二、测评思路

结合部门推荐和评价中心，选拔出业绩优秀、综合素质优秀的后备干部（见图13-11）。

三、工作步骤

（一）确定选拔标准

经理级后备干部素质模型（见图13-12）。

以表13-8的评估标准为例。

第十三章　以人才供应链管理模式为框架的高潜质人才选拔评价应用案例

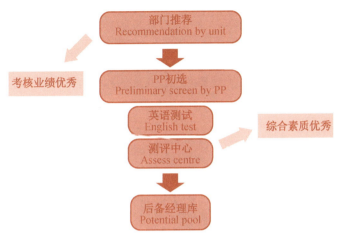

图 13-11　后备干部选拔测评思路

图 13-12　经理级后备干部素质模型

(二) 选择测评方法

采用纸笔测验、无领导小组讨论、结构化面试和角色扮演的测评方法。测评方法与测评要素对应如表 13-9 所示。

311

表 13-8 经理级后备干部评估标准

态度与动机				
特质 1	自信心		自信心是指对自己工作能力有恰当的信心,在需要的时候能够提出自己的观点或建议,并且对已经决定的任务做好行动准备。	
1	2	3	4	5
对自己的角色有信心	独立行动	表现出自信	准备接受挑战和风险	承担更高的责任
只在熟悉、有经验的领域发表意见,对接受新的工作内容有迟疑、回避倾向	对和以前经验有所不同的新情况,能清楚地、肯定地表达对问题的判断,提出解决建议	在有反对意见的情况下,仍能坚持自己的判断和决定;愿意尝试对自己有一定挑战性的工作	在面对较大压力时(如面对上级或客户)仍能冷静陈述自己的观点和依据;愿意接受具有明显挑战性的工作	根据自己的判断作出较重大的决定,影响、带动他人并组织实施;主动寻求有高度挑战性的任务,即使会承担额外的责任

表 13-9 测评工具与素质要素匹配表

特质 \ 测评工具	纸笔测验					无领导小组讨论	结构化面试	角色扮演
	智力测验	心理测验	职业价值观测验	管理风格测验	冲突测验	情境判断测验			
特质 1:自信心		✓	✓			✓	✓	✓	✓
特质 2:成就动机		✓	✓			✓	✓	✓	✓
特质 3:压力管理		✓				✓	✓	✓	✓
特质 4:责任心		✓				✓	✓	✓	✓
特质 5:风险意识与决策能力				✓				✓	✓
特质 6:分析思维	✓								
特质 7:创新思维	✓								
特质 8:计划与组织						✓		✓	
特质 9:沟通		✓	✓			✓	✓	✓	✓

续表

特质	测评工具	纸笔测验						无领导小组讨论	结构化面试	角色扮演
		智力测验	心理测验	职业价值观测验	管理风格测验	冲突测验	情境判断测验			
特质10:服务意识		✓	✓				✓	✓	✓	
特质11:团队合作		✓	✓				✓	✓	✓	
特质12:影响与说服		✓		✓				✓	✓	
特质13:指挥与监控					✓				✓	
特质14:激励与发展员工					✓				✓	
特质15:冲突管理		✓			✓	✓	✓		✓	✓

(三) 分析测评结果

根据测评结果的分值,分析测评结果(见图13-13)。

图13-13 测评结果呈现示例

- 4分以上:直接推荐,直接进入后备库;
- 3—3.5分:保留推荐,把能否进入后备人才库的权力交给部门经理决定;
- 2分以下:不推荐,不能进入后备库。

对后备干部的评估报告可分为以下几类。

1. 不推荐的评估报告示例

不推荐的评估报告示例如图 13-14 所示。

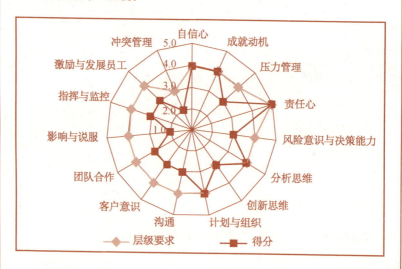

推荐等级：2.5
推荐意见：不推荐

总体分析：

● ×××比较自信、责任感较强；思维能力较强，能够把握主要趋势的基础上，对工作中出现的问题进行合理的分析和预测；敢于对传统的工作方式提出质疑与挑战，有创新精神；具有较强的组织计划能力；但沟通方式相对直接，在复杂环境下沟通效果难以保证；影响说服过程中，单纯表达自己的意见和要求，影响说服的效果不佳；当压力较大时，情绪容易激动；激励和发展员工、员工冲突管理方面的技能也有待进一步提升。

● **优势**：计划与组织、分析思维、创新思维等素质具有一定的优势。

● **有待发展**：风险意识与决策能力、影响与说服等素质需进一步发展。

图 13-14　不推荐报告示例

2. 保留推荐的评估报告示例

保留推荐的评估报告示例如图 13-15 所示。

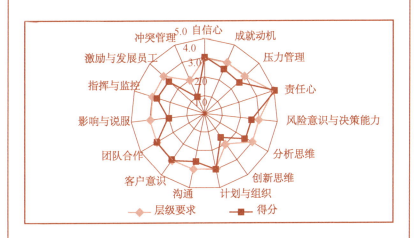

推荐等级：3.5
推荐意见：保留推荐

总体分析：
- ×××个性随和；在其熟悉领域内对自己成功完成任务、解决问题具有较强的信心；责任心较强；分析思维较好，做事有条理；具备良好的客户意识和团队服务意识，易于与人合作；但其成就动机不高，沟通方式比较直接；对影响说服的要点把握不足；冲突管理能力偏弱。
- **优势：**计划与组织、团队合作、客户意识等素质具有一定的优势。
- **有待发展：**影响与说服、冲突管理、沟通等素质需进一步发展。

图 13-15　保留推荐报告示例

3. 推荐的评估报告示例

推荐的评估报告示例如图 13-16 所示。

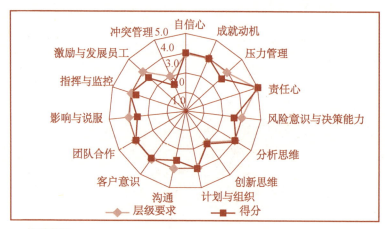

图 13-16　推荐报告示例

前三列名单，进入后备人才库，接受不同的培养发展方案（见表 13-10）。

表 13-10　后备干部名单

单位	胜任	针对培养	系统培养	暂不考虑	总计
轿股	3	7	23	14	47
二发	0	3	4	1	8
齿轮机厂	0	1	2	12	15
总计	3	11	29	27	70

（四）制定后备干部的培养发展计划

后备干部的培养发展计划可如表 13-11 所示。

表 13-11　后备干部个人发展计划

姓名		所在单位		直接上级		HR	
职业期望 （3—4 年）							
能力优势	1）						
	2）						
希望在一年内提升的能力		岗位实践(70%)		人际关系(20%)		培训(10%)	
1）		晋升		导师制/辅导		阅读	
2）		轮岗		学习模仿		课堂培训	
3）		项目锻炼				网上学习	

第四节　组织人才盘点案例

一、案例背景

某集团公司是中国日化行业的领头羊，在其成长和壮大的过程中，"核心人才"成为制约企业能否快速发展、有效扩张的重要因素之一，该集团的高管们也经常思索一些问题，比如：与其他行业相比，本集团人员在哪些素质能力方面有优势，在哪些方面存在共性的不足？现有的管理干部中，他们的能力与岗位的匹配度如何？哪些人是要做重点激励的？哪些人是具有很高发展潜力的？在人才管理和培养方面，我们未来的培训方向和重点是什么？如何通过人才管理与培养机制的建设为集团的人才竞争优势打下基础？

为此，该集团希望对各事业部几百位关键人才进行年终评估和盘点，以解决如下几个主要问题：(1)团队整体素质盘点：与其他行业相比，集团员工在哪些素质能力方面有优势，在哪些方面存在共性的不足？

(2)人-岗匹配度检测:现有的管理干部中,他们的能力与岗位的匹配度如何?哪些人是要做重点激励保留的?哪些是具有很高发展潜力的?哪些可能是需要淘汰的?(3)团队整体发展建议:在人才管理和培养方面,我们未来的培训方向和重点为何?如何通过人才管理与培养机制的建设为集团的人才竞争优势打下基础?

二、测评思路

采用"业绩评定"与"能力评定"相结合的测评思路(见图13-17)。

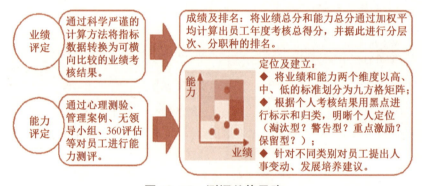

图13-17 测评总体思路

三、工作步骤

(一)业绩评定

根据企业内部业绩考核结果,将人员的绩效评定结果分为三个级别。

高:优秀的绩效,约占30%—35%;
中:完全达标,约占50%—60%;
低:尚不能达到绩效,约占5%—20%。

(二)能力评定

步骤一:确定评价内容与标准(见表13-12和表13-13)。
步骤二:选择和设计评价方法。

根据确定的测评素质项,选择相应的测评方法进行测评。

第十三章 以人才供应链管理模式为框架的高潜质人才选拔评价应用案例

表 13-12 测评指标体系

类别	素质	说明
核心素质	敬业	要把有悟性、有思想、敢闯敢干、实事求是的人选出来。
	进取	
	诚信	
	协作	
管理能力	规划能力	管理人员要有活学活用的能力而不只是学的能力;不是嫉贤妒能、安于现状,要迎接挑战、顶住压力。
	沟通协调	
	团队领导	
	执行力	
职系素质	详见下表	考虑到不同职系的特点及企业内外部环境要求,对生产、销售、研发等九大职系分别选取三个职系素质进行评测,使测评更具针对性。

表 13-13 职系素质评价标准

职系素质	生产	研发	销售	客服	信息	人力	行政企管	财务
全局观			✓		✓	✓	✓	
管控意识						✓		
质量意识	✓	✓						
成本意识	✓							
市场导向	✓	✓	✓	✓				
社交能力			✓			✓		
问题解决				✓				
信息收集与分析						✓		
学习关注细节				✓				✓

1. 履历分析

第一步:受测者按照统一的简历填写规范和简历模板,填写简历(见表 13-14)。

表 13-14 简历模板

一、个人信息			
所在单位(总部、事业部、子公司以及相应部门)			
现任职位		姓名	
性别		年龄(周岁)	
总工作年限		在公司工作年限	
婚姻状况		家庭所在地(写到市县即可)	
二、教育背景(从最低学历写起,最低写到初中,不包括短期培训)			
时间(年、月)	学 校	专 业	学历与学位
三、参加的主要培训课程(列举你认为与本职工作内容直接相关、能直接提升素质能力、促进工作绩效的重要培训课程,不超过十条)			
序号	时间(年、月)		主要培训课程
1			
2			
3	行数不够时可自己增加行,下同		
四、工作经历(从第一个职位开始填写,最后一行填目前的职位;包括在公司之前和在公司内部的任职)			
时间(年、月)	工作单位与部门		职位
	行数不够时可自己增加行,下同		
五、学习与工作的荣誉或奖项(挑选你认为重要的列出)			
1			
2			
3			
六、工作成就概述(包括在公司和其他公司任职期间的工作成就)			
请务必参考《××集团内部简历填写规范》进行填写			

第十三章 以人才供应链管理模式为框架的高潜质人才选拔评价应用案例

续表

七、职业优势(从业经验、职业技能或资格证书、其他能力,不超过五条)	
请参考《××集团内部简历填写规范》进行填写	

八、急需提升的能力与行动计划(指你现在所缺少的、急需提升的,却是在本岗位取得高绩效或者晋升所需要的重要能力)	
急需提升的能力	行动计划
请参考《××集团内部简历填写规范》进行填写	

九、工作或职业兴趣(列出你特别感兴趣并且正为之努力的岗位,并确定这些岗位与第七条所列的优势相关;如果你不知道职位的具体名称,可以用一到两句话进行描述)	
目标岗位	期望达到目标岗位的时间

十、确认记录
填写人:
填写日期:

第二步:评价者从工作成就、职业优势、教育背景、学习与工作奖励四个方面对简历进行评价(见表13-15)。

表13-15 简历评价参照标准

评价指标	权重	依据简历的内容	评 价 方 法
工作成就	45%	"六、工作成就概述",重点考虑在九龙的工作成就	1. 采取排序并强制分布的方法; 2. 经营销售类人员的工作成就考虑对销售、利润、市场突破的影响;职能管理类人员的工作成就考虑对管理体系建设、团队培养、管理效率提升的影响; 3. 按成就杰出的10%列为A等,得分为85—100分;优秀的15%列为B等,得分为75—84分;一般的60%列为C等,得分为60—74分;较差的15%列为D等,得分为59分及以下; 4. 计算简历的总数量以及每一等级的数量; 5. 对人员成就大小进行初步的等级划分和打分,并在这个过程中不断调整分数和等级; 6. 最终确定等级和分数; 7. 得分乘以45%的权重

续表

评价指标	权重	依据简历的内容	评价方法
职业优势	35%	"七、职业优势",重点考虑从业经验和职业技能或资格证书,不考虑其他能力	1. 采取排序并强制分布的方法,同上; 2. 主要考虑从业经验,看是否在大型企业、上市企业、外资企业有过相关职位的任职经历,时间长短等;其次考虑是否具备职业技能或资格证书; 3. 得分乘以35%的权重。
教育背景	15%	"二、教育背景"	1. 硕士及以上11—15分,按学校好坏给分; 2. 本科8—10分,按学校好坏给分; 3. 专科5—7分,按学校好坏给分; 4. 其他0—5分。
学习与工作奖励	5%	"五、学习与工作的荣誉或奖项"	直接根据其荣誉或奖项给分,0—5分。

第三步:最后计算每个人简历中四个方面的总得分,并按得分高低排序(见表13-16)。

表13-16 简历评分排序结果

姓名	评价项				总分	排名	等级	评语(简单的几句话描述其教育背景、工作经验、工作成就、职业证书或资质等)
	工作成就	职业优势	教育背景	学习与工作奖励				
×××	48.5	38.8	4	5	96.3	1	A	十分丰富的金融或经济领域的管理经验,拥有经济师、高级经济师技术职称。
×××	48	38	5	5	96	2	A	优秀的教育背景,具有知名企业高管经验,并获得不俗的工作成就,获得高级经济师职称。
×××	48.5	35.2	4.5	5	93.2	3	A	优秀的教育背景,钢厂集团从业背景,精通钢材贸易,并取得优异的业绩。
×××	46.5	37.2	4.6	4	92.3	4	A	具有优秀的专业和学历背景,具有丰富的经营管理经验。
×××	46	37.2	4.3	4	91.5	5	A	良好的教育背景,15年房地产行业从业经验,尤其擅长项目前期开发,在房地产行业有众多代表作品。

第十三章 以人才供应链管理模式为框架的高潜质人才选拔评价应用案例

续表

姓名	评价项				总分	排名	等级	评语（简单的几句话描述其教育背景、工作经验、工作成就、职业证书或资质等）
	工作成就	职业优势	教育背景	学习与工作奖励				
×××	45	36.8	4.3	5	90.1	6	B	良好的教育背景，10年财务工作经验，并在大型知名企业担任过财务总监，精通财务领域。
×××	45	35.6	4.5	5	90.1	7	B	优秀的教育背景，知名企业中层管理干部，在工作中取得良好业绩。
×××	45	34.8	4.6	4	88.4	8	B	优秀的教育背景，10年以上的人力资源相关工作经验，知名民企工作背景，熟悉现代人力资源管理，并取得人力资源管理师资格证。
×××	45	36	3	4	88	9	A	具有丰富的建筑从业经验，众多的建筑工程技术等的职业资格证书。
×××	46.5	32.4	4.3	4	87.2	10	C	较好的教育背景，金融行业专家，拥有相关技能、资格证书，并取得不俗的工作业绩，领导力突出。
×××	44	36.8	3	3	86.8	11	C	教育背景一般，20多年财务经验，精通财务领域，取得CPA资格证书，曾在知名企业担任中层管理干部。
×××	43	35.2	4.6	3	85.8	12	C	良好的教育背景，知名外企工作经验，在负责特邦公司期间，取得不错业绩。
×××	46.5	31.2	4	4	85.7	13	A	具有丰富的化工行业的企业管理经验。
×××	43	34.4	4	4	85.4	14	C	较好的教育背景，取得司法部律师资格等证书，精通法律，有过多次创业开公司经历。
×××	42.5	34.8	4	4	85.3	15	C	较好的教育背景，十多年财务工作经验，上市企业两年财务管理，具备一定的市场营销管理能力。

续表

姓名	评价项				总分	排名	等级	评语(简单的几句话描述其教育背景、工作经验、工作成就、职业证书或资质等)
	工作成就	职业优势	教育背景	学习与工作奖励				
×××	45	32	4	4	85	16	A	具有工程师资格证书、中国职业高级经理人证书,具有7年的房地产管理经验。
×××	43.5	32.8	4	4.5	84.8	17	C	教育背景一般,多年人力资源管理经验,综合能力较好,在集团工作期间取得不错业绩。
×××	43	33.2	4.6	4	84.8	18	C	优秀的教育背景,综合素质较好,有公司筹建的相关经验,并且具备一定的行业分析、宏观经济政策研究、业务分析调研和评估等方面的经验。
×××	43.5	33.2	4	4	84.7	19	C	较好的教育背景,十多年行政、办公室工作,综合管理能力较好。
×××	43.5	33.2	3	3	84.7	20	B	具有丰富的酒业营销管理经验。

2. 标准化测验

受测者按照测验的指导语通过纸笔或计算机回答问题。

(1) 基本能力倾向测验。

主要考察受测者个体的自我发展能力,包括学习能力、问题分析能力、灵活处理问题能力、逻辑推理能力和资料利用能力。

(2) 管理技能测验。

该测验考察计划、组织、领导、控制等15项管理技能。

(3) 管理素质测评。

该测验从态度动机、行为风格、个性成熟度、人际合作四个角度考察15项管理者胜任素质。

(4) 职业价值观测评。

该测验考察13种职业价值观,包括:利他主义、社会地位、安全感、经济报酬、美感、成就感、人际关系、智力刺激、独立性、管理、社会交际、舒适、变异性。

第十三章 以人才供应链管理模式为框架的高潜质人才选拔评价应用案例

3. 无领导小组讨论

无领导小组讨论通过观测受测者的组织协调能力、口头表达能力、说服能力、责任心等各方面的能力和素质是否达到岗位的要求,以及自信程度、进取心、情绪稳定性、反应灵活性等个性特点是否符合岗位的团体气氛,由此来综合评价受测者之间的差别。

4. 关键行为事件面谈

面试官根据待测评的素质项,设计针对性的面试题目进行测评。

步骤三:测评结果。

1. 总体排名

以不同的权重加权绩效评估结果和能力评估结果,按计算的总分形成人员的总体排名。绩效评估结果和潜能评估结果各占50%权重。

2. 绩效/能力九方格图

与被盘点人才的上级、公司领导讨论每位下属的业绩、能力表现,以及"发展、激励和保留策略",形成绩效/能力九方格图以及不同类别人员的培养发展建议,例如:管理岗位绩效/能力九宫图,如图13-18所示。

管理岗位评估(副部长及以上46人)

能力	低 绩效	中 绩效	高 绩效
高	7类 绩效<3 能力≥3.5 (0人)	4类 3≤绩效<3.3 能力≥3.5 (0人)	1类 绩效≥3.3 能力≥3.5 (4人)
中	8类 绩效<3 3≤能力<3.5 (2人)	5类 3≤绩效<3.3 3≤能力<3.5 (15人)	2类 绩效≥3.3 3≤能力<3.5 (8人)
低	9类 绩效<3 能力<3 (3人)	6类 3≤绩效<3.3 能力<3 (12人)	3类 绩效≥3.3 能力<3 (2人)

图 13-18 绩效能力九方格图

3. 不同类别人员培养发展建议

对不同类别的人员,其培养发展建议如图13-19所示。

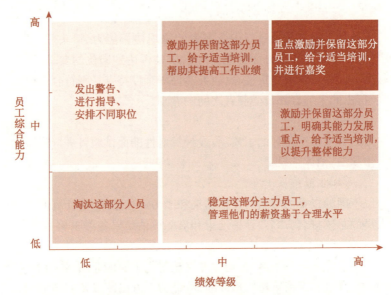

图 13-19　不同人员培养发展建议

步骤四：进行反馈。

对公司重点关注和保留的优秀员工进行一对一反馈，反馈遵循以下原则进行：

（1）由 HR 和测评对象的上级共同参与；

（2）以鼓励和发展为导向，反馈具体的行为和发展建议；

（3）以征求其发展需求为目的，听取其发展需求；

（4）与其确认个人发展行动计划。

参 考 文 献

［1］杨敬东.潜人才学.山西教育出版社,2008.
［2］李波.瑞士高潜质人才发展与管理对我国组织人事工作的启示.交通部管理干部学院学报,2009,4(19).
［3］拉姆·查兰.高潜:个人加速成长与组织人才培养的大师智慧.机械工业出版社,2018.
［4］陈玮,岑颖寅.发现高潜质人才.清华管理评论,2013(5).
［5］丹尼尔·戈尔曼.是什么造就了领导者.哈佛经典,2010(2).
［6］范金.选对人,再培养——高潜质人才甄别与梯队建设.微信公众号,2016.
［7］加里·德斯勒.人力资源管理.中国人民大学出版社,2012.
［8］周佳佳,陈同杨.家族企业高潜质人才的管理研究.中国科技论文在线,2016.
［9］孙荣芸.产业生态链视角下的人才供应链建设研究.劳动保障世界,2016(32).
［10］张亚庆.人才供应链管理对企业绩效影响研究.湖北大学硕士学位论文,2016.
［11］王世英,胡家勇.建立动态的企业人才链管理系统.现代管理科学,2006(12).
［12］Peter Cappelli. Talent management for the Twenty-First century. Harvard Business Review, 2009(7).
［13］石思玲.数据化管理与企业人力资源供应链构建.现代企业,2016(8).
［14］李永华,滕春贤,陈可义.人力资源部为核心的企业人才供应链模型构建.科技与管理,2016,18(05).
［15］仝汶灵.基于供应链理论的高新技术企业人才管理研究.太原理工大学硕士学位论文,2012.

[16] Peter Cappelli. Talent on Demand. Harvard Business Press，2008.
[17] 余玲艳，田湘文.中国企业绩效影响因素的实证研究.企业家天地，2012(12).
[18] 杨军节.知识资本对企业经营绩效的贡献——基于国有上市汽车企业的实证研究.吉林工商学院学报，2011(1).
[19] 石红梅.组织绩效与人力资本投资的分析模型.统计与决策，2006(6).
[20] 许锋.破局：打造人才供应链.北京联合出版公司，2012.
[21] Anthony McDonnell，Ryan Lamare，Patrick Gunnigle et al. Developing tomorrow's leaders-evidence of global talent management in multinational enterprises. Journal of World Business，2010，(45).
[22] 徐颀.基于人才供应链理论的人力资源管理系统设计——以A公司为例.上海交通大学硕士学位论文，2013.

"HR 专业能力建设工程"丛书

- ✓ 《绩效考核十大方法》
- ✓ 《全面认可激励——数字时代的员工激励新模式》
- ✓ 《高潜质人才的选拔与评价》
- ✓ 《人才管理"三能"模式:打造组织人才能力供应链》
- ✓ 《企业文化与经营管理——基于价值观的管理优化》
- ✓ 《中国合伙人》
- ✓ 《基于胜任力的任职资格体系》
- ✓ 《成长型企业的人力资源管理实务》
- ✓ 《组织变革与发展十大命题》
- ✓ 《人才全生命周期管理八步法》
- ✓ 《干部队伍建设》
- ✓ 《高绩效领导力》
- ✓ 《平台化人力资源管理》
- ✓ 《HR 三支柱的理论与实践》
- ✓ 《OKR 中国企业应用实践》
- ✓ 《人力资源管理架构师》
- ✓ 《数字时代与智能时代人力资源管理与创新》
- ✓ 《高效能人力资源管理者的七种思维》
- ✓ 《阿米巴中国实践》
- ✓ 《管理者八项基本功》
- ……

未完待续

图书在版编目(CIP)数据

高潜质人才的选拔与评价技术/邢雷编著. —上海：复旦大学出版社,2018.12
(HR 专业能力建设工程丛书)
ISBN 978-7-309-13954-9

Ⅰ.①高… Ⅱ.①邢… Ⅲ.①企业管理-人才选拔 Ⅳ.①F272.92

中国版本图书馆 CIP 数据核字(2018)第 220499 号

高潜质人才的选拔与评价技术
邢　雷　编著
责任编辑/姜作达

复旦大学出版社有限公司出版发行
上海市国权路 579 号　邮编：200433
网址：fupnet@fudanpress.com　　http://www.fudanpress.com
门市零售：86-21-65642857　　团体订购：86-21-65118853
外埠邮购：86-21-65109143　　出版部电话：86-21-65642845
浙江新华数码印务有限公司

开本 787×960　1/16　印张 21.5　字数 323 千
2018 年 12 月第 1 版第 1 次印刷

ISBN 978-7-309-13954-9/F·2503
定价：78.00 元

如有印装质量问题,请向复旦大学出版社有限公司出版部调换。
版权所有　　侵权必究